Umsatzsteuergesetz

vom 26. Juli 1918

mit den Ausführungsbestimmungen des Bundesrats

unter Berücksichtigung der preußischen und bayerischen Vollzugsvorschriften

erläutert

von

Dr. Carl Becher

in Berlin.

1918.

München, Berlin und Leipzig

J. Schweitzer Verlag (Arthur Sellier).

By

Druck von Dr. F. P. Datterer & Cie. (Arthur Sellier) München-Freising.

Vorwort.

Als Dezernent der Umsatzsteuerstelle des Magistrats Berlin habe ich Gelegenheit gehabt, die vielfachen Zweifel und Schwierigkeiten des früheren Warenumsatzstempelgesetzes und teilweise auch schon des jetzigen Umsatzsteuergesetzes in der Praxis kennen zu lernen. Meine Erfahrungen sind hier niedergelegt. Das Buch ist somit aus der Praxis entstanden und es ist auch für die Praxis bestimmt. Es soll nicht nur dem Juristen, sondern mindestens im gleichen Maße dem Steuerbeamten und auch dem Gewerbetreibenden ein Führer durch die nicht ganz einfache Materie sein. Deshalb ist ein besonderer Wert darauf gelegt, die Erörterungen an der Hand von Beispielen, die wiederum zum größten Teil der Praxis entstammen, durchzuführen. Daneben ist versucht worden, einige Hauptfragen auch wissenschaftlich zu erörtern.

Berlin NW. 52
Thomasiusstr. 20.

Dr. Carl Becher.

Inhaltsverzeichnis.

Verzeichnis der Abkürzungen.

A. M. = andere Meinung.
Amtl. Mitt. = Amtliche Mitteilungen des Reichsschatzamtes.
AusfB. = Ausführungsbestimmungen des Bundesrats.
AuslGrunds. = Auslegungsgrundsätze des Bundesrats zum Warenumsatzstempelgesetz.
Begr. = Begründung zum Entwurf eines Umsatzsteuergesetzes.
Jg. = Jahrgang.
JW. = Juristische Wochenschrift.
KommB. = Kommissionsbericht.
KommB. WUStG. = Kommissionsbericht zum Warenumsatzstempelgesetz.
Nußbaum, Kommissionsrecht = Tatsachen und Rechtsbegriffe im deutschen Kommissionsrecht 1917.
Oppens = Praktischer Führer durch das Gesetz über einen Warenumsatzstempel.
OVG = Entscheidungen des preußischen Oberverwaltungsgerichts.
OVGSt. = Entscheidungen des preußischen Oberverwaltungsgerichts in Staatssteuersachen.
PrVBl. = Preußisches Verwaltungsblatt.
Staub = Kommentar zum Handelsgesetzbuch 9. Aufl.
UStGVerf. = Allgemeine Verfügung des preußischen Finanzministers zum Umsatzsteuergesetz.
WUStGVerf. = Allgemeine Verfügung des preußischen Finanzministers zum Warenumsatzstempelgesetz.

Einleitung.

Das Umsatzsteuergesetz ist eine Fortbildung des am 1. Oktober 1916 in Kraft getretenen Gesetzes über einen Warenumsatzstempel. Dieses Gesetz war seinerzeit eine Schöpfung der Reichstagskommission, die zur Beratung des von den verbündeten Regierungen vorgelegten Gesetzentwurfs über einen Quittungsstempel eingesetzt worden war. In der Öffentlichkeit sowohl wie im Reichstag hatte damals der Entwurf des Quittungsstempelgesetzes eine wenig günstige Aufnahme gefunden. Die Regierungsvorlage hatte nämlich die Einführung eines Quittungsstempels für Zahlungen jeder Art, soweit sie 10 ℳ übersteigen würden, vorgesehen, und zwar zu festen Sätzen von 10 ₰ bis zu 100 ℳ und von 20 ₰ über 100 ℳ. Man befürchtete nun von dem mit dem Stempel notwendig verbundenen Quittungszwang für jede einzelne Zahlung eine zu große Belästigung des Verkehrs und setzte an seine Stelle den Warenumsatzstempel. Dieser brachte gegenüber der Regierungsvorlage sowohl eine Einschränkung wie eine Erweiterung: eine Einschränkung, indem an die Stelle des gesamten Umkreises der Zahlungen, die die Regierungsvorlage in die Besteuerung hatte einziehen wollen, ein Ausschnitt: die Zahlung für Warenlieferung trat, und eine Erweiterung, indem der vorgeschlagene, nur zweifach abgestufte Quittungsstempel durch eine Abgabe nach dem Verhältnis der Höhe der Zahlung ersetzt wurde.[1] Das neue Umsatzsteuergesetz hat die Einschränkung jetzt zum größten Teil wieder beseitigt und den Steuersatz noch weiter erhöht; außerdem hat es die Steuer durch Einführung der Luxussteuer gestaffelt.

I. Der Warenumsatzstempel umfaßte nur Warenlieferungen. Leistungen aus Werkverträgen gehörten nur dann dahin, wenn es sich um sog. Werklieferungsverträge im Sinne des § 651 BGB. handelte. Es mußte sich also um Leistungen handeln, die sich in einer zu liefernden Sache verkörperten. War dies nicht der Fall, war vielmehr Gegenstand des Werkvertrags lediglich ein durch Arbeit oder Dienstleistung herzustellender Erfolg, so trat eine Steuerpflicht nicht ein. Diese Sonder-

[1]) Begr. S. 14.

stellung der Waren- und Werklieferungen erschien wirtschaftlich nicht gerechtfertigt. Es bildet weder vom Standpunkt des Unternehmers noch vom Standpunkt des Verbrauchers einen Unterschied, ob die Leistung, die gegen Entgelt ausgeführt wird, sich in einer Ware verkörpert oder sich in Arbeitsaufwendung erschöpft. Für den Wäschefabrikanten sind die Prozesse, die mit der Textilware in der Bleicherei, der Färberei und Druckerei ausgeführt werden, genau solche Durchgangsstufen der von ihm zur Herstellung des Wäschestücks übernommenen Ware, wie die Spinnerei und die Weberei; die Unternehmer jener Veredelungsgewerbe, die ihre Verarbeitungsmethoden auf die von ihnen nicht gekauften, sondern in Lohnarbeit übernommenen Textilstoffe anwenden, bilden genau so ein Glied im Produktionsprozesse, wie diejenigen Zweige der Textilindustrie, die den Stoff selbst, den sie kaufen, vor dem Wiederverkauf in seiner Zusammensetzung verändern. Der Schneider, der einen Anzug aus selbst geliefertem Stoffe herstellt und nach dem Preise, der sich aus dem Entgelte für den Stoff und für die Arbeitsleistung zusammensetzt, Warenumsatzstempel entrichtet, steht wirtschaftlich nicht anders als der Schneider, dem der Kunde den Stoff liefert, und der deshalb für seine Arbeitsleistung, obgleich sie doch genau dieselbe ist, wie die im ersten Falle dem Stempel mit unterliegende, keinen Stempel zu entrichten hat.[2])

Das Umsatzsteuergesetz besteuert daher nicht nur Warenlieferungen, sondern ganz allgemein Lieferungen und sonstige Leistungen.

II Der Warenumsatzstempel betrug 1 vom Tausend. Der Steuersatz ist jetzt auf 5 vom Tausend erhöht. Eine weitere Erhöhung, die von mancher Seite gewünscht wurde, hat der Gesetzgeber abgelehnt. Gegen eine zu hohe Umsatzsteuer sprechen nämlich folgende 4 Bedenken:

1. Die Steuer würde bei einem zu hohen Satze für die Unternehmer, die sie zu entrichten haben, erdrückend wirken, soweit sie sich nicht durch den wirtschaftlichen Vorgang der Überwälzung von ihr befreien können.

2. Selbst wenn die Überwälzung gelingen würde, so würde dann die Steuer auf dem letzten Abnehmer der Ware haften. Letzter Abnehmer ist der Verbraucher. Es würde damit eine Verteuerung des Verbrauchs eintreten.

3. Die Ausfuhr würde beeinträchtigt werden. Die Preise, zu denen der ausführende Fabrikant oder Kaufmann im Ausland seine Waren anbieten kann, sind, neben der Güte der letzteren, für die Behauptung auf dem Auslandsmarkt maßgebend. Nun könnte die Ausfuhr zwar von der Steuer befreit werden, die Ware wird aber nicht bloß durch diese letzte, in diesem Falle eben zugunsten der Ausfuhr unerhoben bleibende Steuer verteuert, sondern sie nimmt, wenn es sich nicht etwa um Rohprodukte handelt, schon in ihren verschiedenen Ent-

[2]) Begr. S. 21.

stehungsstufen Steuerbeträge in sich auf. Diese Verteuerung trägt die Ware in sich, auch wenn sie steuerfrei ins Ausland geht. Ein Steuerausgleich durch Rückvergütung bei der Überschreitung der Grenze würde bei den meisten Fertigprodukten nicht ausführbar sein.

4. Schließlich steht einer zu hohen Umsatzsteuer noch das Bedenken entgegen, daß die Volkswirtschaft, sobald die Belastung beim Weitergeben der Ware von Hand zu Hand wirklich fühlbar wird, Wege suchen könnte, diesen neuen Betriebskostenfaktor herabzudrücken, indem man seine mehrfache Wirkung ausschaltet. Man kann versuchen, Zwischenumsätze zu sparen. Dabei gibt es zwei Wege: man vermeidet die Inanspruchnahme des bisher in den Produktions- oder Verteilungsprozeß eingegliederten Zwischenhändlers, indem z. B. der Eisenwarenhändler in der Provinz, statt sich einer Großhandelsfirma zu bedienen, unmittelbar Anschluß an eine Eisenwarenfabrik sucht, und der Zuckerkleinhändler die Lieferung unmittelbar von der Raffinerie zu erhalten bestrebt ist; oder auch zwei Produktionszweige, die bisher in verschiedenen Händen waren und durch die die Ware im Wege des Kaufs und Verkaufs hindurchging, vereinigen sich zu einem Unternehmen, indem z. B. aus einem Spinnerei- und einem Webereiunternehmen ein gemischtes Unternehmen entsteht, oder das Roheisenwerk sich das Stahlwerk und das Walzwerk, vielleicht auch noch weiter die Eisenwaren- und Maschinenfabrik angliedert.[3])

Diese vier Bedenken — die Frage der Überwälzungsmöglichkeit, die Belastung des Verbrauchs, die Beeinträchtigung der Ausfuhr und die Gefahr der Vermeidung durch Ausschaltung des Zwischenhandels und durch Betriebszusammenfassungen — hielten den Gesetzgeber von einer allzu starken Erhöhung der Umsatzsteuer ab. Er glaubte aber, daß alle diese wirtschaftlichen Nachteile bei einem Steuersatz von 5 vom Tausend noch nicht in Erscheinung treten, so daß die Volkswirtschaft diese Erhöhung sehr wohl ertragen könnte.

III. Die Steuer ist g e s t a f f e l t. Die Bedürfnisse, denen die Umsätze im wirtschaftlichen Leben dienen, sind nicht die gleichen; teils handelt es sich um notwendige Anschaffungen, teils um Befriedigung eines Aufwandes, den sich nur bemittelte Klassen der Bevölkerung leisten können. Damit ist der Wert, den der eine Umsatz für den gesamten Gang des volkswirtschaftlichen Lebens des Volkes hat, anders einzuschätzen als der Wert eines anderen Umsatzes. Dem trägt das Gesetz Rechnung, indem es die Umsätze mit den dem Aufwand dienenden Gegenständen höher belastet, als die mit andern Gegenständen. Hierbei entstand nun die schwierige Frage, welche Gegenstände als Luxusgegenstände angesehen werden sollten. In dieser Beziehung konnte eine nähere Bestimmung des Begriffs des Luxus zu einem praktischen Ergebnis nicht führen. Denn dieser Begriff enthält ein subjektives Element, das sich

---

[3]) Begr. S. 18.

jeder näheren Feststellung entzieht und somit bei einer Abgrenzung der erhöht zu belastenden Waren ausgeschaltet werden muß. Die Umschau nach praktischen Vorbildern führte auch zu keinem Ergebnis. In Italien und Dänemark bestehen Gesetze, die im wesentlichen Schmucksachen einer Steuer unterwerfen. Dabei handelt es sich also um Sondersteuern. In Frankreich hat das Budgetgesetz vom 31. Dezember 1917 eine taxe sur les paiements eingeführt, die neben eine allgemeine Besteuerung der Umsätze an die Verbraucher mit 2 v. T. eine taxe sur le luxe auf die Umsätze von Luxuswaren in Höhe von 10 v. H. setzt. Welches aber die Luxuswaren sind, sagt das Gesetz nicht, sondern überläßt die Bezeichnung einem Sondergesetz auf Grund von Vorarbeiten einer Kommission Nun ist soviel klar, daß es gewisse Gegenstände gibt, die ohne weiteres als Luxusgegenstände anzusehen sind, wie etwa Schmucksachen, Kunstsachen, Antiquitäten und Pelzwerk. Daneben gibt es aber noch viele andere, die sich nicht einfach ihrer Art nach oder nach dem Stoffe, aus dem sie gefertigt sind, abgrenzen lassen, sondern die an sich Gebrauchsgegenstände sind, aber durch ihre besondere Ausstattung, die sich, im einzelnen sehr verschieden und nicht klar erfaßbar, jedenfalls im Preise ausprägt, zu Luxusgegenständen werden. Dahin gehören z. B. teure Möbel, elegante Kostüme und Herrenanzüge, die ganze Reihe der Ausstattungsgegenstände der gutgekleideten Dame, Inneneinrichtungsgegenstände, Galanteriewaren aller Art usw. Alle diese Gegenstände werden in Tausenden von Geschäften gehandelt. Wollte man sie alle der erhöhten Steuer unterwerfen, so wären zur Durchführung der Vorbelastung umfassende Erhebungs- und Kontrollmaßnahmen nötig. Hierzu reicht aber jetzt das Beamtenpersonal nicht aus. Auch die Geschäftswelt würde den Anforderungen, die an ihre Buchführung, vielleicht auch an die Form der Abwicklung des einzelnen Verkaufsgeschäfts, zu stellen wären, bei dem Mangel an Angestellten jetzt nicht gewachsen sein.[4]) Der Gesetzgeber hat sich daher bei der Auswahl auf ganz bestimmte Gruppen von Gegenständen beschränkt, die nach Art und Stoff leicht erkennbar sind und in wenigen, den Steuerstellen und im Publikum leicht kenntlichen Geschäften, besonders in sogenannten Spezialgeschäften, veräußert zu werden pflegen.

IV. Im Gegensatz zum Warenumsatzstempelgesetz ist der Privatumsatz von der Steuer bis auf wenige Ausnahmen freigelassen worden. Hierfür war in erster Linie die Erfahrung maßgebend, die mit § 83a des Warenumsatzstempelgesetzes gemacht worden ist. Diese Vorschrift sah unter Einführung des Quittungszwanges für nicht gewerbsmäßige Verkäufe über 100 ℳ die Steuerpflicht vor. Sie ist im wesentlichen auf dem Papier geblieben: die 1917 erzielte Einnahme betrug wenig über 150000 ℳ. Dem Gesetzgeber erschien es nun außerordentlich bedenklich, Steuern da anzuordnen, wo ihre Hinterziehung so gut wie sicher ist:

---

[4]) Begr. S. 24.

das schädigt die Steuermoral, an deren Hebung und Befestigung gerade bei der zunehmenden steuerlichen Belastung alles gelegen ist, empfindlich. Es ist ferner unvereinbar mit Sinn und Zweck der Strafe: denn eine Strafandrohung, auf die niemand hört, widerspricht dem Ernst dieses staatlichen Machtmittels und der Würde des Staates selbst.[5])

V. Schließlich ist das Erhebungsverfahren geändert. Die zeitliche Gleichstellung von Anmeldung und Zahlung ist fallen gelassen und durch ein geregeltes Veranlagungsverfahren ersetzt. Dieses konnte um so weniger vermieden werden, als es sich jetzt um eine allgemein nicht geringe Belastung (5 v. T.) handelt. Die Forderung, gerecht und gleichmäßig zu verfahren, tritt damit gebieterisch auf; die Auffassung, daß es so genau nicht darauf ankomme, kann nicht aufrechterhalten werden, wenn der Steuerhinterzieher dem Steuerzahler gegenüber, auch unabhängig von der gesparten Steuer, einen wesentlichen wirtschaftlichen Vorsprung erzielt. Als wichtige Stützen einer guten Kontrolle sieht das Gesetz eine allgemeine, wenn auch in den mildesten Formen gehaltene Buchführungspflicht (§ 15 Abs. 1), die Verwendung einer gewissen Selbstverwaltung der Steuerpflichtigen durch die Heranziehung der gewerblichen Verbände bei Kontrolle und Nachprüfung (§ 31 Abs. 4) und die Interessierung der Gemeinden und Gemeindeverbände, soweit sie Veranlagungsbehörden sind, an einer guten Erhebung (§§ 33 und 36) vor.[6]) So dürfte es möglich sein, den in der Begründung des Gesetzes auf 1,2 Milliarden geschätzten Ertrag zu erreichen.

---

[5]) Begr. S. 26.
[6]) Begr. S. 27.

A. Umsatzsteuergesetz

vom 26. Juli 1918

(Reichs-Gesetzbl. S. 779).

1. Allgemeine Steuer auf Lieferungen und sonstige Leistungen.

§ 1.

Der Umsatzsteuer unterliegen die im Inland gegen Entgelt ausgeführten Lieferungen und sonstigen Leistungen solcher Personen, die eine selbständige gewerbliche Tätigkeit mit Einschluß der Urerzeugung und des Handels ausüben, soweit die Lieferungen und Leistungen innerhalb dieser gewerblichen Tätigkeit liegen. Die Steuerpflicht wird nicht dadurch berührt, daß die Leistung auf Grund gesetzlicher oder behördlicher Anordnung bewirkt wird oder kraft gesetzlicher Vorschrift als bewirkt gilt.

Die Steuer wird auch erhoben, wenn die im Abs. 1 bezeichneten Personen Gegenstände aus dem eigenen Betrieb entnehmen, um sie zu außerhalb ihrer gewerblichen Tätigkeit liegenden Zwecken zu gebrauchen oder zu verbrauchen; dabei gilt als Entgelt derjenige Betrag, der am Orte und zur Zeit der Entnahme von Wiederverkäufern gezahlt zu werden pflegt.

Lieferungen, die auf Grund einer Versteigerung erfolgen, sind, unbeschadet der eigenen Steuerpflicht des Versteigerers wegen seiner Tätigkeit, auch dann steuerpflichtig, wenn der Auftraggeber eine selbständige gewerbliche Tätigkeit nicht ausübt. Diese Vorschrift gilt nicht für die Versteigerung im Wege der Zwangsvollstreckung, für die Versteigerung unter Miterben zum Zwecke der Teilung eines Nachlasses, sowie für die Versteigerung von Grundstücken und von Berechtigungen, auf welche die auf Grundstücke bezüglichen Vorschriften des bürgerlichen Rechtes Anwendung finden.

A. Im allgemeinen.

I. Das Steuerobjekt.

Anm. 1.

Nach dem Wortlaut des § 1 des Gesetzes unterliegen der Umsatzsteuer die im Inland gegen Entgelt ausgeführten Lieferungen und Leistungen. Dies ist jedoch nur bedingt richtig, denn wie sich aus § 17 Absatz 1 und Absatz 7 ergibt, kennt das Umsatzsteuergesetz einen doppelten Gegenstand der Besteuerung, nämlich

1. als Regel: Zahlungen für im Inland ausgeführte Lieferungen und sonstige Leistungen,
2. nur als Ausnahme: die im Inland gegen Entgelt ausgeführten Lieferungen und Leistungen selbst.

Beispiel: Ein Kaufmann schließt am 15. Dezember 1918 einen Kaufvertrag über Waren im Werte von 30000 ℳ ab. 10000 ℳ werden sofort von dem Käufer bezahlt. Die Ware wird geliefert im Jahre 1919. Der Käufer zahlt darauf weitere 10000 ℳ. Den Restbetrag zahlt er im Jahre 1920.

Hier ist zu versteuern:

1. nach § 17 Absatz 1, also in der Regel:
   a) im Jahre 1918: 10000 ℳ, trotzdem eine Lieferung überhaupt nicht vorliegt,
   b) im Jahre 1919: 10000 ℳ, trotzdem jetzt eine Lieferung in Höhe von 30000 ℳ gemacht wurde,
   c) im Jahre 1920: wiederum 10000 ℳ, trotzdem die Lieferung bereits im Jahre 1918 in voller Höhe ausgeführt wurde,
2. nur dann, wenn die Besteuerung nach § 17 Absatz 7 stattfindet, wenn also die Oberbehörde dem Kaufmann gestattet, statt der Zahlungen den gesamten Betrag der Entgelte für die im Steuerzeitraume bewirkten Leistungen ohne Rücksicht auf die Bezahlung anzugeben, hat er zu versteuern:
   a) im Jahre 1918: — ℳ, denn in diesem Jahre ist eine Lieferung nicht erfolgt,
   b) im Jahre 1919: 30000 ℳ, denn jetzt liegt eine Lieferung in Höhe von 30000 ℳ vor,
   c) im Jahre 1920: — ℳ, denn die Lieferung ist bereits im Jahre 1919 gemacht.

Es bildet also nur im zweiten Falle die Lieferung selbst den Gegenstand der Besteuerung. Die Steuer wird dann nicht berechnet, wie es bei kommunalen Grundstücksumsatzsteuerordnungen vielfach üblich ist, nach dem gemeinen Wert, sondern nach der Höhe des Entgelts.

Es ergibt sich somit, daß der Wortlaut des § 1 ungenau ist. Es hätte heißen müssen: Der Umsatzsteuer unterliegen Zahlungen für die im Inland ausgeführten Lieferungen und Leistungen. Auch im Warenumsatzstempelgesetz war die Fassung schief. Dort war als Gegenstand der Besteuerung bezeichnet: Anmeldungen über bezahlte Warenlieferungen. Dies ist nur dann richtig, wenn man den Hauptton auf das Wort „bezahlt" legt und dieses Wort dahin versteht: Anmeldungen über Zahlungen für Warenlieferungen.

Die Frage nach dem Gegenstand der Besteuerung ist von besonderer praktischer Bedeutung für die Fälle, in denen nach Inkrafttreten des Umsatzsteuergesetzes Zahlungen geleistet werden für Lieferungen oder Leistungen, die vor dem Inkrafttreten dieser beiden Gesetze liegen. Nach dem Wortlaut des § 1 müßten alle diese Zahlungen steuerfrei bleiben, weil dann das steuerpflichtige Ereignis vor dem Inkrafttreten des Gesetzes liegt. Nun bilden aber den die Steuerpflicht auslösenden Rechtsvorgang in der Regel eben nicht die Lieferungen, sondern allein die Zahlungen und diese finden nach dem Inkrafttreten des Gesetzes statt. Mit Recht haben daher die Auslegungsgrundsätze des Bundesrats zum Warenumsatzstempelgesetz in Ziffer XX angenommen, daß die Steuerpflicht für Zahlungen, die nach dem Inkrafttreten des Gesetzes geleistet werden, nicht dadurch berührt wird, daß sie für früher gelieferte Waren erfolgt sind.[1]) An und für sich besteht kein Grund, diese Auslegung nicht auch für das Umsatzsteuergesetz zu übernehmen. Bei den Beratungen im Ausschuß ist jedoch von Regierungsseite bei der Frage der Abwälzung der Umsatzsteuer für die Übergangszeit erklärt worden, daß Lieferungen, die vor dem Gesetz erfolgt sind, auch dann umsatzsteuerfrei sind, wenn die Zahlung nach dem Inkrafttreten des Gesetzes erfolgt.[2]) Man wird nicht umhin können, diese Ansicht bei der Auslegung des Gesetzes zu verwenden. Aus dem Gesetz selbst läßt sich hierfür, abgesehen von dem Wortlaut, noch § 17 Abs. 2 S. 2 anführen. Darnach haben für nach Einstellung eines Unternehmens eingehende Entgelte Nachanmeldungen stattzufinden. An und für sich wären solche Zahlungen nicht steuerpflichtig, weil der Unternehmer zur Zeit des Eingangs der Zahlungen nicht mehr Gewerbetreibender ist. Daher waren auch nach dem Warenumsatzstempelgesetz derartige Zahlungen nicht gemäß § 76 durch Anmeldung, sondern nach § 83a durch den Quittungsstempel zu versteuern. Indem nun das Umsatzsteuergesetz Versteuerung auch dieser Zahlungen verlangt, gibt es zu erkennen, daß es entsprechend dem Wortlaut des Gesetzes sämtliche Lieferungen und Leistungen eines Unternehmens versteuern will, ohne Rücksicht auf den Zeitpunkt der Zahlung.

Man wird daher annehmen müssen, daß Leistungen und Lieferungen, die vor dem Inkrafttreten des Gesetzes erfolgt sind, auch dann nicht zu versteuern sind, wenn die Zahlungen hierfür nach dem Inkrafttreten des Gesetzes erfolgen.[2a]) Zu welchen Folgerungen dies führt, ist in Anm. 2 zu § 13 dargelegt.

---

[1]) In ähnlicher Weise nimmt das preußische Oberverwaltungsgericht für das Gebiet der kommunalen Grundstücksumsatzsteuerordnungen an, daß für die Steuerpflicht allein entscheidend ist der Umstand, daß der Eigentumsübergang nach Inkrafttreten einer Steuerordnung erfolgt, mag auch die schuldrechtliche Verpflichtung zur Übereignung schon übernommen gewesen sein, ehe die Steuerordnung in Kraft trat. Es geht sogar soweit die Steuerpflicht zu bejahen, wenn zwischen der Auflassung des Grundstücks und der Eintragung im Grundbuch die Steuerordnung in Kraft tritt, denn auch in diesem Falle findet der endgültige Eigentumsübergang zu einer Zeit statt, als die Steuerordnung bereits in Kraft getreten ist. Vgl. OVG 66 S 43.

[2]) KommB. S. 85.

[2a]) So auch UStGVerf. vom 16. August 1918 im FMBl. 1918 S. 285.

Anm. 2.

Gegenstand der Besteuerung ist aber nicht die einzelne Zahlung oder Lieferung, sondern die Gesamtheit der Zahlungen und Lieferungen, die in einem Steuerabschnitt erfolgen. Die einzelne Zahlung oder Lieferung ist nur Element der Besteuerung. Dies ergibt sich einmal aus § 17, der bestimmt, daß in der Steuererklärung der Gesamtbetrag der Zahlungen oder Lieferungen anzugeben ist, dann aber vor allem aus § 18, der, wie sich aus der Begründung ergibt, davon ausgeht, daß Entgelte, die innerhalb eines Steuerzeitraums zurückerstattet werden, bei dem Gesamtbetrag nicht zu berücksichtigen sind. Dies ist aber nur dann möglich, wenn eben nicht die einzelne Zahlung oder Lieferung, sondern nur der Gesamtbetrag der Zahlungen oder Lieferungen Gegenstand der Besteuerung ist. Am klarsten wird dies, wenn man die beiden Steuerarten des Gesetzes, nämlich die allgemeine Umsatzsteuer und den Quittungsstempel des § 25, hinsichtlich der Zulässigkeit der Berücksichtigung von Rückerstattungen der geleisteten Entgelte miteinander vergleicht.

1. Beispiel: Der Kaufmann A verkauft gegen sofortige Kasse am 15. Dezember an B einen Posten Waren für 30 000 ℳ und an C einen solchen für 20 000 ℳ. Als B und C die Waren erhalten, entdecken sie zahlreiche Mängel. Sie rügen diese und verlangen Wandlung des Kaufes.

A gibt schließlich nach und zahlt dem B am 30. Dezember seine 30 000 ℳ und dem C am 3. Januar des nächsten Jahres die 20 000 ℳ zurück. A will nun nach § 17 im Januar seine Steuererklärung über den Gesamtbetrag der Zahlungen, die er im Laufe des Jahres erhalten hat, bei der Steuerstelle abgeben. Darf er die beiden Rückzahlungen berücksichtigen?

2. Beispiel: Der Privatmann X verkauft an Z am 20. Dezember gegen sofortige Kasse einen Luxusgegenstand für 200 ℳ. Nach § 25 ist er verpflichtet, über die Zahlung ein schriftliches Empfangsbekenntnis innerhalb 2 Wochen auszustellen, und dieses zu versteuern. Bevor er dies tut, wandelt Z am 30. Dezember den Kauf, weil sich an dem Gegenstand erhebliche Mängel herausgestellt haben. X zahlt darauf dem Z am gleichen Tage den Betrag zurück. Muß X jetzt trotzdem noch über die zuerst erhaltene Zahlung das Empfangsbekenntnis ausstellen und versteuern?

Grundsätzlich ist davon auszugehen, daß ein einmal eingetretener steuerpflichtiger Tatbestand durch Rückzahlung nicht ungeschehen gemacht werden kann.[2b]) Wenn also Gegenstand der Besteuerung die Einzelzahlungen von 30 000, 20 000 und 200 ℳ sind, dann wird die mit der Zahlung einmal eingetretene Steuerpflicht nicht dadurch beseitigt, daß später der volle Betrag zurückgezahlt wird. So ist aber die Rechtslage nur im zweiten Beispiel, und im ersten Beispiel hinsichtlich der im Januar erfolgten Rückzahlung von 20 000 ℳ. Dagegen geht das Gesetz davon aus, daß die Rückzahlung der im Dezember erfolgten 30 000 ℳ bei der Steuererklärung ohne weiteres berücksichtigt wird. Damit gibt es zu erkennen, daß eben nicht die einzelne, im Laufe des Jahres erfolgte Zahlung sondern nur der Gesamtbetrag der Zahlungen Gegenstand der

[2b]) Vgl. PrVBl. Jg. 34 S. 28.

Besteuerung ist. Es muß also im ersten Beispiel der Kaufmann A die Zahlung von 20000 ℳ versteuern, trotzdem zur Zeit der Steuererklärung feststeht, daß er diesen Betrag wieder zurückerstattet hat. Erst auf Grund der ausdrücklichen Vorschrift des § 18 darf er die Rückzahlung von 20000 ℳ bei der Anmeldung des nächsten Jahres berücksichtigen, indem er sie dann gesondert angibt und in Abzug bringt. Ebenso muß im zweiten Beispiel X das Empfangsbekenntnis ausstellen, trotzdem er die Zahlung bereits zurückerstattet hat.[3])

Die Frage, ob Gegenstand der Besteuerung die einzelne Zahlung oder der Gesamtbetrag der Zahlungen ist, ist von praktischer Bedeutung für den Fall des Konkurses.

Beispiel: Der Kaufmann A fällt am 1. Juli in Konkurs Ist die Steuerstelle berechtigt, den Umsatz für die Zeit vom 1. Januar bis 1. Juli zu ermitteln, und den Betrag als Konkursforderung anzumelden?

Nach § 3 KO dient die Konkursmasse zur gemeinschaftlichen Befriedigung aller persönlichen Gläubiger, die einen zur Zeit der Eröffnung des Konkursverfahrens begründeten Vermögensanspruch an den Gemeinschuldner haben. Hierbei gelten nach § 65 KO betagte Forderungen als fällig.

Es fragt sich also, ob am 1. Juli ein begründeter Vermögensanspruch der Steuerstelle besteht. Das ist von dem hier vertretenen Standpunkt aus zu verneinen. Nur dann, wenn Gegenstand der Besteuerung die einzelne Zahlung oder Lieferung wäre, würde es sich bei dem Umsatze für die Zeit vom 1. Januar bis 1 Juli um eine Summe von gesetzlich betagten Verbindlichkeiten handeln, die von der Steuerstelle zu ermitteln, und als Konkursforderung anzumelden wären.[4]) Dies ist aber nicht der Fall. Die einzelnen Zahlungen und Lieferungen in der Zeit vom 1 Januar bis 1 Juli bilden, wie gesagt, überhaupt nicht den Gegenstand der Besteuerung. Aber auch der Gesamtbetrag dieser Zahlungen oder Lieferungen bildet keinen Gegenstand der Besteuerung, weil der Konkurs als solcher keinen Steuerabschnitt schafft. Dieser wird vielmehr nach der allgemeinen Regel des § 17 nur gebildet durch Ablauf des Kalenderjahres oder durch Einstellung des Geschäftsbetriebes. Beides kann auch im Konkurs vorkommen, und daher sind im obigen Beispiel 3 Fälle zu unterscheiden.

1 Der Konkursverwalter führt das Geschäft weiter Der Konkurs endigt am 1 Dezember. Dann übernimmt A wieder das Geschäft.

Hier bleibt der Konkurs bei der Besteuerung vollständig außer Betracht. Im Januar des nächsten Jahres hat A den Gesamtbetrag der Zahlungen der Steuerstelle anzumelden, und zwar auch diejenigen Zahlungen, die während der Dauer des Konkurses eingegangen sind.

2. Der Konkursverwalter führt das Geschäft weiter Der Konkurs ist am 31. Dezember noch nicht beendet.

---

[3]) Vgl. §§ 183, 184 AusfB. zum Reichsstempelgesetz.

[4]) So Kloß JW. 1918 S. 81, dessen Ausführungen für das Warenumsatzstempelgesetz schon daran scheitern, daß die Steuerstelle gar kein Recht hatte, von dem Steuerpflichtigen innerhalb eines Steuerabschnitts irgendwelche Auskunft über die Höhe des Umsatzes zu verlangen.

Hier muß der Verwalter den Gesamtbetrag der Zahlungen anmelden, und zwar auch derjenigen, die vor der Eröffnung des Konkurses, also in der Zeit vom 1. Januar bis 1. Juli eingegangen sind

3. Der Konkursverwalter stellt das Geschäft im Laufe des Jahres ein.

Dann muß er die Zahlungen anmelden, die vom 1. Januar bis zum Tage der Einstellung des Geschäftsbetriebes eingegangen sind.

In dem Fall zu 2 und 3 handelt es sich um Massekosten im Sinne des § 58 Ziffer 2 der Konkursordnung.

Aus diesen 3 Beispielen ergibt sich, daß für den Fall des Konkurses die Umsatzsteuer den Charakter einer Gewerbesteuer annimmt, die auf den Umsatz aufgebaut ist. Die Steuer lastet, trotzdem sie eine indirekte ist, auf den Gewerbebetrieb, und muß deshalb von dem Konkursverwalter getragen werden, da er diesen Betrieb gemäß § 117 KO. fortsetzt.

Anm. 3.

Gegenstand der Besteuerung ist das dingliche Erfüllungsgeschäft, also entweder die Zahlung oder die Leistung bzw. Lieferung. Außer Betracht bleibt somit das obligatorische Abschlußgeschäft. Das ist praktisch von Bedeutung bei den nichtigen, anfechtbaren und verbotenen Geschäften Hier ergreift z. B. die Nichtigkeit eines unsittlichen Kaufvertrages nur das Kausalgeschäft, nicht aber den die Erfüllung enthaltenen dinglichen Vertrag der Übergabe. Dieser besteht selbständig für sich weiter. Erst dann, wenn die Parteien auf Grund der Nichtigkeit des obligatorischen Vertrages die Aufhebung des dinglichen Vertrages betreiben, entfällt die Steuerpflicht, und zwar auch dann nur von selbst, wenn Bezahlung oder Lieferung und Rückgängigmachung in denselben Steuerzeitraum fällt, andernfalls kommt § 18 in Betracht.

Beispiel: Nach § 42 der Brotgetreide-Verordnung vom 29. Juni 1916 ist die Reichsgetreidestelle verpflichtet, die bei dem Ausmahlen ihres Getreides entfallende Kleie der Bezugsvereinigung der Deutschen Landwirte G. m. b. H. zur Verfügung zu stellen. Im Widerspruch hierzu bestimmte die Reichsgetreidestelle in ihren Geschäftsbedingungen alter Fassung, daß die Kleie im Zeitpunkte ihrer Entstehung in das Eigentum der Mühlen fällt, und von diesen an die Bezugsvereinigung zu liefern ist.

Die Mühlen bestritten die Steuerpflicht für diese Lieferungen unter Hinweis darauf, daß diese Bestimmung der allgemeinen Geschäftsbedingungen, weil gegen das Gesetz verstoßend, nichtig Selbst wenn dies richtig wäre, so würde dadurch die Steuerpflichtig Lieferungen nicht berührt werden, da die Mühlen diese trotz der Nichtigkeit der Verpflichtung an die Bezugsvereinigung ausgeführt haben.

II. Das Steuersubjekt.

Anm. 4.

Steuerpflichtig sind nur solche Personen, die eine selbständige gewerbliche Tätigkeit mit Einschluß der Urerzeugung und des Handels ausüben. Der private Umsatz ist demnach steuerfrei. Eine Ausnahme wird nur für Versteigerungen und für die Luxussteuer gemacht. Der Gesetzgeber hat also davon Abstand genommen, die Vorschrift des § 83a des Warenumsatzstempelgesetzes, die unter Einführung des Quittungszwanges für nicht gewerbsmäßige Verkäufe über 100 ℳ die Steuerpflicht vorsah, zu übernehmen. Wegen des Grundes siehe die Einleitung S. 4.

Anm. 5.

Erforderlich ist eine gewerbliche Tätigkeit. Bei den Kommissionsberatungen war angeregt worden, den Begriff „gewerblich" im Gesetz selbst klar zu stellen, da sich sonst Unsicherheiten bei der Gesetzesanwendung ergeben können.

Ein Vertreter der Reichsregierung gab hierauf folgende Erklärung ab:

„Die Auslegung des Begriffs der ‚gewerblichen' Tätigkeit, der nach den Beschlüssen des Unterausschusses an die Stelle der ‚geschäftlichen' Tätigkeit getreten sei, werde in der Praxis keine unüberwindlichen Schwierigkeiten bereiten. Es werde von der Entstehungsgeschichte auszugehen sein. Nach dem Entwurf sollten alle Tätigkeiten unter die Steuer fallen, die sich außerhalb des Privatlebens in der Form von Leistungen oder Lieferungen abspielen. Bei den Beratungen im Hauptausschuß und im Unterausschuß habe man sich hiergegen gewandt, weil man eine Beeinträchtigung der Interessen der freien Berufe fürchtete Lediglich zu diesem Zwecke sei das Wort ‚geschäftlich durch ‚gewerblich' ersetzt worden. Hieraus ergebe sich für die Auslegung, daß mit dem Worte ‚gewerblich ein Begriff verbunden werden solle, der die sogenannten freien Berufe nicht einschließe Es ist das, wenn man von der Erstreckung auf die Urerzeugung, also Landwirtschaft und Bergbau, absehe, der gleiche Begriff, mit dem die Gewerbesteuergesetzgebung fast aller Bundesstaaten rechne Bei der Auslegung aller dieser Gewerbesteuergesetze sei die Abgrenzung gegenüber den freien Berufen — soweit nicht etwa besondere Vorschriften bestehen — erforderlich und habe nach allgemeinen wissenschaftlichen Grundsätzen zu erfolgen. Es gebe hierüber eine reichhaltige Rechtsprechung der verschiedenen bundesstaatlichen Oberverwaltungsgerichte, auch die Ausführungsbestimmungen der Gewerbesteuergesetze, und die bei vielen Einkommensteuergesetzen übliche Unterscheidung zwischen gewerblichen Einkommen und solchen aus gewinnbringender Beschäftigung können als Anhalt dienen. Die Ausführungsbestimmungen zum preußischen Gewerbesteuergesetze zählen als nicht steuerpflichtige freie Berufsarten beispielsweise auf: Schriftsteller, Gelehrte, Künstler, Privatlehrer, Erzieher, Ärzte, Rechtsanwälte, Notare und die Praxis, und die Rechtsprechung habe ebenso z. B. Zahnärzte, Patentanwälte, Ingenieurfirmen und ähnliches behandelt. Die Fälle, die bei der Auslegung Schwierigkeiten machen, seien im wesentlichen immer dieselben. So treibe z. B. ein Arzt ein Gewerbe, wenn und soweit er ein Sanatorium unterhalte. Bei einem Architekten komme es darauf an, ob er lediglich in Ausübung seiner Kunst durch Entwerfen von Bauplänen tätig sei oder als Bauunternehmer selbst Bauten ausführe. Alles das werde auch für den Entwurf des Umsatzsteuergesetzes zu gelten haben. Man werde also ohne nähere Umschreibung, die auch kaum gesetzestechnisch möglich sei, auskommen können. Dabei folge man übrigens lediglich dem Vorbilde des Gesetzes über einen Warenumsatzstempel, das im § 76 ebenfalls den Begriff Gewerbebetrieb ohne jede nähere Definition verwende. Bei der Verwendung des in Wissenschaft und Praxis im wesentlichen feststehenden gewerbesteuerlichen Begriffes des Gewerbes werde allerdings in einer Beziehung mit Vorsicht verfahren werden müssen. Als ein Begriffselement des Gewerbes werde die Absicht der Gewinnerzielung hingestellt und bei der Auslegung der Gewerbesteuergesetze verwendet. Die Entstehungsgeschichte des Umsatzsteuergesetzes ergebe, daß man für dieses die Absicht der Gewinnerzielung nicht zu fordern brauche. Die Umsatzsteuer gehe auf das Gesetz über einen Warenumsatzstempel zurück, und für dieses stand es in der Auslegung fest, daß die Absicht des Unternehmers nicht auf die Erzielung von Gewinnen gerichtet zu sein brauchte, daß vielmehr eine Tätigkeit genügte, bei der durch geschäftliches Tätigwerden Einnahmen erzielt wurden, ohne Rücksicht darauf, ob diese Einnahmen auch zu Überschüssen führten. Daß dies der Absicht des Warenumsatzstempels entspreche, ergebe sich aus § 76 Abs. 2, nach dem auch Konsumvereine, die lediglich an ihre Mitglieder liefern und daher keine Gewinne erzielen wollen, steuerpflichtig sein sollen. Da der Entwurf des Umsatzsteuergesetzes die geschäftliche Tätigkeit ebenfalls nur auf die Erzielung von Einnahmen abstelle, also nicht von einer Erzielung von Gewinnen spricht, so werde man auch für die Fassung, die das Gesetz nach den Beschlüssen des Unterausschusses erhalten solle, annehmen müssen, daß der Begriff der gewerblichen Tätigkeit bereits gegeben sei, wenn durch diese Tätigkeit Einnahmen erzielt werden."

Aus diesen Ausführungen ergibt sich folgendes:

Anm. 6.

1. Die gewerbliche Tätigkeit steht im Gegensatz zur beruflichen Tätigkeit. Dies ist an und für sich für ein Steuergesetz im Gegensatz zum Sprachgebrauch nichts Selbstverständliches. So faßt z. B. das Gesetz wegen Beseitigung der Doppelbesteuerung die ärztliche Tätigkeit als Gewerbebetrieb auf.[5]) Ferner hat auch für das Warenumsatzstempelgesetz die Praxis keine Bedenken getragen, die freien Berufe, soweit bei ihnen Warenlieferungen in Betracht kommen, als Gewerbebetriebe im Sinne des Gesetzes zu behandeln. Daher wurden insbesondere die Zahnärzte für den Teil ihrer Tätigkeit, der Warenlieferung umfaßt, zur Warenumsatzsteuer herangezogen. Dies ist jetzt nicht mehr möglich, denn es geht aus der Entstehungsgeschichte des Gesetzes klar hervor, daß die sogenannten freien Berufe sämtlich steuerfrei sein sollen. Zahnärzte sind also jetzt steuerfrei und zwar ganz gleich, ob ihre Tätigkeit unter den Begriff der Lieferung oder der Leistung fällt. Dies gilt aber nicht für Zahndentisten. Zu den freien Berufen, die der Umsatzsteuer nicht unterliegen, gehören weiter: Rechtsanwälte, Patentanwälte, Ärzte, Tierärzte, ferner Lehrer und Erzieher und zwar die Leiter einer Privatschule, wenn sie sich selbst am Unterricht beteiligen, auch insoweit, als

---

[5]) RG. 55 S. 168.

sie andere Personen zu Lehrzwecken beschäftigen. Ferner kommen in Betracht: Schriftsteller, Journalisten, Architekten, Künstler, Maler, Bildhauer, Konzertsänger,[6]) Rezitatoren. Entscheidend für die Zugehörigkeit zu den freien Berufen ist allein die Auffassung des Verkehrs.[7]) So gehören trotz wissenschaftlicher Vorbildung nicht zu den freien Berufen z. B. der Apotheker oder der Chemiker, der eine Fabrik zur Herstellung von chemischen Produkten betreibt. Denn bei diesen überwiegt die praktisch technische oder die kaufmännische Tätigkeit. Daher wird auch ein Arzt, der ein Sanatorium unterhält, ein Architekt, der selbst Bauten ausführt, als Gewerbetreibender behandelt.

Anm. 7.

2. Die Absicht der Gewinnerzielung ist nicht erforderlich. Es genügt eine Betätigung, die Einnahmen sicherstellt ohne Rücksicht darauf, ob diese Einnahmen nicht unter Umständen vielleicht sogar als selbstverständliche Folge der ganzen Art des Betriebes höheren Ausgaben gegenüberstehen.[8]) Auch gemeinnützige und wohltätige Einrichtungen sind, soweit nicht im § 3 Nr. 2 eine Ausnahme gemacht ist, steuerpflichtig, wenn diese Lieferungen oder Leistungen vornehmen. Sie sind also nur dann steuerfrei, wenn sie ausdrücklich als solche von der obersten Landesfinanzbehörde anerkannt sind. Vgl. die Erläuterungen zu § 3 N. 2.

Anm. 8.

3. Die Ausführungen des Vertreters der Reichsregierung sind jedoch nicht erschöpfend. Es besteht noch ein weiterer sehr wesentlicher Unterschied zwischen dem Begriff des Gewerbebetriebes im Sinne des Umsatzsteuergesetzes und dem gewerbesteuerlichen Begriff des Gewerbes. In dem Gewerbesteuergesetz ist der Begriff des Gewerbes ein wirtschaftlicher. Nur derjenige, der auf eigene Rechnung und Gefahr arbeitet, ist Gewerbetreibender im gewerbesteuerrechtlichen Sinne. Unerheblich ist es hierbei, ob er selbst im eigenen Namen am wirtschaftlichen Verkehr teilnimmt, oder sich hierzu anderer Rechtssubjekte als Organe bedient, mögen diese auch im eigenen Namen nach außen hin am Wirtschaftsverkehr teilnehmen. Im Gegensatz hierzu ist der Begriff des Gewerbes im Umsatzsteuergesetz ein juristischer. Entscheidend ist allein, daß jemand im eigenen Namen am wirtschaftlichen Verkehr teilnimmt, und unerheblich ist es, ob er hierbei für fremde oder für eigene Rechnung handelt. Der Unterschied kommt daher, daß die Umsatzsteuer eine indirekte, die Gewerbesteuer dagegen eine direkte Steuer ist. Bei der Gewerbesteuer ist Gegenstand der Besteuerung der Ertrag, und es ist nur natürlich, daß derjenige die Steuer trägt, dem dieser Ertrag schließlich zugute kommt. Daher kann nur der, der für eigene Rechnung und unter eigener Verantwortlichkeit arbeitet, als Steuersubjekt im Sinne des Gewerbesteuergesetzes angesehen werden. Hier dagegen, beim Umsatzsteuergesetz, handelt es sich um eine indirekte Steuer. Gegenstand der Besteuerung ist ein Rechtsvorgang, und deshalb muß derjenige als steuerpflichtig angesehen werden, der im eigenen Namen diesen Rechts-

---

[6]) KommB. S. 66.
[7]) RG. 75 S. 52.
[8]) Begr. S. 28.

vorgang auslöst, ohne Rücksicht darauf, ob er hierbei für eigene oder für fremde Rechnung handelt.

Beispiel: Eine Aktiengesellschaft, die sich satzungsgemäß mit dem Erwerb und dem Betrieb von Hotels befaßt, besitzt eine Reihe von Betrieben, die sie zu einem Teil unter eigener Firma betreibt, während sie bei einigen die Form der Gesellschaft mit beschränkter Haftung gewählt hat, um diesen für die bei dem Publikum alten eingeführten Betriebsnamen den gesetzlichen Firmenschutz zuteil werden zu lassen. Der Einkauf aller Waren erfolgt durch die Aktiengesellschaft als Zentralstelle, die jedem Betrieb das zuteilt, was er braucht. Sämtliche Betriebe sind verpflichtet, ihre täglichen Einnahmen der Aktiengesellschaft abzuführen, die ihrerseits wiederum sämtliche Ausgaben bestreitet. Die Erzielung eigenen Gewinns durch die Betriebe ist satzungsgemäß ausgeschlossen.

Hier sind die G. m b. H.-Betriebe von der Gewerbesteuer freigestellt worden, weil sie lediglich als Organe eines anderen Rechtssubjekts deren Geschäfte betreiben. Trotzdem ist aber jeder einzelne dieser G. m. b. H.-Betriebe selbständig umsatzsteuerpflichtig, denn sie treten nach außen hin im eigenen Namen auf und nehmen somit die Leistungen, die die Steuerpflicht auslösen, im eigenen Namen vor. Darüber, daß außerdem noch die Lieferungen zwischen der Aktiengesellschaft und den einzelnen G. m b. H.-Betrieben steuerpflichtig sind, vgl. die Anm 24.

Anm. 9.

Der Umsatzsteuer unterliegt jede gewerbliche Tätigkeit mit Einschluß der Urerzeugung und des Handels. Diese Worte sind nur der Deutlichkeit halber besonders in das Gesetz aufgenommen.[9]) Es sollte damit in einer jeden Zweifel ausschließenden Weise gesagt werden, daß der Begriff „gewerblich" hier weiter als in der Gewerbeordnung ist. Demnach ist auch steuerpflichtig der Betrieb der Land- und Forstwirtschaft, der Viehzucht, der Fischerei und des Gartenbaues sowie der Bergwerkbetrieb.

Anm. 10.

Die Steuerpflicht trifft jeden Gewerbetreibenden, ohne Rücksicht darauf, ob er Vollkaufmann im Sinne des Handelsgesetzbuches ist oder Minderkaufmann und Handwerker. Eine Einschränkung findet sich nur in § 3 Z. 3 für Gewerbetreibende, deren Einnahmen 3000 ℳ nicht übersteigen. Unerheblich ist es weiter, ob der Gewerbetreibende Inländer oder Ausländer ist. Die Steuerpflicht umfaßt ferner sowohl physische, wie juristische Personen, ebenso Vereinigungen, die keine Rechtspersönlichkeit haben.[10])

Es macht auch keinen Unterschied, ob das Unternehmen von einer öffentlichen Körperschaft betrieben wird. Sowohl Gemeinden, als auch der Fiskus ist umsatzsteuerpflichtig. (Vgl. die besondere Befreiungsvorschrift in § 3 Z. 1.) Eine Ausnahme wurde in der Praxis für das Warenumsatzstempelgesetz dann gemacht, wenn der Warenumsatz einer öffentlichrechtlichen Einrichtung nur von untergeordneter Be-

---

9) Ausschuß S. 4.
10) Vgl. Amtl. Mitt. 1918 S. 31.

deutung war und nur deshalb stattfand, weil ohne ihn die Durchführung der Haupttätigkeit nicht denkbar war, z. B. Verpflegung in öffentlichen Krankenanstalten,[11]) Universitätskliniken und bischöflichen Konvikten u. ä. Es hat praktisch wenig Zweck, auch jetzt noch diese rechtlich nicht einfachen Untersuchungen im Einzelfall durchzuführen. Für das Warenumsatzstempelgesetz waren sie notwendig, weil dort nur wohltätige, nicht aber auch gemeinnützige Unternehmen von der Steuerpflicht befreit waren. Jetzt aber sind den wohltätigen Unternehmen die gemeinnützigen gleichgestellt, vorausgesetzt, daß sie als solche anerkannt werden. Es wird nun die oberste Landesfinanzbehörde in derartigen Fällen kein Bedenken tragen, die Anerkennung als gemeinnütziges Unternehmen auszusprechen. Damit ergibt sich dann die Steuerfreiheit von selbst. Vgl. § 3 Anm. 3.

Anm. 11.

Es muß eine selbständige gewerbliche Tätigkeit vorliegen.

Die Beschränkung der steuerpflichtigen Personen auf solche, die eine selbständige Tätigkeit ausüben, nimmt von der Steuer alle diejenigen aus, die sich in einer abhängigen Stellung befinden, also die Arbeiter und die Angestellten einschließlich der Beamten. Die Abgrenzung wird hier und da zu Schwierigkeiten Anlaß geben, die jedoch für Rechtslehre und Rechtsprechung nichts Neues bringen: auch bei Auslegung der landesrechtlichen Gewerbesteuergesetze, wie auf dem Gebiete des Versicherungsrechts bedarf es einer Abgrenzung zwischen selbständigen und abhängigen erwerbstätigen Personen; auch der Unterschied zwischen Einkommen aus gewinnbringender Beschäftigung im Gegensatze zu sonstigen Einkommensarten, der sich z. B. im preußischen Einkommensteuergesetze findet, kann für die Auslegung unter Umständen verwertet werden. Begr. S. 28.

Hinzuweisen ist besonders auf die Anleitung des Reichsversicherungsamtes über den Kreis der nach der Reichsversicherungsverordnung gegen Invalidität und gegen Krankheit versicherten Personen vom 26. April 1912. Hervorzuheben ist folgendes:

Anm. 12.

Nicht jedes Anstellungsverhältnis beseitigt die Selbständigkeit. So gibt es zahlreiche Personen, die von Gemeinden und anderen Behörden zur sachgemäßen Leistung gewisser Dienste öffentlich bestellt und verpflichtet werden, trotzdem aber als selbständige Gewerbetreibende zu bezeichnen sind. Sie sind nämlich von den Weisungen der Anstellungsbehörde unabhängig und besorgen nicht deren Geschäft, stehen auch den Privatauftraggebern frei gegenüber. Hierunter fallen z. B. die öffentlichen Wäger, Taxatoren, Hebammen, Leichenfrauen.

Anm. 13.

Eine äußerlich gleichartige Tätigkeit kann in einem Falle selbständig sein, in einem anderen unselbständig. Dies ist dann der Fall, wenn der dazu Bestellte als Organ eines Betriebes unter fremder Leitung und Beaufsichtigung beschäftigt ist, und somit in persönlicher und wirtschaftlicher Abhängigkeit wirkt. So ist z. B. die von einem gerichtlichen Bücherrevisor in außergerichtlichen Angelegenheiten aus-

---

[11]) Vgl. hierüber Popitz in PrVBl. Jg. 39 S. 315.

geübte Tätigkeit als Bücherrevisor kein Gewerbebetrieb, wenn sie auf Grund vertragsmäßiger Vereinbarung dauernd und gegen feste Jahresvergütung die außerordentliche Revision des Buch- und Kassenwesens eines Betriebes in selbständiger Weise zum Gegenstand hat. Wird aber wiederum diese Revision bei mehreren Betrieben ausgeübt, so nötigt der Umstand, daß für die Tätigkeit eine feste Jahresvergütung vereinbart ist, allein nicht zu der Annahme, daß dieser Bücherrevisor seine Tätigkeit nicht als selbständiger Gewerbetreibender, sondern als Angestellter der Firmen ausübt, denn dadurch, daß jemand gewohnheitsmäßig in jedem Jahre an bestimmten Arbeitsstellen tätig ist, weil dort seine Dienste gerade gebraucht werden, verliert er nicht seine Unabhängigkeit als selbständiger Gewerbetreibender, dem es offen steht, seine Arbeitskraft in die Dienste auch jedes anderen zu stellen.

Überhaupt ist es rechtlich nicht ausgeschlossen, daß jemand einer Firma gegenüber in der Stellung eines Angestellten seine geschäftliche Tätigkeit ausübt, während er einer anderen Firma gegenüber sein Geschäft selbst führt, und nicht als deren Bevollmächtigter nach außen und innen dasteht. Entscheidend für die rechtliche Natur eines Vertreterverhältnisses sind in jedem einzelnen Falle, wenn mehrere Gewerbeunternehmer in Betracht kommen, die getroffenen Abmachungen; deshalb können die Einnahmen zum Teil aus selbständiger, zum Teil aus unselbständiger Tätigkeit herrühren.

Anm. 14.

Für die Entscheidung der Frage, ob ein beamtenähnliches Verhältnis vorliegt oder nicht, kommt es weder auf die äußere Bezeichnung des Vertreters, noch auf die rechtliche Form an, in die das Verhältnis gekleidet ist; vielmehr bedarf es in jedem einzelnen Falle der Ermittlung, ob nach den konkreten Verhältnissen (Inhalt des Anstellungsvertrages, gesamte Geschäftsordnung) der Vertreter als Beamter angesehen werden muß. Dies ist zu bejahen, wenn die Mittelsperson auf Grund des durch den eingegangenen Vertrag zu den auswärtigen Unternehmern begründeten Abhängigkeitsverhältnisses Handlungen, die ihm von denselben aufgegeben werden, vorzunehmen verpflichtet ist. Dafür, daß ein Generalagent im eigentlichen Sinne die Stellung eines Beamten hat, spricht im allgemeinen die Vermutung [12])

Anm. 15.

Eine Zwischenstufe zwischen den unselbständigen Arbeitern und den selbständigen Gewerbetreibenden bilden die Hausgewerbetreibenden. Sie sind persönlich selbständig insofern, als sie eine eigene Betriebsstätte haben, frei über Anfang, Ende, Umfang und Reihenfolge der Arbeit bestimmen können und auch ohne Einschränkung Hilfskräfte zur Unterstützung bei der Arbeit annehmen dürfen. Dagegen sind sie wirtschaftlich abhängig, indem sie im Auftrage eines andern für dessen Rechnung und Gefahr arbeiten. Da es im Umsatzsteuergesetz, wie oben in Anm. 8 nachgewiesen, nur auf die persönliche und nicht auf die wirtschaftliche Selbständigkeit ankommt, so sind die Hausgewerbetreibenden steuerpflichtig. Eine Grenze bildet nur § 3 Z 3 bei Einnahmen bis 3000 ℳ

[12]) Mitteilungen aus der Verwaltung der direkten Steuern im preußischen Staate Nr. 40 S. 4—7.

Anm. 16.

Steuerpflichtig sind die Personen, die eine selbständige gewerbliche Tätigkeit ausüben, nur insoweit als die Lieferungen und Leistungen, die sie ausführen, innerhalb dieser gewerblichen Tätigkeit liegen. Es ist daher der Juwelier insoweit nicht steuerpflichtig, als er etwa seinen Hausrat veräußert.

Aus dem gleichen Grunde wird auch der Verkauf eines Unternehmens im ganzen nicht steuerpflichtig sein, denn er vollzieht sich gewöhnlich nicht mehr innerhalb der gewerblichen Tätigkeit des Unternehmens,[13]) er stellt vielmehr in der Regel die Aufgabe des Geschäftsbetriebes des bisherigen Inhabers dar, es sei denn, daß dieser von vornherein die Absicht hatte, durch die Geschäftsveräußerung sich Einnahmen zu verschaffen.

Zu den Geschäften, die innerhalb der gewerblichen Tätigkeit liegen, wird man allgemein auch die Hilfs- und die Nebengeschäfte rechnen müssen. Verkauft also eine Omnibusgesellschaft ihre abgewirtschafteten Pferde, so sind auch die hierfür vereinnahmten Entgelte steuerpflichtig.

Anm. 17.

Die selbständige gewerbliche Tätigkeit muß eine objektiv erlaubte sein. Durch die Besteuerung einer verbotenen oder unsittlichen Tätigkeit würde der Staat mit seinen Gesetzen in Widerspruch treten Die in den Kommissionsverhandlungen aufgeworfene Frage, ob auch die gewerbsmäßige Unzucht als Leistung steuerpflichtig sei, ist also zu verneinen.

Die objektiv erlaubte gewerbliche Tätigkeit verliert aber ihren Charakter nicht dadurch, daß sie subjektiv rechtswidrig ist. Betreibt also jemand ein Gewerbe, ohne die zu seinem Betriebe erforderliche Konzession zu haben, so ist er gleichwohl steuerpflichtig. Noch mehr gilt dies selbstverständlich, wenn jemand ein Gewerbe betreibt, ohne die nach § 14 der Gewerbeordnung erforderliche Anmeldung vorgenommen zu haben. Daher fällt auch der gesamte Schleichhandel unter die Steuerpflicht. Voraussetzung ist aber, daß nach der Art der getroffenen Einrichtung oder der Gebarung des Tätigwerdenden nicht bloß an einen gelegentlichen Geschäftsabschluß zu denken ist.[14])

B. Im einzelnen.

Lieferungen und sonstige Leistungen.

Anm. 18.

Den Gegenstand der Besteuerung bilden nach dem Umsatzsteuergesetz ganz allgemein: Leistungen. Was unter Leistung zu verstehen ist, entscheidet sich nach bürgerlichem Recht.[1]) Darnach ist Leistung alles, was Gegenstand eines schuldrechtlichen Vertrages sein kann. Somit ist durch die Einbeziehung der Leistungen in die Steuerpflicht der Gegenstand der Besteuerung gegenüber dem Warenumsatzstempelgesetz ganz bedeutend erweitert. Denn grundsätzlich sind jetzt alle geschäftlichen Tätigkeiten steuerpflichtig, soweit nicht im § 2 des Gesetzes beson-

[13]) Begr. S. 28.

[14]) Vgl. Begr. S. 28.

[1]) Begr S. 28.

dere Ausnahmen zugelassen sind. Insbesondere ist es jetzt im Gegensatz zum Warenumsatzstempelgesetz vollkommen unerheblich, ob die geschäftliche Tätigkeit sich in einer reinen Dienstleistung erschöpft oder ob damit Lieferungen verbunden sind. Daher fällt jetzt auch unter die Steuer die gesamte Veredelungsindustrie z. B. Färberei, Spinnerei, Weberei. Ferner ist steuerpflichtig das gesamte Handwerk z. B. Schneider, Schlosser, Maler. Weiter gehört hierher das gesamte Vergnügungsgewerbe, z. B. Theater, Konzert, Lichtspiele, das Beherbergungsgewerbe z. B. Gastwirte, Hotelbesitzer, weiter das Verwahrungs- und Lagerungsgewerbe, das Transportgewerbe, z. B. Spediteur, Droschkenunternehmer u. ä. Schließlich ist noch besonders hervorzuheben, daß jede Art von Vermittelungen unter die Steuer fällt. Es müssen also ihre Provision versteuern: Agenten, Hypothekenmakler, Stellenvermittler usw.

Bei den Verträgen, die alle diese Gewerbetreibenden schließen, liegen nach bürgerlichem Recht zwei Leistungen vor, denn jeder der beiden Vertragsparteien ist zugleich Gläubiger und Schuldner. So ist z. B. bei einem Werkvertrag der Unternehmer zur Herstellung des versprochenen Wertes, der Besteller zur Entrichtung der vereinbarten Vergütung verpflichtet. Steuerrechtlich liegt aber auch bei den gegenseitigen Verträgen immer nur eine Leistung vor. Welche von den beiden nach bürgerlichem Recht vorhandenen Leistungen steuerpflichtig ist, entscheidet sich allein nach wirtschaftlichen Gesichtspunkten. Nur diejenige Leistung, die im volkswirtschaftlichen Sinne einen Umsatz bedeutet, unterliegt bei einem gegenseitigen Vertrag der Steuer. Daher sind z. B. steuerfrei die Auszahlung einer Versicherungssumme, ferner die Erstattung von baren Auslagen bei dem Auftrag, die Rückzahlung der Darlehnssumme.

Zu den Leistungen gehören auch: Unterlassungen.[1]) Hierbei ist an Konkurrenzklauseln u. ä. zu denken.

Beispiel: Der Kaufmann A verpflichtet sich der Gesellschaft B gegenüber, von seinem durch die Patenterteilung begründeten Recht auf Verbot der Herstellung und des Vertriebs der ihm patentierten Maschinenkonstruktion keinen Gebrauch zu machen.[2])

Hier muß A die Vergütung, die er für das Unterlassen von B erhält, versteuern.

Anm. 19.

Neben den Leistungen nennt das Gesetz als Gegenstand der Besteuerung noch: Lieferungen. An sich hätte es juristisch genügt, die Steuerpflicht lediglich für Leistungen auszusprechen; wenn daneben noch die Lieferungen erwähnt werden, so ist das geschehen, um diese wichtigste Leistungsart, durch die auch der Anschluß an den bestehenden Warenumsatzstempel hergestellt wird, besonders hervorzuheben.[3]) Nach dem Warenumsatzstempelgesetz war Gegenstand der Besteuerung: Warenlieferungen. Unter Waren sind bewegliche körperliche Gegenstände

---

[1]) Begr. S. 28.
[2]) JW. 1917 S. 857.
[3]) Begr. S. 28.

des Handelsverkehrs zu verstehen. Demnach fielen nicht unter die Besteuerung:

1. Rechte, also insbesondere Urheberrechte, Patentrechte, Forderungsrechte. Denn diese sind keine körperlichen Gegenstände.
2. Grundstücke, denn diese sind keine beweglichen Gegenstände.

Das Umsatzsteuergesetz besteuert nun nicht mehr: Warenlieferungen, sondern ganz allgemein: Lieferungen. Damit bringt es zum Ausdruck, daß auch das Umsetzen von den beiden oben zu 1 und 2 aufgeführten Gegenständen, die rechtlich nicht als Ware gelten, unter das Gesetz fällt. Es ist demnach jetzt steuerpflichtig:

1. Der Umsatz von Rechten. Hierbei macht aber § 2 Nr. 2 eine wichtige Ausnahme, indem unter anderem die Umsätze von Geldforderungen, von Wertpapieren sowie von Anteilen von Gesellschaften und sonstigen Vereinigungen von der Steuer befreit sind. Es bleiben somit im wesentlichen hier steuerpflichtig die Umsätze von Urheber- und Patentrechten, ferner z. B. der Verkauf eines Braukontingents u. ä.
2. Der Umsatz von Grundstücken Selbstverständlich fällt nicht jeder Grundstücksumsatz unter das Gesetz, sondern nur derjenige, der in geschäftlicher Tätigkeit erfolgt. Der Gutsbesitzer, der eine Parzelle seines Guts veräußert, ist nicht steuerpflichtig, wohl aber eine Terraingesellschaft oder ein Güterschlächter (Begr. S. 29.)

Anm. 20.

Unter den Lieferungen bilden nach wie vor den Hauptbestandteil die Warenlieferungen. Daher soll der Begriff der Lieferung auch an diesen näher erörtert werden:

Unter Lieferung ist in Anlehnung an die Auslegungsgrundsätze des Bundesrats zum Warenumsatzstempelgesetz „die zur Erfüllung eines entgeltlichen Umsatzgeschäfts erfolgende Übergabe der Waren zu verstehen". Nicht nötig ist es, daß es sich um ein eigentliches Lieferungsgeschäft im handelsrechtlichen Sinne handelt, bei dem Gegenstand des Vertrages erst zu beschaffende Sachen sind. Lieferung ist vielmehr auch die Verabreichung von Nahrungs- und Genußmitteln in Gast- und Schankwirtschaften, Speisewirtschaften und Pensionen, in Kaffeehäusern, Konditoreien usw.[4])

Dagegen ist keine Lieferung die Verabreichung von Nahrungs- und Genußmitteln im eigenen Haushalt auf Grund eines Dienst-, Arbeits- oder Lehrvertrags als Teil des geschuldeten Lohns[4])

Ferner ist die Sachleistung aus einem Kaufvertrag Lieferung auch dann, wenn es sich nicht um eine Leistung auf vorgängige Bestellung handelt, sondern wie z. B. beim Barverkauf im offenen Ladengeschäft oder wie beim Warenbetrieb durch Automaten Leistung und Gegenleistung ohne vorgängige Bestellung Zug um Zug geschehen.[4]) Hierzu gehören auch Umsätze, die sich durch Zusendung unbestellter Waren und deren stillschweigende Annahme durch Verbrauch vollziehen. Es kommt überhaupt darauf, ob zwischen dem Lieferer und dem Empfänger Vertragsbeziehungen bestehen, nicht an. Der Liefernde ist auch dann steuerpflichtig, wenn er auf Bestellung eines andern an einen Dritten

---

[4]) AuslGrunds. II.

liefert, der gänzlich außerhalb des Vertragsverhältnisses zwischen dem Besteller und dem Liefernden steht.[5])

Anm. 21.

Lieferung ist die zur Erfüllung eines entgeltlichen Warenumsatzgeschäftes erfolgende Übergabe der Ware.

Übergabe ist Übertragung des unmittelbaren Besitzes. Sie geschieht regelmäßig durch körperliches Geben und Nehmen. Wo aber der Erwerber ohne weiteres zur Gewaltausübung imstande ist, wie bei frei im Walde liegenden Hölzern, kann die Übergabe durch schlichte Einigung über den Besitzübergang erfolgen (§ 854 Abs. 2 BGB.). Diese Einigung braucht weder an Ort und Stelle, noch in der Nähe zu erfolgen

Übergabe ist auch die sogenannte symbolische Übergabe, z. B. durch Aushändigung der Schlüssel des Lagerraums.

Anm. 22.

Nötig ist nur die Übergabe, nicht die Eigentumsübertragung. Beides wird zwar gewöhnlich miteinander zusammenfallen, denn nach § 929 BGB. ist zur Übertragung des Eigentums an einer beweglichen Sache Einigung und Übergabe erforderlich. Jedoch ist daran festzuhalten, daß grundsätzlich Eigentumsverschaffung und Übergabe zwei vollkommen voneinander verschiedene Begriffe sind Dies ergibt sich zweifelsfrei aus § 433 BGB., wonach der Verkäufer einer Sache verpflichtet ist, einmal dem Käufer die Sache zu übergeben, und außerdem ihm das Eigentum an der Sache zu verschaffen. Diese Erörterungen sind praktisch für die Frage, ob die beiden Ersatzmittel, die das BGB. bei der Eigentumsübertragung für die Übergabe kennt, nämlich das constitutum possessorium und die Abtretung des Herausgabeanspruchs, Lieferungen im Sinne des Gesetzes sind. Die betreffenden Bestimmungen lauten:

§ 930. Ist der Eigentümer im Besitze der Sache, so kann die Übergabe dadurch ersetzt werden, daß zwischen ihm und dem Erwerber ein Rechtsverhältnis vereinbart wird, vermöge dessen der Erwerber den mittelbaren Besitz erlangt.

§ 931. Ist ein Dritter im Besitze der Sache, so kann die Übergabe dadurch ersetzt werden, daß der Eigentümer dem Erwerber den Anspruch auf Herausgabe der Sache abtritt.

Nimmt man an, daß unter Lieferungen die Eigentumsübertragung zu verstehen ist, so ergibt sich ohne weiteres, daß auch diese Ersatzmittel Lieferungen sind. Versteht man aber, wie hier angenommen wird, unter Lieferung nur die Übergabe, so steht dann fest, daß die Ersatzmittel, weil sie eben keine Übergabe, sondern nur Übergabe-Ersatz sind, nicht als Lieferungen angesehen werden können. Für das Warenumsatzstempelgesetz ist die Streitfrage durch die Auslegungsgrundsätze des Bundesrats in Ziffer II dahin entschieden worden, daß auch die beiden Übergabeersatzmittel als Lieferungen anzusehen sind. Es kann hier dahingestellt bleiben, ob dies deswegen zutreffend ist, weil das Warenumsatzstempelgesetz im Zusatz 2 zum Tarif den Begriff „Übertragung“ gebraucht,[6])

---

[5]) KommB. zum WUStG. S. 11.

[6]) Vgl. Kloß in JW 1916 S. 1404.

und weil auch bei den Kommissionsverhandlungen seitens der Vertreter der beiden gesetzgebenden Faktoren übereinstimmend angenommen wurde, daß das constitutum possessorium und die Abtretung des Herausgabeanspruchs als Lieferung anzusehen ist. Jedenfalls wird man hier für das Umsatzsteuergesetz annehmen müssen, daß die beiden Ersatzmittel nicht als Lieferungen anzusehen sind, und zwar folgt dies aus § 4 des Gesetzes. Dort ist nämlich bestimmt, daß, wenn bei Abwicklung mehrerer Umsatzgeschäfte, die zwischen verschiedenen Personen über dieselben Gegenstände oder über Gegenstände gleicher Art abgeschlossen sind, der unmittelbare Besitz an den Gegenständen nur einmal übertragen wird, dann nur das Umsatzgeschäft desjenigen steuerpflichtig ist, der den unmittelbaren Besitz überträgt. Damit ist zugleich gesagt, daß, solange der unmittelbare Besitz nicht übertragen ist, eine Steuerpflicht überhaupt nicht entsteht.

Beispiel: Der Viehhändler A will von dem Landwirt B ein Stück Vieh kaufen. Bei dem Aufkauf von Vieh ist jetzt allgemein die Vereinbarung üblich, daß die Gefahr für das Vieh schon mit Abschluß des Kaufvertrages der Käufer tragen soll. Dies erreichen die Parteien dadurch, daß der Verkäufer das Eigentum an dem Vieh durch constitutum possessorium sofort mit Kaufabschluß auf den Käufer überträgt, indem er sich verpflichtet, auf Grund eines besonderen Verwahrungsvertrages das Vieh bis zum Abruf noch einige Zeit bei sich zu behalten. Dies geschieht auch hier. Der Aufkäufer A läßt dann das Vieh direkt von dem Landwirt B an den Viehhandelsverband senden.

Hier bestimmt nun § 4, daß A steuerfrei ist und ferner daß auch der Landwirt B erst dann steuerpflichtig wird, wenn er das Vieh tatsächlich an den Viehhandelsverband absendet. Solange er nur das constitutum possessorium mit dem A abgeschlossen hat, ist eine Steuerpflicht nicht gegeben. Es steht also das constitutum possessorium der Besitzübergabe nicht gleich. Unrichtig wäre es aber, anzunehmen, daß bei einem constitutum possessorium überhaupt eine Steuerpflicht nicht vorliegt. Die Rechtslage ist vielmehr folgende: So wenig wie der Abschluß des obligatorischen Kaufgeschäfts eine Steuerpflicht auslöst, so wenig tut es dies das constitutum possessorium. Die Steuerpflicht des Geschäfts hängt allein davon ab, ob schließlich bei der Abwicklung der unmittelbare Besitz übertragen wird oder nicht. Wird er übertragen, so tritt Steuerpflicht ein, erfolgt eine Übergabe nicht, dann ist das Geschäft steuerfrei.

1. **Beispiel:** Der Kaufmann A verkauft dem B im Jahre 1918 eine Maschine gegen sofortige Zahlung von 10000 ℳ. A braucht diese jedoch noch einige Zeit. Er vereinbart daher mit B, daß er gegen einen monatlichen Mietzins die Maschine noch weiter benutzen darf. Im Februar 1919 übergibt dann A dem B die Maschine.

Hier hat nun A, wenn er nach Lieferungen versteuert, die Lieferung der Maschine erst im Jahre 1919 anzugeben, denn erst in diesem Jahre liegt eine steuerpflichtige Lieferung vor. Das im Jahre 1918 abgeschlossene constitutum possessorium als solches ist keine Lieferung. (Bei der Versteuerung nach Zahlungen kommt es auf den Zeitpunkt der Lieferung überhaupt nicht an. Vgl. Anm. 1.).

2. Beispiel: A sieht, daß er die Maschine nicht entbehren kann. Er kauft daher im Februar 1919 die Maschine zu einem höheren Preis von 11000 ℳ vom B zurück.

Hier ist das Lieferungsgeschäft von A an B überhaupt nicht steuerpflichtig, weil es sich abgewickelt hat, ohne daß eine Übergabe erfolgt ist. Darüber, daß auch das Umsatzgeschäft zwischen B und A steuerfrei ist, vgl. die nächste Anm. 23.

Genau wie bei dem constitutum possessorium verhält es sich bei der Abtretung des Herausgabeanspruchs. Auch hier hängt die Steuerpflichtigkeit der Lieferung allein davon ab, ob bei der Abwicklung des Geschäfts der unmittelbare Besitz übertragen wird oder nicht.

Anm. 23.

Ähnlich liegen die Verhältnisse bei der b r e v i m a n u t r a d i t i o. Nach § 929 Satz 1 BGB. ist zur Übertragung des Eigentums an einer beweglichen Sache Einigung und Übergabe erforderlich. Nach § 929 Satz 2 BGB genügt die Einigung über den Übergang des Eigentums, wenn der Erwerber im Besitz der Sache ist. Hier handelt es sich nicht um eine Ersatzübergabe, sondern in diesem Falle erübrigt sich die Übergabe überhaupt. Man wird diesen Gedankengang auch hier für das Umsatzsteuergesetz übernehmen und von dem Erfordernis der Übergabe dann absehen können, w e n n d i e s e Ü b e r g a b e s c h o n f r ü h e r e i n m a l s t a t t g e f u n d e n h a t. Dann genügt auch hier die bloße Einigung der Parteien, daß die Übergabe zur Erfüllung des entgeltlichen Umsatzgeschäftes dient, um die Steuerpflicht auszulösen. Insofern ist also die brevi manu traditio eine steuerpflichtige Lieferung. H a t a b e r e i n e Ü b e r g a b e ü b e r h a u p t n i c h t s t a t t g e f u n d e n, dann kann, so wenig wie das constitutum possessorium und die Abtretung des Herausgabeanspruchs, die brevi manu traditio als solche die Steuerpflicht auslösen.

1. Beispiel: Der Kaufmann A vermietet dem B im Dezember 1918 ein Piano. Im Februar 1919 kauft B dieses Piano. Er bezahlt es im Jahre 1920.

Hier hat A, wenn er nach Lieferungen versteuert, den Umsatz im Jahre 1919 anzugeben.

2. Beispiel: Eine Gesellschaft, die die Rohstoffe zur Herstellung von Tuchen bewirtschaftet, weist bestimmten Tuchfabriken laufend Mengen von Wolle und Kunstwolle zu mit dem Auftrage, diese zu Tuche zu verarbeiten. Die Zuweisung vollzieht sich in der Form des Kaufes. Das Eigentum an der Wolle geht auf die Fabrik über, die Fabrik wird für den Betrag belastet. Da sich im voraus nicht genau berechnen läßt, welche Mengen zur Ausführung des Auftrages erforderlich sind, kommt es vor, daß die Fabrik mehr Wolle erhält, als nötig ist. Bei der Knappheit des Materials hat die Gesellschaft ein Interesse daran, daß mit diesen Resten kein Mißbrauch getrieben wird, daher verpflichtet sie vertraglich die Fabrik, daß diese die Mengen Wolle, die bei der Ausführung des Auftrages unbenutzt geblieben sind, sofort der Gesellschaft zu melden hat. Es findet dann ein formeller Rückkauf statt. Die Ware bleibt zwar bei der Fabrik liegen, sie wird aber durch Besitzkonstitut, indem ein besonderer Vertrag geschlossen wird, der Gesellschaft wieder zurückübereignet, und die Fabrik für den Betrag erkannt. Bei der Zuteilung für den nächsten Auftrag wird dann in erster Linie diese Restmenge, die bei der Fabrik lagert, auf die neue Zuteilung angerechnet, also neu zugeteilt. Hierbei wird dann die Ware der Fabrik wiederum in Rechnung gestellt, und die Eigentumsübertragung vollzieht sich durch brevi manu traditio.

Hier ist die brevi manu traditio steuerfrei, weil die Ware den Besitzer nicht gewechselt hat, sondern bei der Fabrik liegen geblieben ist. Auch die Übertragung durch das Besitzkonstitut ist — wie oben in Anm 22 nachgewiesen — steuerfrei, weil die Abwicklung dieses Geschäftes ohne Übertragung des Besitzes sich vollzogen hat. *Somit ist hier nur steuerpflichtig die erste Zuweisung des gesamten Postens seitens der Gesellschaft an die Fabrik.* Nach den Auslegungsgrundsätzen des Bundesrats zum Warenumsatzstempelgesetz lag hier ein dreifacher steuerpflichtiger Warenumsatz vor, nämlich 1. die Zuweisung der gesamten Ware seitens der Gesellschaft an die Fabrik, 2. die Rückübertragung der Restmengen seitens der Fabrik an die Gesellschaft, 3. die erneute Zuweisung der Restmengen seitens der Gesellschaft an die Fabrik. Die jetzige Regelung entspricht allein den wirtschaftlichen Verhältnissen, denn tatsächlich liegt nur ein Umsatz vor. Die dreifache, buchmäßige Verrechnung, die Rückübertragung und erneute Zuweisung der Ware dient nur dazu, um eine mißbräuchliche Verwendung der Ware zu hindern.

Anm. 24.

Lieferung ist die zur Erfüllung eines entgeltlichen *Umsatzgeschäftes* erfolgende Übergabe der Waren. Als Umsatzgeschäft kommt nicht nur der Kauf in Betracht, sondern *jeder entgeltliche Vertrag, durch den eine Sache übergeben und dem Erwerber dabei die Befugnis eingeräumt wird, nach außen hin im eigenen Namen über die Sachen zu verfügen.* Hierunter fällt insbesondere auch das *Kommissionsgeschäft.* Von Regierungsseite wurde über die Frage der Steuerpflicht des Kommissionsgeschäfts bei den Ausschußberatungen folgendes erklärt:

„Für den Warenumsatzstempel sei in den Auslegungsgrundsätzen des Bundesrats vom 23. April 1916 unter III die Ansicht ausgesprochen worden, daß bei dem Umsatz von Waren durch Vermittelung eines Kommissionärs zwei steuerpflichtige Lieferungen vorliegen. Diese Auffassung habe weder in der zu dem Warenumsatzstempelgesetz entstandenen Literatur noch in der Praxis Widerspruch erfahren. Sie entspreche auch durchaus den wirtschaftlichen Verhältnissen, und es liege daher kein Anlaß vor, sie nicht auch auf die Auslegung der Umsatzsteuer zu übertragen. Beim Warenumsatz durch Vermittlung eines Kommissionärs schiebe sich zwischen Käufer und Verkäufer ein weiteres selbständiges Wirtschaftssubjekt ein; es gehe das insbesondere daraus hervor, daß der Kommissionär im eigenen Namen auftrete und zum Selbsteintritt in das Geschäft berechtigt sei. Es liege also anders, als wenn ein Käufer oder Verkäufer lediglich eine dritte Person damit beauftrage, für ihn die Verhandlungen mit dem Gegenkontrahenten zu führen. Es seien selbstverständlich wirtschaftliche Erwägungen, die für den Geschäftsmann dafür maßgebend seien, ob er bei Abwicklung eines Geschäfts die Form des Auftrags oder die der Kommission wähle, und es entspreche nur den allgemein im Steuerrecht üblichen Grundsätzen wenn der Verschiedenheit dieser wirtschaftlichen Erwägungen und der Verschiedenheit der danach gewählten Rechtsformen auch eine verschiedene steuerrechtliche Behandlung entspreche. Was den Einwand anbetreffe, daß der Annahme zweier steuerpflichtiger Rechtsvorgänge der Mangel einer zweifachen Entgeltzahlung entgegenstände, so könne dem nicht zugestimmt werden. Bei der Verkaufskommission gelte als Entgelt bei der Lieferung zwischen Kommittenten und Kommissionär der Betrag, der zwischen beiden als zu erzielender Verkaufspreis sowie etwa daneben noch als Provision ausgemacht sei und demgemäß auch vom Kommissionär dem Kommittenten ausbezahlt werde, als Entgelt bei der Lieferung zwischen Kommissionär und dem schließlichen Käufer das Entgelt, das der Kommissionär von diesem erhalte. Bei der Einkaufskommission gelte als Entgelt zwischen Kommittenten und Kommissionär der Betrag, den der Kommittent dem Kommissionär bezahlen müsse, um von diesem den Gegenstand zu erhalten, und als Entgelt zwischen Kommissionär und Verkäufer der Betrag, den der Kommissionär zu entrichten habe. Selbstverständlich sei, daß mit diesen Grundsätzen nicht etwa ausgesprochen werden solle, daß *jedes* Kommissionsgeschäft *schlechthin* steuerpflichtig sei. Einmal sei möglich, daß nicht zwei Lieferungen, sondern nur eine vorliege, nämlich wenn der Fall des § 4 gegeben sei, d. h der Kommissionär nicht selbst von der Ware Besitz erhalte, sondern die unmittelbare Lieferung zwischen Kommissionär und Kunden veranlasse. Weiter könne bei einem Kommissionsgeschäft eine *entgeltliche* Lieferung überhaupt fehlen. Das sei der Fall, wenn der Kommittent dem Kommissionär eine Ware zum Verkauf übergebe, und dabei ausgemacht werde, daß der Kommissionär einen bestimmten Kaufpreis zahlen solle, wenn der Verkauf gelinge Komme dann ein Verkauf nicht zustande, so werde auch kein Entgelt bezahlt, und, da die Umsatzsteuer *vereinnahmte* Entgelte voraussetze, so liege auch keine steuerpflichtige Lieferung vor. Selbstverständlich könne unabhängig davon das Kommissionsgeschäft insofern zu einer Besteuerung führen, als der Kommissionär für seine Bemühungen eine Provision erhalte, und insofern eine steuerpflichtige „Leistung" vorliege. Sollte ein Kommissionsgeschäft sich so abspielen, daß der Kommittent eine Ware dem Kommissionär übergibt und den ausbedungenen Kaufpreis bezahlt erhält, der Kommissionär nachher die Ware aber nicht verkaufen kann und sie dem Kommittenten vereinbarungsgemäß zurückgibt, so liege zwar zunächst eine steuerpflichtige Lieferung zwischen Kommittent und Kommissionär vor, es finde aber, wie bei allen Lieferungen, mögen sie nun auf einem unmittelbaren Veräußerungsgeschäft oder auf einem Kommissionsgeschäft beruhen, der aus § 14 des Entwurfs ersichtliche Grundsatz Anwendung, daß das zurückgewährte Entgelt bei Angabe der in einem Steuerabschnitt erzielten Gesamtentgelte nachträglich abgesetzt werden könne."

Diese Ausführungen sind im wesentlichen zutreffend.[6a]) Hervorzuheben ist, daß schon das bürgerliche Recht Kommissionär und Kommittent im

---

[6a]) Vgl. jedoch wegen der Behandlung der *Provision* § 6 Anm. 3.

Verhältnis zueinander oft wie Verkäufer und Käufer behandelt, insbesondere, wenn es sich um die Rechtsverhältnisse am Kommissionsgut selbst handelt. So bestimmt § 389 HGB., daß der Kommissionär, wenn der Kommittent es unterläßt, über das Gut zu verfügen, obwohl er dazu nach Lage der Sache verpflichtet ist, die nach § 377 HGB. dem Verkäufer zustehenden Rechte hat. § 391 HGB. legt dem Kommittenten bei beiderseitiger handelsgeschäftlicher Einkaufskommission in bezug auf die Mängelanzeige und die Aufbewahrungspflicht die gleichen Pflichten auf, wie einem Käufer beim beiderseitigen Handelsgeschäft Ferner gibt § 44 der KO. dem Einkaufskommissionär im gleichen Maße wie dem Verkäufer das Recht, Waren, die von einem anderen Ort an den Gemeinschuldner abgesandt und von dem Gemeinschuldner noch nicht vollständig bezahlt sind, zurückzufordern. Daher ist es überhaupt nichts Besonderes, wenn auch das Steuergesetz von der gleichen Annahme ausgeht, und Kommissionär und Kommittent gleichsam als Verkäufer und Käufer behandelt, und zwar ist es dies hier um so weniger, als Gegenstand der Besteuerung, wie in Anm 22 ausgeführt, nicht der Rechtsbegriff der Eigentumsverschaffung, sondern der tatsächliche Begriff der Übergabe ist. Die Lieferung setzt also nicht ein Veräußerungsgeschäft im engeren Sinne, durch das Eigentum übertragen wird, voraus, sondern nur ein Umsatzgeschäft. Es genügt somit, wenn die Vertragsbeziehungen zwischen den Parteien derartige sind, daß der eine Teil sich verpflichtet, die Sachen dem anderen zu übergeben, und dabei ihm die Befugnis einräumt, nach außen hin im eigenen Namen rechtlich über die Sachen verfügen zu dürfen. Hieraus ergibt sich die weitere Folgerung, daß nicht nur das echte Kommissionsgeschäft des HGB., sondern jeder Dienst- und Werkvertrag, der eine Geschäftsbesorgung gemäß § 675 BGB. zum Gegenstand hat, die doppelte Besteuerung auslöst, vorausgesetzt, daß der Beauftragte nach außen hin im eigenen Namen auftritt. Hierfür zwei Beispiele:

> **1. Beispiel:** Eine Aktiengesellschaft, die sich mit dem Vertrieb von Schuhwaren befaßt, hat in einigen Städten Verkaufsstellen eingerichtet, für die sie die Form von Gesellschaften mit beschränkter Haftung gewählt hat.

Hier hat zunächst einmal, wie oben in Anm 8 erörtert, die einzelne G m. b H. selbständig ihren Umsatz zu versteuern. Steuerpflichtig ist aber weiter auch der Umsatz zwischen der Aktiengesellschaft und der G. m. b H., denn hier wird auf Grund des zwischen der Aktiengesellschaft und der Tochtergesellschaft geschlossenen Geschäftsbesorgungsvertrages die Ware der Tochtergesellschaft mit der Befugnis übertragen, diese im eigenen Namen zu verkaufen.

> **2. Beispiel:** Ein Bildhändler will sein Geschäft aufgeben. Er übergibt sein Lager einem Kunstauktionshaus zur Versteigerung.

Hier ist einmal steuerpflichtig die in der Form der Versteigerung erfolgende Lieferung der Bilder seitens des Kunstauktionshauses. Dann aber liegt weiter vor ein Umsatzgeschäft zwischen dem Bilderhändler und dem Kunstauktionshaus

Anm. 25.

Im einzelnen sind die Rechtsverhältnisse bei den verschiedenen Arten des Kommissions- und Geschäftsbesorgungsvertrages folgende:

a) Einkaufskommission.

1. Beispiel: Ein Kommunalverband beauftragt einen Kaufmann, von den einzelnen Gutsbesitzern das Getreide aufzukaufen, und dieses an ihn abzuliefern.

Hier ist steuerpflichtig:

1. seitens des Gutsbesitzers: die Lieferung des Getreides an den Getreidehändler. Hier erfolgt der Umsatz auf Grund eines gewöhnlichen Kaufvertrages. Es wird sogar das Eigentum des Getreides von dem Gutsbesitzer an den Getreidehändler übertragen.
2. seitens des Getreidehändlers: die Lieferung des Getreides an den Kommunalverband. Hier erfolgt die Lieferung auf Grund des Kommissionsvertrages. Auch hier überträgt der Getreidehändler sogar das Eigentum weiter an den Kommunalverband.

2. Beispiel: Die Viehhandelsverbände, die in Preußen durch Anordnung der Landeszentralbehörde für jede Provinz zur Regelung des Viehankaufs geschaffen wurden, umfassen kraft Gesetzes als Mitglieder regelmäßig alle Viehhändler, die im Verbandsbezirk ihre gewerbliche Niederlassung haben. Der Aufkauf des Viehes geschieht gewöhnlich folgendermaßen: Die zum Viehhandelsverband zugelassenen Händler kaufen das Schlachtvieh vom Landwirt oder Mäster und liefern es an den Oberaufkäufer (Kommissionär, Vertrauensmann) ab. Der Vertrauensmann verfügt dann über das Vieh weiter nach Anweisung des Viehhandelsverbandes.[7])

Hier liegt auf dem Wege vom Viehhalter bis zum Viehhändler ein dreifacher, steuerpflichtiger Umsatz vor. Nämlich

1 vom Viehhalter an den Viehhändler, denn hier liegt gewöhnlicher Kaufvertrag vor. Der Viehhändler hat hier nicht nur den Besitz, sondern das Eigentum am Vieh erlangt.
2. Vom Viehhändler an den Oberaufkäufer, denn der Viehhändler ist kraft Gesetzes verpflichtet, das von ihm aufgekaufte Vieh dem Oberaufkäufer zu überlassen.
3 Vom Oberaufkäufer an den Viehhandelsverband, denn auch dieser ist kraft Gesetzes verpflichtet, die Geschäfte für den Viehhändlerverband zu besorgen.

Der Umstand, daß die Geschäftsbesorgung des Viehhändlers und des Oberaufkäufers nicht im Privatrecht, sondern im öffentlichen Kriegswirtschaftsrecht wurzelt, ist bei der Beurteilung der Rechtslage ohne Bedeutung, weil tatsächlich ein mehrfacher Besitzwechsel stattfindet. und die Beteiligten im eigenen Namen auftreten.[8])

Anm. 26.

b) Verkaufskommission.

Beispiel: Ein Kommunalverband bedient sich zur Zuteilung von Nahrungsmitteln und Futtermitteln an die Kleinhändler einiger Großhändler als sogenannter Verteiler.

---

[7]) Vgl. Stein: Die preußischen Viehhandelsverbände im PrVBl. Jg 39 S 385.

[8]) A. M Stein a. a. O. S. 392.

Hier liegt ein entgeltliches Warenumsatzgeschäft vor:

1. zwischen dem Großhändler und dem Kleinhändler, denn hier erfolgt die Lieferung der Ware wiederum auf Grund eines Kaufvertrages.
2. zwischen dem Kommunalverband und dem Verteiler. Hier wird zwar nicht das Eigentum an der Ware dem Verteiler übertragen, aber es wird doch auf Grund des Geschäftsbesorgungsvertrages ihm der unmittelbare Besitz an der Ware verschafft mit der Befugnis, hierüber im eigenen Namen mit den Kleinhändlern weitere Kaufverträge abzuschließen.

Anm. 27.

c) Verbindungen von Einkaufs- und Verkaufs-Kommissionen.

1. Beispiel: Eine staatliche Verteilungsstelle hat einer Firma die Verteilung von Lebensmitteln an bestimmte Rüstungsbetriebe übertragen. Das Verfahren vollzieht sich derart, daß die staatliche Verteilungsstelle eine Anzahl von Fabrikanten veranlaßt, der Firma die betreffenden Lebensmittel zuzusenden, die diese auf Lager nimmt und gemäß den Rechnungen bezahlt. Ferner weist dann die staatliche Verteilungsstelle die Firma wiederum an, diese Lebensmittel zu bestimmten vorgeschriebenen Preisen an die im einzelnen genau benannten Rüstungsbetriebe abzuliefern. Diese bezahlen den Gegenwert der Firma, und diese liefert die Differenz zwischen Einkaufs- und Verkaufspreis abzüglich einer Provision an die Verteilungsstelle ab.

2. Beispiel: Ein Kommunalverband beauftragt einen Molkereibesitzer, die auf dem Bahnhof von auswärts ankommende Milch von den Lieferanten zu übernehmen, sie in die Meierei zu bringen, und dort zu reinigen und zu kühlen, und dann an bestimmte Kleinhändler abzuliefern.

Die Beteiligten bestreiten in derartigen Fällen ihre Steuerpflicht mit dem Hinweise darauf, daß sie keine Kommissionäre im Sinne des Gesetzes wären. Sie hätten weder die Wahl des Lieferanten, noch die des Empfängers, sie wären nichts weiter als die Ausführer einer Kriegsorganisation, ihre Tätigkeit ließe sich am besten der eines Spediteurs vergleichen. Alles dieses trifft den Kernpunkt nicht. Entscheidend ist allein, daß ein Geschäftsbesorgungsvertrag vorliegt, der dem Beteiligten den unmittelbaren Besitz an der Ware verschafft, und ferner, daß diese im eigenen Namen die Ware in Empfang nehmen und weiterliefern. Daher ist in beiden Fällen das gesamte Entgelt steuerpflichtig.

Anm. 28.

Kommissionsgeschäft und Geschäftsbesorgung kommen nicht nur bei Lieferungen, sondern auch ganz allgemein bei reinen Leistungen vor (vgl. § 406 HGB.). Auch hier hänge die Art der Versteuerung ganz davon ab, ob der Beauftragte nach außen hin im eigenen Namen oder im fremden Namen auftritt.

Beispiel: Der Annoncenspediteur und der Annoncenakquisiteur.

Der Annoncenspediteur (Annoncenbureau) besorgt die Veröffentlichung von Anzeigen in den ihm aufgegebenen oder von ihm auszuwählenden Blättern zu den vorgeschriebenen Preisen Sein Verdienst liegt in dem vorteilhafteren Abkommen, das er mit den Zeitungen trifft. Er handelt, wenn auch für fremde Rechnung, so doch im eigenen Namen. Daher hat zu versteuern:

1 der Annoncenspediteur den vollen Preis, den der Abonnent für das Inserat zahlt,
2. die Zeitung das Entgelt, das der Annoncenspediteur ihr für das Inserat gibt.

Der Annoncenakquisiteur vermittelt nur die Aufnahme von Inseraten zwischen dem Abonnenten und dem Annoncenbureau. Er handelt im fremden Namen, ist also reiner Agent. Hier hat zu versteuern:

1. der Annoncenakquisiteur nur die Provision, die er für die Vermittelung erhält,
2 der Annoncenspediteur den gesamten Inseratenpreis. Ein Abzug der Provision ist unzulässig. Vgl. darüber § 6 Anm. 3

Anm. 29.

Abgesehen von den Geschäftsbesorgungsverträgen aus § 675 BGB. liegt eine steuerpflichtige Lieferung im Sinne des Gesetzes auch dann vor, wenn sie in Erfüllung eines Gesellschaftsvertrages erfolgt. Diese Fälle kommen bei Kartellen vor, die ihre Absatztätigkeit zentralisiert haben (Verkaufssyndikate).

Beispiel: Mehrere Fabriken schließen sich zu einem Verkaufssyndikat zusammen, indem sie eine Gesellschaft mit beschränkter Haftung gründen. In dem Gesellschaftsvertrag ist bestimmt, daß jeder Gesellschafter verpflichtet ist, seine gesamte Produktion an die Gesellschaft mit beschränkter Haftung zu liefern.

Hier liegt vor eine steuerpflichtige Lieferung 1. zwischen den Gesellschaftern und der G. m b. H., 2. zwischen der G. m. b. H. und dem Dritten

In diesem Beispiel fungiert das Kartell als seine eigene Absatzgeschäftsstelle und die Kartellgenossen übernehmen die Verpflichtung, die Erzeugnisse ihrer Betriebe an die Kartellzentrale zu liefern, als eine gesellschaftliche Verpflichtung. Im Gegensatz hierzu stehen die Kartelle, die eine besondere selbständige Geschäftsstelle haben. Hierbei tritt dann nicht das Kartell selbst unmittelbar im Handelsverkehr als solches auf, sondern es benutzt hierzu besondere Organe. Diese Organe können wiederum sein eine natürliche Person, eine Gesellschaft, eine juristische Person, sei es nun, daß sie schon vorhanden ist, — z. B. ein Kartellgenosse oder eine Bank — oder daß sie erst geschaffen werden muß, indem besondere, mit Rechtspersönlichkeit ausgestaltete Gesellschaften gegründet werden.

Beispiel: Mehrere Gerber schließen sich zu einer Gerbervereinigung zusammen. Sie errichten in einer Großstadt eine Verkaufsstelle und bestellen zu ihrem Leiter einen Kaufmann Müller. Dieser setzt als Kommissionär im eigenen Namen für Rechnung der Gerbervereinigung die Ware ab.

Hier liegt ein dreifacher Umsatz vor, nämlich:

1. Lieferung des einzelnen Gerbers an die Gerbervereinigung auf Grund des Gesellschaftsvertrages,
2. Lieferung der Gerbervereinigung an den Kommissionär auf Grund des Kommissionsvertrages,
3. Lieferung des Kommissionärs an den Dritten auf Grund des Kaufvertrages.

Gewöhnlich liefert der einzelne Gerber die Ware direkt an die Verkaufsstelle. Demzufolge tritt auf Grund des § 4 nur ein zweifacher steuerpflichtiger Umsatz ein, nämlich 1 und 3.

Es kann eine Geschäftsstelle in diesem Beispiel auch so organisiert sein, daß der Kaufmann Müller nicht die Ware im eigenen Namen, sondern im fremden Namen absetzt, und zwar geschieht dies dann gewöhnlich nicht im Namen der Gerbervereinigung, sondern im Namen des einzelnen Gerbers selbst. In diesem Falle liegt dann nur ein einziger steuerpflichtiger Umsatz vor, nämlich seitens des einzelnen Gerbers.

Anm. 30.

Die Steuerpflicht von Geschäftsbesorgungen im Sinne des § 675 BGB. hängt, wie in Anm. 24 dargelegt, allein davon ab, ob der Beauftragte im eigenen Namen handelt oder nicht. Die tatsächliche Feststellung, wann Handel im eigenen Namen oder im fremden Namen vorliegt, ist nicht immer einfach. Besondere Schwierigkeiten macht es zuweilen, die Begriffe Kommissionär und Agent voneinander abzugrenzen. Nach § 84 HGB. ist zwar Handelsagent nur derjenige, der, ohne als Handlungsgehilfe angestellt zu sein, ständig damit betraut ist, für das Handelsgewerbe eines anderen Geschäfte zu vermitteln, oder im Namen des anderen abzuschließen. Im Gegensatz hierzu ist nach § 383 HGB. Kommissionär, wer es gewerbsmäßig übernimmt, Ware oder Wertpapiere für Rechnung eines anderen (des Kommittenten) im eigenen Namen zu kaufen oder zu verkaufen. Die Gestaltung des modernen Handelsverkehrs bringt es aber mit sich, daß der Kommissions- und Agenturvertrag keine einander ausschließende Typen sind. So gibt es Kaufleute, die zwar ständig damit betraut sind, für Rechnung eines anderen Handelsgeschäfte abzuschließen, hierbei aber im eigenen Namen handeln.[9]) Diese sogenannten Kommissionsagenten unterscheiden sich, was die Stellung zum Geschäftsherrn betrifft, in nichts von den Handlungsagenten der im § 84 HGB. definierten Art. So kommt es, daß im Geschäftsverkehr mit dem Ausdruck „Kommission" einfach der Zwischenhandel bezeichnet wird, also sowohl der Agent, wie auch der Kommissionär.[10]) Firmiert also jemand auf seiner Rechnung „Agentur und Kommission", so folgt aus dieser Bezeichnung nichts dafür, daß er auch tatsächlich Kommissionär ist. Immerhin kann aber die ganze Art, wie ein Kaufmann auf seinen Rechnungen firmiert, oft einen Anhaltspunkt dafür geben, ob er Agent oder Kommissionär ist. Hierfür einige Beispiele.

---

[9]) Vgl. RG. 69 S. 385.

[10]) Vgl. Nußbaum: Kommissionsrecht S. 14.

1. Beispiel: Der Vertreter einer chemischen Fabrik firmiert:

Hempel & Co. in Köln
Chemische Fabriken
Filiale Berlin
(Filialleitung Ernst Schulz, Berlin).

2. Beispiel: Der Vertreter einer Weinfirma firmiert:

P. Amundsen
Generalvertreter und Bevollmächtigter von Deut & Geldern.

Die Entscheidung, ob Schulz und Amundsen Agenten oder Kommissionäre sind, wird davon abhängen, ob man sagen kann, der Kaufmann, der bei den Vertretern kauft, will von der Fabrik kaufen, oder er will mit dem Vertreter selbst in Geschäftsbeziehungen treten und nur die bestimmte Fabrikmarke von ihm haben. Hier wird man im ersten Beispiel annehmen können, daß ein Rechtsverhältnis nur eintritt zwischen der Fabrik und dem Kaufmann, so daß Schulz also Agent ist. Im zweiten Beispiel liegt dagegen die Annahme näher, daß Amundsen Kommissionär ist. Der Umstand, daß er sich als Generalvertreter und Bevollmächtigter bezeichnet, ist nicht immer entscheidend für das Vollmachtsverhältnis. Jedenfalls hindert er das Bestehen des Kommissionsverhältnisses dann nicht, wenn die sonstigen Umstände dafür sprechen.[11]) Das wird man hier annehmen müssen, denn Amundsen ist derjenige, der selbst im eigenen Namen die Rechnungen ausstellt und das Geld in Empfang nimmt. Er gibt damit zu erkennen, daß er selbst als Verkäufer auftreten will, und nur die Fabrikmarken von Deut & Geldern verkauft.

Auf der Grenze liegen folgende Fälle:

3. Beispiel: Eine Gesellschaft mit beschränkter Haftung, die in Hamburg ihren Sitz hat, unterhält in Berlin eine Niederlage, die von dem einen Gesellschafter verwaltet wird. Dieser firmiert:

Ernst Schulz
Generaldepot
von Schulz & Budde G. m. b. H
Hamburg.

4. Beispiel: Der in dem Beispiel in der Anmerkung 27 mit der Leitung der Verkaufsstelle beauftragte Kaufmann Adolph Müller firmiert:

Adolph Müller
Verkaufsstelle der Deutschen Gerbervereinigung.

Man wird auch hier annehmen müssen, daß Schulz und Müller im eigenen Namen handeln. Der Umstand, daß sie die Namen der Firmen, für deren Rechnung sie handeln, anführen, dient nur dazu der Kundschaft die Eigenschaft, in der sie handeln, kenntlich zu machen. Beide wollen damit zeigen, daß sie bestimmte Funktionen ausüben Der eine, daß er als selbständiger Kaufmann eine Niederlage von Ernst Schulz leitet, der andere, daß er der selbständige Leiter einer Verkaufsvereinigung ist.[12])

---

[11]) Staub 9. Aufl. Anm. 15 zu § 383 HGB.

[12]) So Flechtheim: Deutsches Kartellrecht S. 64.

In Zweifelsfällen ist überhaupt mit Rücksicht auf § 164 Absatz 2 BGB. immer Handeln im eigenen Namen anzunehmen, denn dort ist bestimmt:

> Tritt der Wille, in fremdem Namen zu handeln, nicht erkennbar hervor, so kommt der Mangel des Willens, im eigenen Namen zu handeln, nicht in Betracht.

Solange also jemand nicht in ganz klarer Weise zu erkennen gibt, daß er im fremden Namen handelt, ist er immer als ein solcher zu behandeln, der im eigenen Namen auftritt. Darauf, daß er nicht im eigenen Namen handeln wollte, kommt es nicht an.

Schließlich noch einen Fall aus der Kriegswirtschaft.

> **5. Beispiel:** Der Verkauf von Butter und Speisefett ist durch Bundesratsverordnung dem freien Verkehr entzogen und besonderen Kommunalverbänden zur Bewirtschaftung übertragen worden. Für Berlin ist die Fettstelle Groß-Berlin errichtet worden. Diese ist gemäß Anordnung der Landesbehörden vom 28. Oktober 1916 ein öffentlichrechtlicher Kommunalverband. Diese bedient sich einiger Firmen als sogenannter Großverteiler, denen die Verpflichtung auferlegt ist, die zur Verfügung gestellten Mengen an Butter an den Kleinhandel abzugeben. Die Tätigkeit der Großverteiler vollzieht sich nach ganz bestimmten Anweisungen. Die beteiligten Händler wissen genau, daß der Großverteiler nur im Auftrage der Fettstellen handelt. Sie ersehen dies schon aus den Bekanntmachungen, die die Fettstelle an den Anschlagsäulen erläßt, wo alle Preiserhöhungen, Preiseinschränkungen, die Verteilung eines größeren oder geringeren Quantums usw. veröffentlicht wird. Daher kommt es oft vor, daß die Händler, wenn sie sich über die Qualität oder Quantität der ihnen von den Großverteilern zugewiesenen Menge Butter beschweren wollen, sich gar nicht erst an die Verteiler wenden, sondern direkt an die Fettstelle, und diese stellt dann auch häufig über den Kopf der Verteiler hinweg die gerügten Mengen ab.

Hier kann es mit Rücksicht darauf, daß die Händler oft direkt mit der Fettstelle in Verbindung treten, fraglich erscheinen, ob die Großverteiler im eigenen Namen handeln. Man wird dies trotzdem bejahen, weil nämlich die mit der öffentlichen Bewirtschaftung beauftragten Organisationen teilweise Behördencharakter haben. Am deutlichsten zeigt sich dies bei den ganz großen Organisationen, bei denen neben einer Verwaltungsabteilung, die direkt als Behörde bezeichnet wird, eine besondere Geschäftsabteilung für den auf privatrechtlicher Grundlage sich vollziehenden Verkehr besteht. Aber auch bei den kleineren Organisationen muß man diesen Doppelcharakter beachten, und daher kann man aus den Umständen, daß hier die Fettstelle in die privatrechtlichen Beziehungen zwischen den Großverteilern und den Händlern eingreift, nicht daraus schließen, daß deswegen die Verteiler im Namen der Fettstelle handeln. Vielmehr sind diese Verordnungen der Fettstelle nur ein Ausfluß ihres Behördencharakters. Die Großverteiler sind daher, weil sie im eigenen Namen eine Geschäftsbesorgung ausführen, steuerpflichtig. Vgl. im übrigen hierüber die Anmerkungen zu § 42 des Gesetzes.

Anm. 31.

Lieferung ist die zur Erfüllung eines entgeltlichen Warenumsatzgeschäftes erfolgende Übergabe der Ware. An einem solchen Entgelt fehlt es bei der Sicherungsübereignung. Diese bildet als solche kein entgeltliches Warenumsatzgeschäft.[13]) Die Natur der Sicherungsübereignung macht aber, da schließlich doch einmal die Auseinandersetzung der Beteiligten eintreten muß, auch Abmachungen für den Fall notwendig, daß der Sicherungszweck sich nicht durch Tilgung der den Gegenstand der Sicherung bildenden Forderung erledigt. Hier kommen dann gewöhnlich zweierlei Abmachungen vor:

1. Es kann vereinbart sein, daß, wenn die Forderung bei Fälligkeit nicht bezahlt wird, die übereignete Sache dem Gläubiger endgültig verfallen soll.

Hier liegt ein bedingter Kauf vor, bei dem der Forderungsbetrag als der Kaufpreis anzusehen ist, der durch Aufrechnung getilgt wird.

2. Die Vereinbarung kann aber auch dahingehen, daß im Falle der Nichtzahlung der Forderung der Gläubiger durch Verkauf der übereigneten Sachen sich befriedigen soll. Auch hier ist Entgeltlichkeit anzunehmen.

Beispiel: Eine Bank räumt einem Kaufmann einen Kredit in Höhe von 100000 ℳ ein und läßt sich zur Sicherheit Waren im Werte von 100000 ℳ übereignen.

I. Der Kaufmann bezahlt seine Schuld. Der Sicherungszweck erledigt sich somit durch Tilgung der den Gegenstand der Sicherung bildenden Forderung. Hier tritt eine Steuerpflicht der Warenlieferung nicht ein, denn es fehlt an dem Entgelt.

II. Der Kaufmann bezahlt nicht.

a) Es war vereinbart, daß die Bank dann das Eigentum an der Ware erwerben soll. In diesem Fall muß der Kaufmann die Warenlieferung versteuern und zwar in Höhe von 100000 ℳ.

b) Es ist vereinbart, daß die Bank sich durch Verkauf der Ware befriedigen soll. Der Erlös beträgt 80000 ℳ. Hier muß versteuern 1. der Kaufmann die Lieferung an die Bank in Höhe von 80000 ℳ. Die Zahlung hat er hier durch Aufrechnung erhalten. 2. Die Bank die Lieferung an den Käufer in Höhe von 80000 ℳ.

Anm. 32. **Zahlungen.**

Wie in Anm. 1 ausgeführt, kommt neben der Lieferung noch die Zahlung als Steuerobjekt in Betracht; zu unterscheiden ist der Umfang der Zahlung (das Entgelt) — darüber vgl. §§ 5 und 6 — und die Art der Entrichtung (die Bezahlung). Als Bezahlung der Lieferung gilt jede Leistung des Gegenwerts, auch wenn sie nicht durch Barzahlung erfolgt. Hiernach ist als Zahlung insbesondere anzusehen:

1. die Tilgung der Schuld durch Geldzahlung, und die Überweisung des Geldbetrages durch die Post oder eine Bank,
2. die Hingabe von Wechseln, Schecks und sonstigen Anweisungen und Verpflichtungsscheinen, und zwar gleichviel, ob sie nur

---

[13]) KommB. zum WUStG. S. 16.

zahlungshalber oder an Zahlungs Statt erfolgt. Ist der Wechsel oder der Scheck wie gewöhnlich nur zahlungshalber gegeben, so ist der Zahlungsbetrag erst in dem Steuerzeitraum in Rechnung zu stellen, in welchem der Wechsel oder der Scheck eingelöst wird. Denn vor der Einlösung ist die alte Verbindlichkeit nicht erloschen, die alte Schuld besteht vielmehr weiter neben der neuen Verbindlichkeit, und sie erlischt erst, wenn der Gläubiger aus dem Wechsel oder Scheck befriedigt ist,

3. die Aufrechnung gegen eine andere Schuld und die Verrechnung im Kontokurrentverkehr.

Der Bezahlung der Lieferung stehen die Leistungen gleich, die der Lieferer auf dem Wege der Abtretung oder der sonstigen Verwertung der Forderung erhält.[14]) Verkauft also jemand seine Warenforderung oder tritt er sie einem Inkassobüro zur Einziehung ab, so hat er die Valuta, die er erhält, zu versteuern. Der Zessionar braucht dann den Eingang der Zahlung seitens des Schuldners nicht zu versteuern. Vgl. § 2 Anm. 14.

Anm. 33.

Die Steuerpflicht der Lieferungen und sonstigen Leistungen hängt davon ab, daß sie im Inland gegen Entgelt ausgeführt sind. Unter Inland ist das Reichsgebiet zu verstehen. Nicht hiezu gehören die Schutzgebiete und das jetzt im Kriege besetzte Gebiet.

Nur die Lieferung oder Leistung muß im Inland geschehen, unerheblich ist es, ob auch die Zahlung im Inland erfolgt. Weder genügt es zur Begründung der Steuerpflicht, wenn die Zahlung im Inland erfolgt, sobald die Lieferung im Ausland ausgeführt wird, noch tritt Steuerfreiheit ein, wenn die Zahlung im Ausland erfolgt, wenn nur die Lieferung im Inland geschieht.

1. Beispiel: Eine deutsche Firma hat in Potsdam ihre Hauptniederlassung und in St. Gallen in der Schweiz eine Zweigniederlassung. Die Lieferung erfolgt in St. Gallen, die Zahlung dagegen in Potsdam.

Hier sind die Zahlungen steuerfrei.

2. Beispiel: Eine Wiener Firma hat in Berlin ihre Zweigniederlassung. Die Abnehmer bezahlen sämtliche Lieferungen, die durch die Berliner Niederlassung erfolgen, nach Wien.

Hier sind die Zahlungen steuerpflichtig.

Wie in Anm. 3 ausgeführt, ist Gegenstand der Besteuerung nur das dingliche Erfüllungsgeschäft. Daher ist auch nur dieses entscheidend für die Frage, ob Lieferung im Inland geschieht. Erfolgt also im 1. Beispiel auch die Bestellung der Ware in Potsdam, so wird dadurch die Steuerpflicht nicht begründet, denn entscheidend ist allein der Ort, wo die Lieferung ausgeführt wird und dies ist St. Gallen.

Anm. 34.

Die Lieferungen und sonstigen Leistungen können nur zwischen mehreren Rechtssubjekten vorgenommen werden, denn niemand

---

[14]) AuslGrunds. VII.

kann mit sich selbst einen Vertrag abschließen. Daher liegt ein steuerpflichtiger Umsatz nicht vor, wenn zwei selbständige Betriebe eines Kaufmanns voneinander Waren beziehen. Hierbei ist es unerheblich, ob die beiden Betriebe unter der gleichen oder einer verschiedenen Firma betrieben werden, denn die Firma ist nach § 17 HGB. nur der Name, unter dem ein Kaufmann sein Geschäft betreibt. Die Firma als solche ist also nicht Rechtssubjekt.

Beispiel: Ein Kaufmann Emil Schulz betreibt unter dieser Firma in Berlin eine Buchdruckerei. Er erwirbt von dem Kaufmann Adolf Müller in Potsdam eine Schokoladenfabrik, und betreibt diese unter der bisherigen Firma weiter. Die Schokoladenfabrik Adolf Müller erteilt der Buchdruckerei Emil Schulz Aufträge auf Reklamepapier, Einwickelpapier usw.

Alle diese Lieferungen sind steuerfrei.

Erforderlich ist jedoch immer eine vollständige Identität des Inhabers der verschiedenen Betriebe. Diese ist in den folgenden Fällen nicht gegeben:

1. Wird ein Gewerbe von mehreren Personen als offene Handelsgesellschaft und ein anderes als Gesellschaft mit beschränkter Haftung betrieben, deren alleinige Mitglieder die gleichen Personen sind, so liegen mehrere Betriebe derselben Personen nicht vor, denn die Gesellschaft mit beschränkter Haftung ist ein selbständiges Rechtssubjekt.
2. Eine Gesellschaft mit beschränkter Haftung bleibt ein selbständiges Steuersubjekt auch dann, wenn alle ihre Geschäftsanteile von einem anderen Gewerbetreibenden allein besessen werden.
3. Betreiben zwei Personen zwei verschiedene Betriebe in der Form von offenen Handelsgesellschaften, so liegen auch hier zwei verschiedene steuerpflichtige Betriebe vor. Für das Gewerbesteuerrecht wird zwar angenommen, daß hier nur ein Gewerbe vorliegt, für das Umsatzsteuergesetz muß jedoch daran festgehalten werden, daß zwei selbständige steuerpflichtige Gewerbebetriebe vorliegen. Denn die beiden offenen Handelsgesellschaften sind durch ihr Sondervermögen einzeln gekennzeichnet, so daß die Gesellschaften miteinander Verträge schließen und sogar gegeneinander Prozesse führen können.[15])

Zu Abs. 1 S. 2. Zwangslieferungen.

Anm. 35.

Hier ist klargestellt, daß die Steuerpflicht nicht davon abhängig ist, daß die Leistung auf Grund freier vertraglicher Abreden erfolgt: auch Lieferungen auf Grund der in der Kriegswirtschaft häufigen Beschlagnahmen fallen unter die Steuerpflicht; es entspricht dies der Auslegung, die auch das Gesetz über den Warenumsatzstempel erfahren hat (Begr. S. 29).

---

[15]) Staub Anm. 39 zu § 105 HGB.

Zu § 1 Abs. 2: Selbstverbrauch.

Anm. 36.

Von dem Grundsatz, daß ein Umsatzgeschäft nur zwischen mehreren Rechtssubjekten vorgenommen werden kann, macht § 1 Absatz 2 eine Ausnahme für den Fall, daß die Gewerbetreibenden Gegenstände aus ihrem eigenen Betriebe entnehmen, um sie zu außerhalb ihrer gewerblichen Tätigkeit liegenden Zwecken zu gebrauchen oder zu verbrauchen. Es schien dem Gesetzgeber erforderlich, an dem Selbstverbrauch der Unternehmer nicht vorüberzugehen, da bei der Höhe der Steuer recht wesentliche Beträge in Betracht kommen. Auch gibt die Vorschrift die Möglichkeit, eine Umgehung der Steuerpflicht nach Absatz 1 zu verhindern, indem ein Geschäftsmann dadurch nicht der Steuer entgeht, daß er, wie es in den Großstädten vielfach der Fall bei den sogenannten Möbelschiebern ist, seine Ware äußerlich seiner Wohnung einverleibt.[16]) Getroffen sollte aber nur der Selbstverbrauch werden. Es tritt also keine Steuerpflicht ein, wenn ein Gewerbetreibender Gegenstände, die er selbst herstellt oder gewinnt, dazu verwendet, um sie in anderen, eigenen Betriebszweigen weiter zu verarbeiten, wie das z. B. bei sogenannten Hüttenzechen geschieht, bei denen die Kohlen in eigenen Hütten verwendet werden, oder bei landwirtschaftlichen Betrieben, wenn der Gutsbesitzer die geerntete Gerste oder die Kartoffeln in eigenen Brauereien oder Brennereien weiter verarbeitet (vgl. jedoch § 7). Dagegen liegt der Fall des Absatz 2 vor, wenn der Landwirt einen Teil seiner Produkte in seinem Haushalt verwendet.

Im Einzelfalle kann es oft schwer sein, festzustellen, ob der Verbrauch in der Privatwirtschaft oder im geschäftlichen Betriebe erfolgt ist. So wird in einem landwirtschaftlichen Betriebe die Milch, die zur Ernährung der Kinder des Unternehmers verwendet wird, gemäß § 1 Absatz 2 steuerpflichtig sein, dagegen nicht die Milch, die etwa von den Kuhmägden getrunken wird, weil sie zu den Geschäftsunkosten gehört.[17]) Als Entgelt gilt bei dem fingierten Umsatz nicht der Kleinhandelspreis, sondern der niedrigere Großhandelspreis.

Nach § 3 Z. 3 bleibt der Eigenverbrauch außer Betracht, wenn er nicht mehr als 2000 ℳ beträgt und die Gesamtheit der Entgelte 15000 ℳ nicht überschreitet.

Zu § 1 Abs. 3: Versteigerung.

Anm. 37.

Diese Bestimmung enthält eine Ausnahme von dem Grundsatz, daß regelmäßig der Privatumsatz steuerfrei ist. Lieferungen, die auf Grund einer Versteigerung erfolgen, sollen auch dann steuerpflichtig sein, wenn der Auftraggeber eine selbständige gewerbliche Tätigkeit nicht ausübt. Es wird hier also auch der Umsatz außerhalb gewerblicher Betriebe der Steuer unterstellt. Maßgebend waren hierfür zwei Erwägungen. Von der allgemeinen Besteuerung des privaten Umsatzes hat man deshalb Abstand genommen, weil die Vorgänge im privaten Geschäftsverkehr sich gewöhnlich jeder Nachprüfung entziehen. Hier liegt es anders. Durch die Veranstaltung einer Versteigerung nähert sich der

---

[16]) Begr. S. 29.

[17]) KommB. S. 11; vgl. oben Anm. 20.

Gelegenheitshandel, wenn auch nur vorübergehend, äußerlich einem Gewerbebetriebe Dann aber wollte man besonders den Kunstmarkt treffen, weil hier die Versteigerung zu reichem Gewinn und zur Steigerung der Preise Anlaß gibt.[18]) In letzter Beziehung ist jedoch die Bestimmung überflüssig, denn die Versteigerungen der großen Kunstauktionshäuser fallen gar nicht unter Absatz 3, sondern schon unter Absatz 1. Die Versteigerer betreiben nämlich ihr Gewerbe auf zwei verschiedene Arten. Sie treten entweder im eigenen oder im fremden Namen auf bei der Ausübung ihrer Versteigerertätigkeit. Zum Begriff des Versteigerers gehört nur, daß er sich gewerbsmäßig mit der Versteigerung von Sachen für fremde Rechnung befaßt.[19])

Beispiel: Der Privatmann A will einen Nachlaß verkaufen. Er veranstaltet zu diesem Zwecke in seiner Wohnung eine Versteigerung, indem er sich hierzu eines Versteigerers X bedient. Einen Teil der Gegenstände aber gibt er dem Inhaber eines Kunstauktionshauses Y, und dieser nimmt seinerseits die Versteigerung in seinen eigenen Geschäftsräumen vor.

Hier handeln X und Y zwar für Rechnung des A, X handelt aber dabei auch im Namen des A, wenn er die Ware dem Ersteher übergibt, Y dagegen tut dies im eigenen Namen, denn die großen Kunstauktionshäuser treten im Wirtschaftsleben als Kommissionäre auf.[20]) Die Steuerpflicht nach Absatz 3 ist also nur gegeben, soweit die Versteigerung in der Wohnung des A durch X vorgenommen wird. Soweit er dagegen die Gegenstände einem Kunstauktionshaus übergibt, kommt eine Steuerpflicht für ihn überhaupt nicht in Betracht, weil es sich hier um einen privaten Umsatz handelt. Steuerpflichtig ist nur das Kunstauktionshaus auf Grund des Absatzes 1. Es steht somit das Umsatzsteuergesetz trotz der Vorschrift des Absatz 3 hinter dem Warenumsatzstempelgesetz bei der Besteuerung von Versteigerungen zurück. Wie nämlich oben in Anm. 24 ff. ausgeführt ist, bildet bei einem Kommissionsgeschäft sowohl das Ausführungsgeschäft als auch das Abwickelungsgeschäft eine umsatzsteuerpflichtige Lieferung. Demgemäß wäre nach dem Warenumsatzstempelgesetz in diesem Beispiel zu versteuern:

1. die Zahlung des Erstehers an das Kunstauktionshaus auf Grund des § 76,
2. die Zahlung des Kunstauktionshauses an den Auftraggeber auf Grund des § 83 a.

Jetzt nach dem Umsatzsteuergesetz findet nur die erste Besteuerung statt, die zweite kommt nicht in Frage, und zwar auch nicht bei der Luxussteuer, weil hier § 10 Abs. 2 eingreift. Ob das Kunstauktionshaus selbst die Versteigerung leitet oder damit einen gewerbsmäßigen Versteigerer beauftragt, bleibt sich gleich.

---

[18]) Begr. S. 26 u. 29.

[19]) Vgl. die Vorschriften über den Umfang der Befugnisse und Verpflichtungen, sowie über den Geschäftsbetrieb der Versteigerer vom 10. Juli 1902 I, 2.

[20]) So Nußbaum, Kommissionsrecht S. 24.

Anm. 38.

Die Vorschrift über Versteigerungen gilt nicht

1. für die Versteigerung im Wege der Zwangsvollstreckung,
2. für die Versteigerung der Miterben zum Zwecke der Teilung eines Nachlasses,
3. für die Versteigerung von Grundstücken und grundstücksähnlichen Berechtigungen.

Diese Bestimmungen stehen, soweit Ziffern 1 und 3 in Betracht kommen, an unrichtiger Stelle. Nach dem Zusammenhang müßte man annehmen, daß Versteigerungen im Wege der Zwangsvollstreckung nach der allgemeinen Regel des Absatz 1 steuerpflichtig sind, wenn der Auftraggeber Gewerbetreibender ist. Der Gesetzgeber wollte aber, wie aus der Begründung[21]) hervorgeht, ganz allgemein die Versteigerungen im Wege der Zwangsvollstreckung von der Steuer befreien, und zwar deshalb, weil es sich dabei in der Regel um Notverkäufe handelt, die nicht weiter belastet werden sollen. Die Bestimmung hätte also in einem besonderen Absatz des § 1 stehen müssen. Auch dann würde sie nur zur Klarstellung dienen. Denn nach der Plenarentscheidung des Reichsgerichts in Band 82 Seite 86 besteht zwischen dem Gerichtsvollzieher und dem Gläubiger kein Vertragsverhältnis. Ob trotzdem der Gerichtsvollzieher bei der Versteigerung Vertreter des Gläubigers ist, wird in dieser Entscheidung dahingestellt gelassen. Nimmt man dies an, so würde an sich die Steuerpflicht begründet sein. Der Gesetzgeber will aber in jedem Fall die Versteigerung steuerfrei lassen. Steuerfrei sind aber nur die Versteigerungen im Wege der Zwangsvollstreckung. Versteigert also der Gerichtsvollzieher außerhalb einer Zwangsvollstreckung, so tritt Steuerpflicht ein.

Was die Befreiung zu 2 anbetrifft, so ist hier der Nachdruck auf das Wörtchen „unter“ den Miterben zu legen. Die Steuerfreiheit gilt nicht etwa, wenn Erben allgemein Nachlaßgegenstände versteigern lassen, sondern nur dann, wenn bei dieser Versteigerung als Bieter lediglich sie selbst zugelassen werden.[22])

Wegen der grundstücksähnlichen Berechtigungen zu 3 vgl. § 1017 BGB., Art. 63 und 68 EG. BGB., ferner gemäß Art. 67, 74, 196 EG. BGB. das einzelne Landesrecht. Für Preußen kommt in Betracht Art. 40 AG. BGB.

Anm. 39.

Bei Versteigerungen ruht die Steuerpflicht auf dem Versteigerer und zwar selbst dann, wenn der Auftraggeber Gewerbetreibender ist (§ 12 Abs. 3). Es ist dann Sache des Auftraggebers den Versteigerer schadlos zu halten.

Über die Veranlagung und Erhebung der Steuer bei Versteigerungen vgl. AusfB. §§ 62 ff.

§ 2.

Von der Besteuerung sind ausgenommen:

1. Umsätze aus dem Ausland und die außerhalb des Kleinhandels erfolgenden ersten Umsätze eingeführter Gegen-

[21]) Begr. S. 30. [22]) Begr. S. 30.

stände im Inland sowie Umsätze in das Ausland, soweit nicht in diesem Gesetze (§ 10 Nr. 2 und 3) ein anderes bestimmt ist und die vom Bundesrat über die Sicherstellung der Herkunft oder der Bestimmung der Gegenstände zu treffenden Vorschriften innegehalten werden. Der Bundesrat bestimmt, inwieweit bei Umsätzen von Rohstoffen aus dem Ausland die dem Zollauslande gleichstehenden Gebiete des Inlandes, der gebundene Verkehr des Zollinlandes und, soweit es sich um zollfreie Gegenstände handelt, besonders bezeichnete sonstige inländische Lager wie das Ausland zu behandeln sind;

2. Kreditgewährungen und Umsätze von Geldforderungen, insbesondere von Wechseln und Schecks, sowie von Wertpapieren, Anteilen von Gesellschaften und sonstigen Vereinigungen, Banknoten, Papiergeld, Geldsorten und von inländischen amtlichen Wertzeichen;
3. Umsätze von Edelmetallen und Edelmetallegierungen nach näherer Bestimmung des Bundesrats, sofern diese nicht im Kleinhandel (§ 8) erworben werden;
4. Verpachtungen und Vermietungen von Grundstücken und von Berechtigungen, für welche die auf Grundstücke bezüglichen Vorschriften des bürgerlichen Rechtes gelten, sowie von staatlichen Hoheitsrechten, die sich auf die Nutzungen von Grund und Boden beziehen, mit Ausnahme der Verpachtungen und Vermietungen eingerichteter Räume;
5. Beförderungen im Sinne des Gesetzes über die Besteuerung des Personen- und Güterverkehrs vom 8. April 1917 (RGBl. S. 329) mit Ausnahme der im § 3 Nr. 4 und 5 daselbst genannten;
6. Umsätze der in Tarifnummer 5 des Reichsstempelgesetzes vom 3. Juli 1913 (RGBl. S. 639) genannten Gegenstände;
7. Leistungen, für welche Vergütungen im Sinne der Tarifnummer 9 des Reichsstempelgesetzes gewährt werden;
8. Versicherungen im Sinne der Tarifnummer 12 des Reichsstempelgesetzes;
9. bei eingetragenen Genossenschaften, die der gemeinschaftlichen Verwertung von Erzeugnissen der Genossen oder dem gemeinschaftlichen Einkauf von Waren ausschließlich

für die Genossen dienen, derjenige Teil des Umsatzes, der als Entgelt für Rücklieferung von Rückständen aus der im Betriebe der Genossenschaft erfolgten Verarbeitung der von den Genossen eingelieferten Erzeugnisse oder als Rückvergütung auf den Kaufpreis der von den Genossen bezogenen Waren anzusehen ist.

Zu Nr. 1.

Hier werden die Einfuhr und die Ausfuhr von der Besteuerung ausgenommen.

I. Die Einfuhr.

Anm. 1.

Die Vorschrift befreit nicht nur die Einfuhr selbst, sondern die Steuerfreiheit soll ausländischen Waren auch noch so lange anhaften, bis sie vom ersten inländischen Empfänger im Inland veräußert worden sind. Eine ähnliche, wenn auch nicht alle ersten inländischen Umsätze umfassende, Bestimmung fand sich bereits in der Befreiungsvorschrift 2 des Tarifs zum Warenumsatzstempelgesetze. Die Vorschrift hat den Zweck, zu verhindern, daß der inländische Einfuhrhändler, um die Steuer zu ersparen, ausgeschaltet wird, indem sich derjenige, der ausländische Waren beziehen will, unmittelbar mit der ausländischen Firma in Verbindung setzt. Um sicherzustellen, daß sich möglichst Rohstofflager im Inland bilden können und auch für diese der Vorteil besteht, daß ein weiterer Umsatz von der Steuer frei ist, sollen für Umsätze von Rohstoffen die Freihafengebiete, und soweit es sich um zollfreie Gegenstände handelt, besonders bestimmte sonstige inländische Läger dem Ausland gleichstehen. Dem Bundesrate liegt es ob, hierüber nähere Bestimmungen zu erlassen. Für den Umsatz im Kleinhandel besteht ein Bedürfnis für eine Bevorrechtigung nicht; er ist daher von der Befreiung der ersten Umsätze im Inland ausgenommen, und der Bundesrat wird das gleiche für die Umsätze von Rohstoffen in und aus den Freihafengebieten und diesen gleichgestellten Lägern anordnen können (Begr. S. 30).

Im einzelnen sind von der Besteuerung ausgenommen:

Anm. 2.

1. Umsätze aus dem Ausland (Einfuhr); Ausland im Sinne dieser Vorschrift ist staatsrechtlich, nicht zollrechtlich zu verstehen; es umfaßt also nicht die dem Zollausland gleichstehenden Gebietsteile des Deutschen Reichs (Zollausschlüsse, Freibezirke);[1]) vgl. hierüber Anm. 5.

2. Umsätze von eingeführten Gegenständen im Inland, wenn
   a) es sich um den ersten Umsatz nach der Einfuhr (vgl. Nr. 1) handelt,
   b) dieser Umsatz nicht im Kleinhandel stattfindet und
   c) die Herkunft aus dem Ausland sichergestellt ist.[2])

---

[1]) § 1 Z. 1 AusfB.
[2]) § 1 Z. 2 AusfB.

Zu a: Es muß sich um den ersten Umsatz nach der Einfuhr handeln. Die Bestimmung gilt in gleicher Weise für zollpflichtige wie für zollfreie Gegenstände. Unerheblich ist es, ob der Unternehmer die Waren direkt aus dem gebundenen Verkehr des Inlands — vgl. hierüber unter Anm. 6 — oder von seinem Lager aus liefert.

Zu b: Der Umsatz darf nicht im Kleinhandel stattfinden. Die Umsätze erfolgen außerhalb des Kleinhandels, wenn die Gegenstände zur gewerblichen Weiterveräußerung, sei es in derselben Beschaffenheit, sei es nach vorheriger Be- oder Verarbeitung für eigene oder fremde Rechnung erworben werden; dabei kommt es auf die einzelne Lieferung an, und es genügt nicht schon, daß das Unternehmen, welches den Umsatz ausführt, überwiegend im Großhandel veräußert.[3])

Zu c: Die Herkunft aus dem Ausland muß sichergestellt sein. Dies geschieht dadurch, daß der Unternehmer, der die Steuerfreiheit nach der vorstehenden Bestimmung in Anspruch nimmt, für die Entgelte, die er für Lieferungen von eingeführten Gegenständen vereinnahmt, getrennt von seinen sonstigen Leistungen laufend Buch zu führen hat. Das Buch muß den Gegenstand nach seiner handelsüblichen Bezeichnung, Namen (Firma) und Wohnort (Sitz) des ausländischen Lieferers, den Tag der Einfuhr, die Eingangszollstelle, den Tag der weiteren Lieferung im Inland, Namen (Firma) und Wohnort (Sitz) des Abnehmers, das vereinnahmte Entgelt und den Tag der Zahlung enthalten; in der Bemerkungsspalte ist kenntlich zu machen, daß die Veräußerung nicht im Kleinhandel erfolgt ist, wenn dies nicht schon aus der Angabe über den Abnehmer klar ersichtlich ist.[4])

Anm. 3.

Die Vorschrift hat den Zweck, den inländischen Zwischenhändler zu schützen; daher findet sie keine Anwendung auf denjenigen, der eingeführte Gegenstände hier verarbeitet und ihnen dadurch ihren ausländischen Ursprung nimmt und sie zu einem deutschen Fabrikat macht. Es kann sich also z. B. ein Fabrikant, der englische Stoffe einführt und diese hier verarbeitet, auf die Vorschrift nicht berufen. Es sind somit die Umsätze nicht steuerfrei, wenn der Gegenstand vor dem Umsatz im Inland eine Be- oder Verarbeitung erfahren hat, die über die Zwecke der Sortierung, Reinigung und Erhaltung hinausgeht.[5])

Demnach dürfen zwar die einzelnen Sorten und Qualitäten auseinandergetrennt oder zusammengesetzt werden. Es dürfen die Unreinlichkeiten entfernt werden; es dürfen schließlich Handlungen vorgenommen werden, welche die Waren, ohne sie im übrigen zu verändern, vor Verderben schützen sollen. Hierunter fällt z. B. das Mischen und Sieben von Tee, das Auslesen von Kaffee, das Spriten des Weines, wenn die Qualität des Weines nicht verändert wird. Weitergehende Veränderungen, wie z. B. Rösten von Kaffee, Schälen und Polieren von Reis macht aber die Lieferungen schon steuerpflichtig.[6])

Naturgemäß kann es keinen Unterschied machen, ob die Be- oder Verarbeitung vor oder nach der Zollabfertigung der Ware vor-

[3]) § 1 Z. 2 Abs. 3 AusfB.
[4]) § 1 Z. 2 Abs. 4 AusfB.
[5]) § 1 Z. 2 Abs. 2 AusfB.
[6]) Vgl. Oppens: Führer durch das WUStG. S. 28.

genommen wird. Denn andernfalls würde ein Verarbeiter, der zufälligerweise im Zollausschußgebiet oder in Verbindung mit einem Zollager seinen Betrieb ausüben kann, einen durch nichts gerechtfertigten Vorzug genießen. Daher gelten als Inland hier noch die dem Zollausland gleichstehenden Gebiete des Inlands (Zollausschlüsse, Freibezirke).[7])

1. **Beispiel:** Landtransport. Der Kaufmann A bestellt bei der Berliner Niederlassung einer österreichischen Fabrik eine Maschine. Die Lieferung kann auf folgende Weise geschehen:

1. Sie kann aus Österreich direkt an die Adresse des A gesandt werden.

Hier liegt vor ein Umsatz aus dem Ausland.

2. Sie kann an die Adresse der Zweigniederlassung gesandt werden. Diese wiederum kann
   a) die Ware, wenn sie auf dem Packhof in Berlin ankommt, von dort direkt an A senden.

Dann liegt vor ein Umsatz aus dem gebundenen Verkehr des Inlands.

   b) sie kann die Ware erst auf Lager nehmen und dann erst dem A zusenden.

Hier sind sämtliche Fälle steuerfrei. Nach dem Warenumsatzstempelgesetz wären dagegen nur befreit der Fall 1 und der Fall 2 a. Steuerpflichtig dagegen wäre 2 b. Diese unterschiedliche Behandlung ist jetzt dadurch beseitigt, daß eben ganz allgemein der erste Umsatz von ausländischen Waren im Inlande für steuerfrei erklärt ist.

Gebraucht dagegen A diese Maschine für sein eigenes Geschäft, handelt es sich also um einen Umsatz im Kleinhandel, dann ist nur befreit der Fall 1, steuerpflichtig dagegen sind die Fälle 2 a und b. Nach dem Warenumsatzstempelgesetz wäre auch hier der Fall 2 a steuerpflichtig, da dieses Gesetz einen Unterschied zwischen Veräußerung im Kleinhandel und im Großhandel nicht macht. Insofern enthält also das Umsatzsteuergesetz eine Einschränkung der Vorschriften des Warenumsatzstempelgesetzes über die Steuerfreiheit der ausländischen Lieferungen.

2. **Beispiel:** Seetransport. Der Kaufmann A in Stettin bestellt bei der Firma B in Berlin eine größere Weinsendung. B hat gerade einen großen Posten im Auslande eingekauft. Hier kann er die Bestellung folgendermaßen ausführen:

1. direkt vom Ausland, indem er seinen Verkäufer aufgibt, die Ware dem A zu senden,
2. falls die Ware jedoch für ihn schon schwimmt, indem er einen Hamburger Spediteur damit beauftragt, sobald die Ware im Freihafen ankommt, hiervon ein bestimmtes Quantum an A zu senden,
3. er kann schließlich erst die ganze Sendung auf sein Lager nehmen, und dann dem A die Fässer zusenden.

Auch hier liegt in allen drei Fällen jetzt Steuerfreiheit vor. Bearbeitet er aber dagegen den Wein vor dem Umsatz im Inland in einer Weise, die über die Zwecke der Sortierung, Reinigung und Unterhaltung hinausgeht, dann entfällt damit die Steuerfreiheit.

---

[7]) § 1 Z. 2 Abs. 2 S. 2 AusfB.

Anm. 4.

Für die Umsätze von **Rohstoffen** hat der Bundesrat in § 1 Z. 3 der Ausführungsbestimmungen folgendes bestimmt:

Von der Besteuerung sind nach § 2 Nr. 1 des Gesetzes ausgenommen:

Umsätze von eingeführten Rohstoffen außerhalb des Kleinhandels mit der Wirkung, daß die Umsätze bei der Entscheidung, ob ein erster Umsatz im Inland im Sinne der Bestimmung unter Nr. 2 vorliegt, nicht mit in Betracht gezogen werden, wenn sie erfolgen:

a) in und aus denjenigen Gebieten des Inlandes, die dem Zollausland gleichstehen (Zollausschlüsse, Freibezirke);
b) in und aus dem gebundenen Verkehre des Inlandes; hierher gehören auch Privatlager ohne amtlichen Mitverschluß oder fortlaufende Konten;
c) in und aus Seehafenplätzen, soweit es sich um zollfreie ausländische Rohstoffe handelt und die Einfuhr auf dem Seeweg erfolgt; dabei sind die Unterweserseehäfen und die Unterelbeseehäfen als ein Einfuhrseehafenplatz anzusehen;
d) in und aus inländischen Lagern anderer Art, sofern es sich um zollfreie ausländische Rohstoffe handelt und die Lager durch die oberste Landesfinanzbehörde zugelassen worden sind; die Zulassung erfolgt nur auf Antrag und unter der Bedingung, daß der Gegenstand ohne andere Zwischenlagerung als im Einfuhrseehafenplatz nach dem Inlandslager gebracht und die Festhaltung der ausländischen Eigenschaft des Rohstoffs bei der Aufnahme und während der Lagerung sichergestellt ist.

Findet in den in dem vorstehenden Absatz bezeichneten Gebieten und Lagern eine Be- oder Verarbeitung statt, so ist der Umsatz des durch die Be- oder Verarbeitung entstandenen Gegenstandes steuerpflichtig.

Anm. 5.

Zu a. Das ganze Deutsche Reich bildet ein einheitliches Zollgebiet, das von der Zollgrenze oder Zollinie umschlossen wird. Aber nicht alle Gebiete, die zum Deutschen Reich gehören, sind in das Zollgebiet mit aufgenommen. Von der Zollinie ausgeschlossen, und daher zwar zum Reichsgebiet, nicht aber zum Zollgebiet gehörig, sind gewisse Gebietsteile des Reichs, die entweder wegen ihrer Lage zur Einschließung in die Zollgrenze nicht geeignet sind, oder deren Ausschluß aus der Zolllinie auf der politischen Entwicklung beruht.

Zollausschlüsse sind 1. die Insel Helgoland und eine Reihe badischer Gemeinden, 2. die Freibezirke und Freihäfen der großen Seehandelsplätze. In diese Gebiete können ausländische Waren ohne irgendwelche Zollformalitäten, die nur den Verkehr erschweren würden, zollfrei eingeführt und auf Lager genommen werden. So kann die Ware geteilt, umgepackt und verarbeitet werden, um dann im veränderten Zustand entweder in das Zollgebiet oder wieder in das Ausland geführt zu werden.

Anm. 6.

Zu b. Der gebundene Verkehr des Zollinlands.

Wird Ware vom Ausland ins Inland gesandt, so beschränkt die Zollbehörde den Verkehr derselben in dem Augenblick, indem die Güter die deutsche Zollinie überschreiten. Jedes Gut, mag es zollpflichtig oder zollfrei sein, ist, sobald es von dem Zollausland in das Zollinland geht, der Zollbehörde gegenüber zu deklarieren. Die freie Bewegung der Ware hört solange auf, als bis die Zollpflicht erfüllt ist; erst nach deren Erfüllung können die Güter in den freien Verkehr treten. Die Verzollung kann nun sofort durch das Grenzzollamt erfolgen, dann muß auch der Zoll sofort gezahlt werden. Der Importeur hat aber oft ein Interesse daran, den Zoll erst in einem späteren Zeitpunkt zu bezahlen, oder ihn von einem anderen, seinem Abnehmer, bezahlen zu lassen. Diesem Verkehrsbedürfnis kommt das Zollgesetz entgegen, indem es die Entrichtung des Zolls in einem späteren Zeitpunkt als bei dem Überschreiten der Zollgrenze und an einem anderen Ort als dem Grenzzollamt gestattet. Um jedoch den Eingang des Zolls sicherzustellen, wird die Ware nunmehr amtlich verschlossen. Es befindet sich somit zwar die Ware im Inland, aber im gebundenen Verkehr. Kommt dann die Ware an dem bestimmten inländischen Zollamt an, so kann sie nach der Zollabfertigung sofort in den freien Verkehr treten. Sie kann aber auch bis zu ihrer bestimmungsmäßigen Verwendung im gebundenen Verkehr bleiben, indem sie unverzollt in einer Niederlage gelagert wird. Man unterscheidet hierbei:

A. Öffentliche Niederlagen (Packhöfe, Häfen, Läger dieser Freihäfen),

B. Privatläger.

Waren, auf denen ein Zollanspruch haftet, können auch in Privaträumen unter oder ohne Mitverschluß der Zollbehörde niedergelegt werden. Solange sich die Ware auf einem solchen Lager befindet, gilt sie, auch wenn das Lager nicht unter amtlichem Mitverschluß steht, als im gebundenen Verkehr befindlich.

C) Fortlaufende Konten.

Zur Erleichterung des Vertriebs ausländischer Waren nach dem Ausland können in Großhandlungen unverzollte fremde Waren unter Eintragung in ein fortlaufendes Konto mit der Maßgabe verabfolgt werden, daß die Wiederausfuhr derselben nach dem Ausland nachgewiesen, oder die Verzollung bewirkt werden muß.

Anm. 7.

Zu c und d. Diese Bestimmungen suchen die ungleiche Behandlung zu beseitigen, die die Zollabfertigung der zollfreien, im Gegensatz zu den zollpflichtigen Waren mit sich bringt. Sämtliche Waren, die eingeführt werden, werden zwar vom Zollamt untersucht, eine eigentliche Zollabfertigung findet aber nur bei den zollpflichtigen Waren statt, die zollfreie dagegen tritt sofort nach der Untersuchung in den freien Verkehr über. Damit ist für diese Ware die Möglichkeit genommen, sie im gebundenen Verkehr des Inlands zu lassen, indem sie in einer Zollniederlage gelagert wird, denn für zollfreie Waren gibt es begrifflich keine Zoll-Läger. Es muß also der Kaufmann diese Ware auf sein eigenes Lager nehmen; dann aber kann er später, wenn er die Ware verkauft, nicht mehr den Nachweis führen, daß es sich tatsächlich um ausländische Ware handelt, er müßte also den Umsatzstempel zahlen. Um dieses Ergebnis zu verhindern, hat der Gesetzgeber zwei Einrichtungen geschaffen, die die Zoll-Läger für zollfreie Waren ersetzen sollen. Bei den Waren, die zur See eingehen, hat er sämtliche deutsche Seehäfen gewissermaßen als Zoll-Läger erklärt,[8]) bei den Waren, die auf dem Landweg eingehen, hat er zugelassen, daß bestimmte Verkaufsläger die gleichen Vergünstigungen genießen sollen.

Beispiel: Eine Hamburger Gesellschaft bezieht Petroleum
1. auf dem Seewege: aus Amerika,
2. auf dem Landwege: aus Rumänien.

Die Gesellschaft setzt das Petroleum von Hamburg aus an einen Großhändler A in Hannover ab und dieser wiederum verkauft das Petroleum im Großhandel an einen Abnehmer B in Köln.

Bei dem amerikanischen Petroleum ist steuerfrei:
1. die Lieferung der Gesellschaft an A,
2 die Lieferung von A an B, denn es handelt sich um zollfreie Ware aus einem Seehafenplatz, die dorthin auf dem Seewege eingeführt ist.

Bei dem rumänischen Petroleum dagegen ist an und für sich nur steuerfrei die Lieferung der Gesellschaft an A, nicht dagegen die von A an B. Erst wenn die Gesellschaft beantragt, daß ihr Hamburger Lager den deutschen Seehafenplätzen gleichgestellt wird, wird auch der Umsatz zwischen A und B steuerfrei.

Nach dem Warenumsatzstempelgesetz brachte die Gleistellung des Hamburger Lagers mit den deutschen Seehafenplätzen der Gesellschaft einen direkten Steuervorteil. Sie erreichte nämlich dadurch, daß ihr Umsatz mit ihren Abnehmern, also hier mit dem Großhändler A in Hannover, umsatzsteuerfrei wurde. Diese Wirkung hat die Gleichstellung nach dem Umsatzsteuergesetz nicht mehr, denn hier ist die Lieferung der Gesellschaft an A in Hannover auch dann umsatzsteuerfrei, wenn eine Gleichstellung nicht erfolgt ist, weil es sich um den ersten Umsatz von im Auslande bezogenen Waren handelt. Die Gleichstellung bringt vielmehr jetzt erst dem ersten Abnehmer der Gesellschaft, also dem Großhändler A in Hannover, einen direkten Steuervorteil; denn seine Lieferung an B in Köln ist jetzt steuerfrei, trotzdem dieser Umsatz

---

[8]) Vgl. hierüber den Aufsatz in der Handelszeitung des Berliner Tageblatts vom 8. Dezember 1916 abends über: Auslandshandel und Warenumsatzsteuer, der überhaupt für das Verständnis dieser Vorschriften grundlegend ist.

eigentlich der zweite Umsatz ausländischer Ware im Inlande ist und somit an und für sich unter die Vorschrift nicht fällt. Durch die Gleichstellung der Läger wird aber erreicht, daß der Umsatz zwischen der Gesellschaft und dem A bei der Entscheidung der Frage, ob ein erster Umsatz im Inlande stattfindet, nicht mitgerechnet wird.

Wegen der Einfuhr von Luxusgegenständen vgl. § 10 Abs. 1 Nr. 2.

II. Ausfuhr.

Anm. 8.

Nach der Befreiungsvorschrift 3 des Tarifes zum Warenumsatzstempelgesetz waren nur befreit: Lieferungen im Inland bezogener Waren in das Ausland. Danach lag eine Steuerfreiheit nicht vor, wenn die Waren durch den Fabrikanten selbst nach dem Ausland geliefert wurden, denn hier war sie nicht im Inland bezogen, sondern im Inland hergestellt. Es war also nur der Ausfuhrhandel steuerfrei. Diese Beschränkung ist jetzt beseitigt. Bei der nicht geringen Steuer, die jetzt erhoben wird, konnte es sich nicht mehr darum handeln, die Ausschaltung des inländischen Ausfuhrhändlers zu verhindern, sondern es mußte vielmehr dafür Sorge getroffen werden, daß auch der für das Ausland arbeitende Fabrikant nicht durch die Belastung seiner Waren durch die Steuern im Ausland an Wettbewerbsfähigkeit einbüßt.[9]) Daher sind jetzt ganz allgemein befreit: Umsätze in das Ausland. Voraussetzung für die Steuerfreiheit ist jedoch, daß der Ausführende durch seine Buchführung den Nachweis der Bestimmung der Gegenstände sicherstellt. Er hat zu diesem Zweck über die Entgelte, die er für Lieferungen von ausgeführten Gegenständen vereinnahmt, getrennt von den Entgelten für seine sonstigen Leistungen laufend Buch zu führen. Das Buch muß den Gegenstand nach seiner handelsüblichen Bezeichnung, Namen (Firma) und Wohnort (Sitz) des ausländischen Empfängers, den Tag der Lieferung ins Ausland, das vereinbarte Entgelt, den Betrag und den Tag der Zahlung enthalten.[10])

Im übrigen ist Ausland hier genau wie bei der Einfuhr staatsrechtlich zu verstehen. Lieferungen aus dem Inland in das Freihafengebiet oder nach Helgoland sind also steuerpflichtig.[11])

Voraussetzung der Befreiung ist, daß die Lieferung unmittelbar ins Ausland erfolgt. Lieferungen an den Exporteur sind also steuerpflichtig, damit er jedoch nicht ausgeschaltet wird, sieht § 28 Nr. 1 die Möglichkeit der Erstattung der Steuer für ihn vor.

Wegen der Ausfuhr von Luxusgegenständen vgl. § 10 Abs. 1 Nr. 3.

Anm. 9.

Umsätze vom Ausland in das Ausland bleiben steuerfrei, auch wenn bei der Ausführung der Lieferung der Gegenstand durch Gebietsteile des Inlandes gelangt (Durchfuhr); unberührt hiervon bleibt die Entscheidung, ob Zwischenumsätze, die im Inlande stattfinden, steuer-

---

[9]) Begr. S. 30.

[10]) § 1 Z. 4 AusfB.

[11]) So schon für das WUStG.: Rundschreiben des Reichskanzlers vom 29. Dezember 1916.

pflichtig oder nach den Vorschriften des § 2 Nr. 1 des Gesetzes von der Steuer befreit sind.[12])

Schlußbemerkungen.

Anm. 10.

Die Vorschrift über die Befreiung der Einfuhr und Ausfuhr findet dem Wortlaut des Gesetzes nach nur auf Lieferungen Anwendung, nicht auch auf Leistungen. Dies ist ein Mangel.

Beispiel: Die Türkei kauft Waren in Skandinavien ein und läßt den Transport durch deutsche Speditionsfirmen ausführen.

Diese Firmen müssen, da sie den Transport gegen eine feste Gebühr übernehmen, das gesamte dafür erhaltene Entgelt versteuern. Da die Fracht teilweise höher ist als der Wert der Ware und die Firmen, wie in Anm. 2a zu § 5 ausgeführt, auch die baren Auslagen für Fracht von dem steuerpflichtigen Gesamtbetrag nicht in Abzug bringen dürfen, so handelt es sich um erhebliche Beträge. Daher besteht die Gefahr, daß der deutsche Spediteur den Wettbewerb mit dem ausländischen schwedischen Spediteur, der um den Betrag der Umsatzsteuer billiger sein kann, nicht aushält. Gerade dies will aber das Gesetz mit der Befreiungsvorschrift verhindern.

Zu Nr. 2: Bank- und Kreditverkehr.

Anm. 11.

Nr. 2 will das Bank- und Kreditgewerbe vor einer Überlastung sichern. Es wird bereits durch die verschiedenen Stempelsteuern des Reichsstempelgesetzes getroffen und muß daher von der Umsatzsteuer befreit bleiben (Begr. S. 31).

Befreit sind:

Anm. 12.

a) Kreditgewährungen. Hierunter fällt vor allem auch das Pfandleihgewerbe. Unerheblich ist es, ob die Kreditgewährung gegen oder ohne Sicherheit erfolgt. Es ist somit umsatzsteuerfrei sowohl das reine Kontokurrentgeschäft als auch das Lombardgeschäft. Auch wenn die Sicherheit in einer Hypothek, Grundschuld oder Rentenschuld besteht, besteht Steuerfreiheit.

b) Umsätze von Geldforderungen, insbesondere von Wechseln und Schecks. Hierunter fällt der Verkauf von Geldforderungen, das Diskontieren von Wechseln usw.

c) Umsätze von Wertpapieren. Umsatzsteuerfrei ist also das gesamte Effektengeschäft.

d) Umsätze von Anteilen von Gesellschaften und sonstigen Vereinigungen. Umsatzsteuerfrei ist also der Verkauf von Aktien, Anteilen an einer Gesellschaft mit beschränkter Haftung, Kuxe. Den Umsätzen von Gesellschaftsanteilen wird man das Schaffen von derartigen Anteilen gleichsetzen müssen. Bringt also jemand Waren in eine Gesellschaft gegen Gewährung von Gesellschaftsanteilen ein, so sind diese Lieferungen steuerfrei.

---

[12]) § 1 Z. 5 AusfB.

e) Umsätze von Banknoten, Papiergeld, Geldsorten. Umsatzsteuerfrei ist somit das Wechseln von Geld gegen anderes inländisches oder ausländisches.[13])

f) Umsätze von inländischen amtlichen Wertzeichen. Die Umsatzsteuerfreiheit tritt aber nur ein, wenn die inländischen amtlichen Wertzeichen als solche umgesetzt werden, steuerpflichtig ist also die Lieferung von entwerteten, zu Sammelzwecken dienenden Wertzeichen, ferner die Lieferung von ausländischen Briefmarken. Diese Lieferungen sind sogar luxussteuerpflichtig (§ 8 Ziff. 4).

Anm. 13.

Durch die Befreiungsvorschrift in Ziffer 2 soll das Bank- und Kreditgewerbe vor einer Überlastung geschützt werden. Damit ist aber nicht gesagt, daß nunmehr das gesamte Bank- und Kreditgewerbe schlechthin von jeder Umsatzsteuerpflicht befreit sein soll. Dies ergibt sich schon daraus, daß die Vorschrift nicht im § 3 steht, der allein die allgemeinen subjektiven Befreiungsgründe enthält, sondern im § 2, der nur von den einzelnen objektiven Ausnahmen von der Besteuerung handelt. Daher muß bei den einzelnen Geschäften der Bank- und Kreditinstitute geprüft werden, ob sie unter Ziffer 2 fallen. So gehört nicht hierher z. B. die Verwahrung von Wertpapieren (und zwar sowohl die Vermietung von Schließfächern wie das offene Depot), die Übernahme der Auslosungskontrolle, die Einziehung von Forderungen in fremdem Namen. Die Vergütungen und Provisionen, die für derartige Tätigkeiten gezahlt werden, sind sämtlich umsatzsteuerpflichtig.[14])

Anm. 14.

Die Umsätze von Geldforderungen usw. dienen oft zur Befriedigung des Verkäufers für eine Warenforderung. Das Entgelt für die Abtretung der Forderung stellt dann gleichzeitig den Betrag dar, den der Verkäufer für seine Warenlieferung erhält. Insoweit unterliegt dieses Entgelt trotz der Befreiungsvorschrift der Steuerpflicht. Vgl. § 1 Anm. 32 Abs. 2.

Zu Nr. 3: Edelmetalle.

Anm. 15.

Die Vorschrift nimmt alle Umsätze von Edelmetallen und Edelmetallegierungen auf dem Wege bis zum Kleinhandel von der Steuer aus. Nur der letzte Umsatz an den Verbraucher ist steuerpflichtig. Wer die Steuerfreiheit in Anspruch nimmt, muß aus seinen Büchern nachweisen können, daß der Erwerber ein Weiterveräußerer ist.[15])

Anm. 16.

Edelmetalle sind Platin, Platinmetalle, Gold und Silber. Als deren Legierungen im Sinne dieser Bestimmungen gelten nur Gegenstände, die weder Fertigfabrikate noch solche Halbfabrikate sind, die ohne weitere wesentliche Veränderung

---

[13]) KommB. S. 17.

[14]) So Bescheid des Reichsschatzamtes auf eine Eingabe des Zentralverbandes des deutschen Bankgewerbes im Bankarchiv 1918 S. 231 und S. 240.

[15]) § 3 Abs. 2 AusfB.

ihrer Zusammensetzung oder Form dem Fertigfabrikat oder einem anderen Halbfabrikat eingefügt werden. Steuerfrei sind danach die Umsätze von Edelmetallerzen, Hüttenprodukten, Edelmetallen und Edelmetallegierungen in Zainen, Körnern, Barren, Blättchen und nicht fassonierten oder gemusterten Blechen, Drähten und Röhren (Scharnieren), weiter von Abfallmetall (Rückstände, Gekrätz, Schliffen, Kehrgold und ähnliches), Blattgold, Blattsilber sowie den zur Platinierung, Vergoldung und Versilberung erforderlichen Massen, endlich von Bruchmetall (zerbrochene, zerschnittene oder sonst unbrauchbar gemachte Edelmetallsachen). Nicht steuerfrei sind dagegen die Umsätze fertiger Schmucksachen und Edelmetallwaren sowie die zur Zusammensetzung und bei der Anfertigung von solchen verwendeten fertigen Teile, wie Châtons, Galerien, Karabinerhaken, Ketten, Brisuren und ähnliche Halbfabrikate. § 3 Ausf.-Best.

Zu Nr. 4: Verpachtungen und Vermietungen von Grundstücken.

Anm. 17.

Für die Befreiung nach Nr. 4 — bei Verpachtungen und Vermietungen von Grundstücken usw. mit Ausnahme eingerichteter Räume — sprechen einmal wirtschaftliche Erwägungen. Die Wohnungsmieten werden nach dem Kriege ganz besonders hoch sein, und anderseits ist Sorge für billige und gute Wohnungen ein besonders wichtiger Teil der Wohlfahrtspflege. Eine Belastung würde nur insoweit berechtigt sein, als es sich um im Verhältnis zur Zahl der Haushaltsmitglieder übergroße oder luxuriöse Wohnungen handelt: die Frage der Vorbelastung solcher Wohnungen kann jedoch nicht im Zusammenhange mit diesem Gesetze gelöst werden. Außerdem war zu berücksichtigen, daß Verpachtungen und Vermietungen bereits durch Landesgesetze, insbesondere durch Tarifstelle 48 des preußischen Stempelsteuergesetzes in der Fassung der Bekanntmachung vom 30. Juni 1909, einer Besteuerung unterliegen. Dagegen empfahl sich die Einbeziehung von Vermietungen und Verpachtungen eingerichteter Wohnräume: das Beherbergungsgewerbe darf von der Steuer nicht ausgenommen werden; das gleiche gilt von der Verpachtung und Vermietung eingerichteter sonstiger Räume, wie Fabriken, Restaurants usw. Die Befreiung von Verpachtungen und Vermietungen von Grundstücken ist auch auf grundstückähnliche Berechtigungen sowie auf die Ausnutzung staatlicher Hoheitsrechte, die sich auf die Nutzungen von Grund und Boden beziehen, z. B. eines staatlichen Bergregals durch Verpachtung, ausgedehnt (Begr. S. 31).

Anm. 18.

In den Ausschußberatungen war beantragt, im Interesse der Wohnungsfürsorge auch die Vermietung möblierter Zimmer von der Besteuerung auszunehmen. Es wurde jedoch von der Regierung darauf hingewiesen, daß solche Vermietungen in der Regel schon durch die

Befreiungsvorschrift in § 3 Nr. 4 — Einnahmen von nicht mehr als 3000 ℳ — getroffen würden.[16])

Anm. 19.

Soweit Verpachtungen und Vermietungen steuerfrei sind, sind es auch die damit verbundenen Nebenleistungen, wie z. B. Lieferung von Wasser und elektrischem Strom.

Anm. 20.

Unter staatlichen Hoheitsrechten sind nur die staatlichen Rechte im eigentlichen Sinne, also die der Bundesstaaten und nicht diejenigen von Mediatisierten oder die sog. regalia minora zu verstehen.

Anm. 21. **Zu Nr. 5: Beförderungen.**

Nr. 5 nimmt diejenigen Beförderungen aus, die unter das Verkehrssteuergesetz fallen. Die hier, wie auch ähnlich in den folgenden Nummern, gebrauchten Worte „im Sinne" des Verkehrssteuergesetzes sollen klarstellen, daß nicht nur die nach dem Gesetze steuerpflichtigen Vorgänge, sondern auch diejenigen, die dort von der Steuer ausgenommen sind, von der Umsatzsteuer befreit sein sollen. Es unterliegen danach nur diejenigen Beförderungen der Steuer, die nicht unter § 1 des Verkehrssteuergesetzes fallen, also z. B. diejenigen mit Droschken, mit Pferdeomnibussen usw. Diesem Ergebnis entspricht es, wenn auch die in § 3 Nr. 4 und 5 daselbst genannten Beförderungen mit kleinen Schiffen und im Hafenverkehre der Umsatzsteuer unterstellt werden Soweit die Beförderungen hiernach von der Umsatzsteuer befreit sind, bezieht sich die Befreiung selbstverständlich auch auf diejenigen Teile der an das Beförderungsunternehmen zu entrichtenden Beträge, die nicht zum Beförderungspreis im Sinne des § 5 des Verkehrssteuergesetzes gehören (Begr.).

Anm. 22.

Die in Betracht kommenden Bestimmungen des Verkehrssteuergesetzes lauten:

§ 1.

Die Beförderung von Personen und Gütern auf Schienenbahnen sowie auf Wasserstraßen unterliegt einer in die Reichskasse fließenden Abgabe nach Maßgabe dieses Gesetzes.

Die Beförderung von Personen und Gütern auf Landwegen unterliegt dieser Abgabe insoweit, als die Beförderung durch ein dem öffentlichen Verkehre dienendes Unternehmen mit motorischer Kraft auf bestimmten Linien mit planmäßigen Fahrten betrieben wird. Als Beförderung auf Landwegen gilt auch der Verkehr innerhalb geschlossener Ortschaften.

Der Brief- und Paketverkehr der Post und der Fährbetrieb mit Ausnahme des Eisenbahnfährbetriebs fallen nicht unter dieses Gesetz.

§ 3.

Von der Abgabe befreit sind:

Nr. 4. Beförderungen von Gütern in nicht mit motorischer Kraft betriebenen Schiffen, die nicht höher als zu 100 Kubikmeter Reinraumgehalt oder 50 Tonnen Tragfähigkeit vermessen sind;

---

[16]) KommB. S. 17.

Nr. 5. Beförderungen von Gütern zu Wasser innerhalb eines Hafengebiets oder innerhalb eines oder desselben Ortes. Der Bundesrat bestimmt, was als ein Hafengebiet oder als ein Ort im Sinne dieser Vorschrift anzusehen ist.

Anm. 23.

Hervorzuheben ist folgendes:

Zu den Schienenbahnen gehören vor allem die Eisenbahn mit sämtlichen Unterarten, wie den Kleinbahnen und den Privatanschlußbahnen, dann ferner die Straßenbahnen.

Der Verkehr auf den Wasserstraßen zerfällt in den Binnenschiffsverkehr und den Seeverkehr.

Der Verkehr auf Landwegen fällt also nicht allgemein unter die Steuer, sondern nur unter den ganz bestimmten Voraussetzungen, nämlich: 1. die Beförderung muß mit motorischer Kraft ausgeführt werden, 2. das Unternehmen muß dem öffentlichen Verkehr dienen und 3. auf bestimmten Linien mit planmäßigen Fahrten betrieben werden.

Durch die Befreiungsvorschrift in § 3 Ziffer 4 sind die Fälle des Kleinverkehrs auf Wasserstraßen von der Abgabe befreit, wie er sich in den Küstengegenden, in den Moorgegenden, im Spreewald oder sonst in Binnengewässern an Stelle des Landstraßenverkehrs findet. Die Befreiung bezieht sich aber nur auf die Güterbeförderung, nicht auf die Personenbeförderung. Da diese somit nach dem Verkehrssteuergesetz steuerpflichtig ist, ist sie nach dem Umsatzsteuergesetz steuerfrei.

Nach § 3 Ziffer 5 sind insbesondere auch der Schuten- und Ewerverkehr der Steuerpflicht entzogen, und zwar mit Rücksicht darauf, daß auch der gewöhnliche Fuhrverkehr und der Rollfuhrverkehr von der Abgabe frei ist. Damit rechtfertigt sich auch zugleich die Steuerpflicht dieses Verkehrs nach dem Umsatzsteuergesetz.

Zu Nr. 6, 7, 8: Lotterielose, Tantiemen, Versicherungen.

Anm. 24.

Die Nr. 6, 7 und 8 nehmen weiterhin Leistungen von der Steuer aus, die bereits Sondersteuern unterliegen. Es betrifft nämlich

Nr. 6: Lose öffentlicher Lotterien sowie Ausweise über Spieleinlagen bei öffentlich veranstalteten Ausspielungen von Geld oder anderen Gewinnen.

Nr. 7: Vergütungen (Gewinnanteile, Tantiemen, Gehälter usw.), die seitens einer Aktiengesellschaft, Kommanditgesellschaft auf Aktien, Gesellschaft mit beschränkter Haftung den zur Überwachung der Geschäftsführung bestellten Personen (Mitgliedern des Aufsichtsrats) gewährt werden.

Nr. 8: Versicherungen, welche im Inland befindliche Gegenstände betreffen oder mit Personen abgeschlossen sind, die im Inland ihren Wohnsitz oder dauernden Aufenthalt haben.

Zu Nr. 9: Rücklieferungen und Rabatte.

Anm. 25.

Ziff. 9 enthält eine Privilegierung der Absatzgenossenschaften und Konsumvereine, soweit sie die Form eingetragener Genossenschaften haben.

Die Vorschrift ist erst vom Reichstag in das Gesetz eingefügt worden. Sie unterscheidet zwischen Absatzgenossenschaften und Konsumvereinen.

a) Die Absatzgenossenschaften.

Hier war die Befreiungsvorschrift ursprünglich viel weiter gedacht. Es sollte nämlich ganz allgemein das Entgelt für die von den Genossen eingelieferten Waren steuerfrei sein. Dabei wurde auch die Frage der Steuerpflicht von Rücklieferungen bei Abfällen erörtert:

Ein Regierungsvertreter gab hierzu folgende Erklärung ab:

„Was die Frage der Rücklieferungen von Abfällen anbelangt, so wird man wohl vom rechtlichen Standpunkte aus derartige Rücklieferungen, z. B. von Rübenschnitzeln an die Rübenlieferanten, von Magermilch an die Milchlieferanten, von Schlempe an die Kartoffellieferanten usw., als selbständige steuerpflichtige Lieferungen ansehen müssen, selbst dann, wenn für diese Rücklieferungen kein besonderer in Geld ausgedrückter Preis vereinbart ist, sondern das Entgelt erst aus der entsprechend geringeren Höhe des Preises für die Lieferungen der Produkte entnommen werden kann. Das Reichsschatzamt habe sich wenigstens für die Auslegung des Warenumsatzstempels auf diesen Standpunkt gestellt. Danach würde also das Mitglied einer Meiereigenossenschaft, das Milch an die Genossenschaft liefert, zunächst die Entgelte zu versteuern haben, die es für die gelieferte Milch von der Genossenschaft erhält, und die Genossenschaft würde ihrerseits wieder steuerpflichtig sein wegen der Rücklieferungen von Magermilch an dieses Mitglied. Es könne nicht verkannt werden, daß diese juristisch wohl zutreffende Auslegung wirtschaftlich nicht immer erwünscht sein wird. Es werde Sache der Rechtsprechung, insbesondere des etwa neu eingerichteten Finanzhofs, sein, diese Auslegung für das Gebiet der neuen Umsatzsteuer erneut nachzuprüfen. Es sei jedenfalls nicht beabsichtigt, etwa durch Ausführungsbestimmungen den Weg zu einer solchen freien Nachprüfung irgendwie zu beschränken."

Schließlich blieb es aber nur bei dieser Befreiung. Mit Rücksicht hierauf verbietet sich ein argumentum e contrario aus Z. 9 zur Begründung der Steuerpflichtigkeit von Rücklieferungen von Abfällen bei anderen Gesellschaften. Die Steuerpraxis wird aber die Steuerpflichtigkeit nach wie vor annehmen (vgl. § 5 Anm. 6).

b) Die Konsumvereine.

Diese sind, soweit sie die Form eingetragener Genossenschaften haben, berechtigt, von den steuerpflichtigen Einnahmen den sogenannten Warenrabatt, den sie an die Mitglieder verteilen, abzusetzen. Hier ist aber das argumentum e contrario zulässig. Die Vergünstigung gilt also nicht z. B. für Gesellschaften mit beschränkter Haftung.

Anm. 26.

In den Ausschußberatungen war beantragt worden, auch Umsätze von Kohle im Sinne des Gesetzes über die Besteuerung der Kohle vom 8. April 1917 zu befreien. Dieser Antrag wurde abgelehnt.[17]) Umsätze von Kohle sind also steuerpflichtig. Dies war auch nach dem Warenumsatzstempelgesetz der Fall. Eine Befreiung tritt auch dann

[17]) KommB. S. 18, 47.

nicht ein, wenn Gemeinden und Gemeindeverbänden die Kohlen an die Bevölkerung liefern.[18])

Anm. 27.

Für die Dauer der Kriegswirtschaft sind ferner befreit: Lieferungen von Goldsachen und Kostbarkeiten an die Goldankaufsstellen (vgl. hierüber § 40 des Gesetzes).

§ 3.

Von der Steuer sind befreit:

1. Reich und Bundesstaaten bezüglich des Post- und Telegraphen- und Fernsprechverkehrs sowie Beförderungsunternehmungen wegen Leistungen für diesen Verkehr;
2. Unternehmen, deren Zwecke ausschließlich gemeinnützige oder wohltätige sind, soweit es sich nicht um solche Umsätze dieser Unternehmen handelt, die auf Gewinnerzielung gerichtet sind. Ob ein Unternehmen als gemeinnützig oder wohltätig im Sinne dieser Vorschrift anzuerkennen ist, bestimmt die oberste Landesfinanzbehörde; der Bundesrat kann nähere Vorschriften über die Voraussetzungen dieser Anerkennung erlassen;
3. Personen der im § 1 Abs. 1 bezeichneten Art, wenn die Gesamtheit der Entgelte in einem Steuerabschnitte (§ 16 Abs. 1) nicht mehr als dreitausend Mark beträgt; der Teil der Entgelte, der auf die Entnahme aus dem eigenen Betriebe (§ 1 Abs. 2) entfällt, bleibt außer Ansatz, wenn er nicht mehr als zweitausend Mark beträgt und die Gesamtheit der Entgelte fünfzehntausend Mark nicht überschreitet;

Die Steuerbefreiungsvorschrift in Nr. 3 findet auf die Lieferung der im § 8 bezeichneten Gegenstände keine Anwendung.

§ 3 enthält einige **subjektive Befreiungsgründe.**

Zu Nr. 1.

Anm. 1.

Die Vorschrift in Nr. 1 befreit die Postverwaltungen des Reichs und der Bundesstaaten, von denen allein Bayern und Württemberg hier in Betracht kommen. Der Postverkehr unterliegt bereits besonderen Abgaben und ist daher hier auszunehmen. Die Vorschrift über die Befreiung der Beförderungsunternehmungen wegen Leistungen für den Postverkehr betrifft die Beförderung von Postwagen durch die Eisenbahnen und ähnliche Leistungen sonstiger Beförderungsunternehmungen: solche Leistungen sind keine Beförderungen im Sinne des Verkehrssteuergesetzes und fallen daher nicht schon unter die Befreiungsvorschrift des § 2 Nr. 5; denn es

[18]) WUStVerf. vom 21 Mai 1918.

handelt sich dabei nicht um die Beförderung von Personen und Gütern, sondern um die Beförderung der der Post gehörenden Wagen. Es empfiehlt sich, schon um unnötige Rechnereien zu vermeiden, auch diese Leistungen an die Post auszunehmen (Begr. S. 32).

Zu Nr. 2: Gemeinnützige und wohltätige Unternehmen.

Anm. 2.

Die Vorschrift befreit gemeinnützige und wohltätige Unternehmungen, beschränkt diese Befreiung aber, soweit im Gesamtrahmen des Unternehmens einzelne Umsätze auf Gewinnerzielung gerichtet sind. Es ist also daran gedacht, daß z. B. ein Orden in erster Linie sich mit der Krankenpflege beschäftigt und insoweit steuerfrei bleiben soll, während die Einnahmen aus der vielleicht daneben betriebenen Brauerei oder dem landwirtschaftlichen Betriebe oder auch aus der Aufnahme eines bemittelten, höhere Sätze zahlenden Kranken der Steuer unterliegen sollen (Begr. S. 32).

Anm. 3.

Über die Voraussetzungen der Anerkennung als gemeinnütziges oder wohltätiges Unternehmen hat der Bundesrat folgendes bestimmt:

Gemeinnützigkeit liegt nur vor, wenn das Unternehmen dem Interesse der Allgemeinheit und nicht nur bestimmter Personen oder eines engeren Kreises von solchen zu dienen bestimmt ist.

Dies wird man z. B. bei dem Betrieb von Wasserwerken u. ähnlichen Unternehmen durch Gemeinden anzunehmen haben, sofern er ohne Gewinnabsicht erfolgt. Diese Gewinnabsicht ist auch dann noch nicht gegeben, wenn ein Teil des Reinertrags zu Rücklagen in einem Erneuerungsfonds verwendet wird.[1] Dagegen findet die Befreiungsvorschrift keine Anwendung auf: Konsumvereine, Beamtenvereine, Fabrikkantinen, ferner auf Mannschaftskantinen und Offiziersspeiseanstalten (Kasinos), soweit sie sich auf dem Lande befinden; bei den Mannschaftskantinen an Bord eines Schiffes liegen die Verhältnisse etwas anders. Die Marineverwaltung handelt, indem sie durch die Kantinen Waren vertreiben läßt, nicht freiwillig, sondern in Erfüllung der Verpflichtung, den Mannschaften, die sie vom Lande fern hält, während dieser Zeit die Versorgung mit den notwendigen Lebensbedürfnissen zu ermöglichen. Die hierauf gerichtete Tätigkeit ist Ausfluß der Kommandogewalt, wie denn auch die Bordkantinen ausschließlich von den Schiffskommandos verwaltet werden. Ähnlich liegen im wesentlichen die Verhältnisse bei den Schiffsmessen der Offiziere an Bord. Daher fallen Bordkantinen und Schiffsmessen überhaupt nicht unter § 1 des Gesetzes.[2] Sie sind somit umsatzsteuerfrei. Nicht unter § 1 fallen auch eine Reihe von öffentlichrechtlichen Unternehmen, bei denen die Warenlieferung eine ganz untergeordnete Bedeutung spielt und nur deshalb stattfindet, weil ohne diese die Haupttätigkeit nicht denkbar ist, z. B.

---

[1] KommB. S. 19.

[2] So Rundschreiben des Reichskanzlers (Reichsschatzamt) vom 7. Mai 1918.

Universitätskliniken, jedoch empfiehlt es sich, daß derartige Unternehmen den Antrag auf Anerkennung als gemeinnütziges Unternehmen stellen, um im Einzelfall die rechtlich nicht ganz einfachen Untersuchungen zu vermeiden. Vgl. hierüber das nähere in § 1 Anm. 10.

Anm. 4.

Wohltätige Unternehmungen sind solche, die der Wohlfahrtspflege Minderbemittelter dienen. Hierzu gehören auch die Wohlfahrtseinrichtungen gewerblicher Unternehmungen, wenn das für ihre Benutzung erhobene Entgelt auch bei Berücksichtigung der sonstigen Arbeitsbedingungen außer Verhältnis zu den gebotenen Leistungen steht.

Es können also z. B. Fabrikküchen u. Erholungsheime gewerblicher Unternehmungen, obwohl sie keine selbständigen Betriebe sind, Steuerfreiheit für diese Umsätze erlangen.

Anm. 5.

Bei Gesellschaften und sonstigen Vereinigungen wird die Gemeinnützigkeit oder Wohltätigkeit nicht dadurch ausgeschlossen, daß ein Reingewinn verteilt wird; es muß dieser jedoch durch die Satzung auf eine höchstens fünfprozentige Verzinsung der Kapitaleinlagen beschränkt und ferner sichergestellt sein, daß die Gesellschafter und Mitglieder bei einer Auflösung nicht mehr als den Nennwert ihrer Anteile erhalten und der etwaige Rest des Vermögens für gemeinnützige oder wohltätige Zwecke verwendet wird.

Demnach werden die meisten Kriegsgesellschaften, da sie gemeinnützige Zwecke verfolgen, Umsatzsteuerfreiheit für sich in Anspruch nehmen können.

Anm. 6.

Gemeinnützige und wohltätige Unternehmen sind jedoch nur dann umsatzsteuerfrei, wenn sie als solche anerkannt sind. Die Bestimmung hierüber steht der obersten Landesfinanzbehörde desjenigen Bundesstaats zu, in dessen Gebiete das für das Unternehmen zuständige Umsatzsteueramt liegt.

Der Antrag auf Anerkennung als gemeinnütziges oder wohltätiges Unternehmen muß spätestens bei Abgabe der Steuererklärung oder einer von dem Umsatzsteueramt über die Steuerpflicht geforderten Auskunft erfolgen (§ 17 des Gesetzes). Die Anerkennung gilt auch für die folgenden Steuerabschnitte, solange nicht eine wesentliche Änderung der Geschäftsgebarung des Unternehmens eintritt. Das Umsatzsteueramt hat die oberste Landesfinanzbehörde in Kenntnis zu setzen, sobald es eine solche wesentliche Änderung wahrnimmt. Die Anerkennung schließt die Veranlagung einzelner Umsätze, die als auf Gewinnerzielung gerichtet anzusehen sind, nicht aus.

Anm. 7.

Trotz Anerkennung als gemeinnütziges oder wohltätiges Unternehmen bleiben also solche Umsätze dieser Unternehmen der Steuer unterworfen, welche auf Gewinnerzielung gerichtet sind. Vgl. das Beispiel in der Begründung Anm. 1.

Anm. 8. **Zu Nr. 3: Freigrenze.**

Die Vorschrift nimmt die kleinsten Betriebe von der Steuer aus. Entscheidend ist allein, daß die Gesamtheit der Entgelte, die das Unternehmen im Laufe eines Kalenderjahres für steuerpflichtige Leistungen erhalten hat, nicht mehr als 3000 ℳ beträgt. Unerheblich ist es, ob das Unternehmen auch das ganze Kalenderjahr hindurch bestanden hat. Ist es früher eingestellt, so findet die Befreiungsvorschrift schon dann Anwendung, wenn der Gesamtbetrag in dem nur einen Teil des Kalenderjahres umfassenden Betriebszeit 3000 ℳ nicht übersteigt. Dies ergibt sich aus dem Regierungsentwurf zum Gesetz. Dort war nämlich in § 3 Z. 4 bestimmt, daß nur Unternehmen mit einem Umsatz bis 2000 ℳ steuerfrei sein sollen und im Einklang hiermit schrieb § 6 Abs. 4 vor, daß Steuerbeträge, die im Steuerabschnitt 10 ℳ nicht überschreiten, nicht erhoben werden sollten. Daraus ergibt sich klar, daß es für die Steuerfreiheit nicht darauf ankam, daß das Unternehmen im ganzen Kalenderjahr nur 2000 ℳ Umsatz hatte, sondern daß es genügt, wenn dies in dem fraglichen Steuerabschnitt der Fall war. Nun hat der Reichstag zwar die Grenze von 2000 auf 3000 ℳ erhöht und die Bestimmung des § 6 Abs. 4 als überflüssig gestrichen.[3]) Dadurch ist aber in der Sache nichts geändert. Es findet also eine Umrechnung nicht statt.[4])

Hat ein Steuerpflichtiger mehrere Betriebe, so findet die Befreiungsvorschrift nur Anwendung, wenn der Umsatz in beiden Betrieben zusammen 3000 ℳ nicht übersteigt.

Für Betriebe, die schon nach dem Warenumsatzstempelgesetz steuerpflichtig waren, sind in Zweifelsfällen die auf die Zeiträume vom 1. Januar bis 31. Juli und vom 1. August bis Ende des Jahres entfallenden Teilbeträge zusammenzurechnen (§ 92 Abs. 3 AusfB.).

Anm. 9.

Die Befreiung ist nur gegeben, wenn die *Einnahmen* eines Betriebes 3000 ℳ nicht übersteigen. Völlig belanglos ist für die Steuerpflicht die Gewinn- und Verlustfrage. Die Steuer wird erhoben ohne jede Rücksicht auf die Rentabilität des betreffenden Unternehmens. Denn es handelt sich hier nicht um eine Gewerbesteuer, sondern um eine Umsatzsteuer. Es darf also nach keiner Richtung hin irgendwie ein Abzug von den Einnahmen gemacht werden, weder Gehälter, noch Miete oder Verlust usw.

Anm. 10.

Der zweite Halbsatz will vermeiden, daß auch bei den kleinsten Betrieben dem Eigenverbrauch nachgegangen werden muß. Daher ist be-

---

[3]) KommBer. S. 21.

[4]) Vgl. ferner § 61 AusfB., wo für die Abschlagzahlungen bestimmt ist, daß, wenn das Unternehmen nicht während des ganzen Vorjahrs betrieben worden ist, der Umsatz während der Betriebszeit als Jahresumsatz gilt. Auch da erfolgt keine Umrechnung.

stimmt, daß der Eigenverbrauch — noch über den steuerfreien Umsatz von 3000 ℳ hinaus — außer Betracht bleibt, wenn er 2000 ℳ nicht überschreitet. Die Steuerpflicht beginnt also erst mit 5000 ℳ. Übersteigt aber Umsatz und Eigenverbrauch 15000 ℳ, dann ist auch der Eigenverbrauch unter 2000 ℳ steuerpflichtig. Übersteigt der Eigenverbrauch 2000 ℳ, dann ist er immer steuerpflichtig, denn in solchen Fällen wird es sich nicht mehr um kleine, auf sich gestellte Unternehmen, sondern um solche Betriebe handeln, die vorzugsweise dem Eigenverbrauche von Personen dienen, deren Haupteinnahmequelle auf anderem Gebiete liegt.[5])

Zu Abs. 2.

Anm. 11.

Die Befreiungsvorschrift in Nr. 3 findet keine Anwendung auf die Umsätze von Luxusgegenständen, da sonst die Gefahr der Begünstigung des Schleichhandels bestünde. Hier ist weder für den Gesamtumsatz noch für den Eigenverbrauch irgendeine Grenze gezogen. Selbst eine einzige Lieferung eines Luxusgegenstandes ist umsatzsteuerpflichtig, es sei denn, daß diese lediglich den Charakter des Gelegentlichen trägt. Entnimmt also ein Juwelier seinem Geschäft einen Ring für 100 ℳ, so ist dies umsatzsteuerpflichtig und zwar nach dem Steuersatz von 10 v. H. (§ 9 Abs. 2). Eröffnet jemand im Dezember ein Geschäft mit Luxusgegenständen, so muß er die Umsatzsteuer zahlen, auch wenn er nur für 1000 ℳ Waren umsetzt.

Anm. 12.

Nach dem Warenumsatzstempelgesetz waren gemäß Z. 4 der Befreiungen zu Nr. 10 des Tarifs von der Abgabe befreit:

Lieferungen von Gas, elektrischem Strom und Leitungswasser durch Reich, Staaten, Gemeinden oder Gemeindeverbände.

Der Entwurf zum Umsatzsteuergesetz hatte in § 3 Nr. 2 eine gleichlautende Vorschrift enthalten. Der Reichstag strich jedoch diese Befreiungsvorschrift, um zu verhindern, daß diese Unternehmen vor anderen einen erheblichen Vorteil im Konkurrenzkampf erhalten.[6])

Anm. 13.

Für die Dauer der Kriegswirtschaft sind ferner befreit: Staat und Gemeinden wegen der Lieferung von Gegenständen zur Versorgung der Bevölkerung mit Lebens- und Futtermitteln, sowie militärische Verwaltungsstellen. Das nähere vgl. § 40 des Gesetzes.

§ 4.

Wird bei Abwicklung mehrerer Umsatzgeschäfte, die zwischen verschiedenen Personen über dieselben Gegenstände oder über Gegenstände gleicher Art abgeschlossen sind, der unmittelbare Besitz an dem Gegenstande nur einmal übertragen, so ist nur das Umsatzgeschäft desjenigen steuerpflichtig, der den unmittelbaren Besitz überträgt.

---

[5]) Begr. S. 33.
[6]) KommBer. S. 19.

Bei Lieferungen durch Konnossement, Ladeschein oder Lagerschein ist nur diejenige durch den ersten inländischen Inhaber des Papiers steuerpflichtig.

Anm. 1.

§ 4 befreit den reinen Handel von der Steuerpflicht. Maßgebend war der Gedanke, daß der Zwischenhandel, der wirtschaftlich lediglich die Rolle des Vermittlers im Verteilungsprozeß spielt, der Ware also nicht neue Werte hinzufügt, sonst Gefahr laufen würde, entweder ausgeschaltet zu werden oder selbst die Steuer von seinem Gewinn ganz oder teilweise zahlen zu müssen. Dieses Bedenken für diesen Teil der am Umsatz beteiligten Wirtschaftsträger hatte bereits bei dem niedrigeren Satz des Warenumsatzstempels von 1 von Tausend dazu geführt, durch den Zusatz 4 zum Tarif im Warenumsatzstempelgesetze die Lieferungen, bei denen eine Übertragung der Ware in Natur nicht stattfindet, also diejenigen des reinen Handels, von der Steuer auszunehmen.[1]) Bei der Erhöhung der Steuer von 1 auf 5 von Tausend lag um so mehr ein besonderer Anlaß vor, den reinen Handel von der Besteuerung zu befreien. Daher ist nicht nur die Vorschrift des Warenumsatzstempelgesetzes beibehalten, sondern sie ist noch weiter ausgearbeitet worden Die Begründung sagt hierüber folgendes:

„Es hat sich bei der praktischen Durchführung des Zusatzes 4 zum Tarif des Warenumsatzstempelgesetzes ergeben, daß die Übertragung der Ware in Natur rechtlich nicht selten in Fällen anzunehmen ist, die wirtschaftlich zum reinen Handel zu rechnen sind. Wie in der Kommission bei Beratung des Warenumsatzstempelgesetzes (vgl. den Kommissionsbericht S. 12, Drucksachen des Reichstags 1914/16 Nr. 321) festgestellt wurde und in Nr. VIII der Auslegungsgrundsätze des Bundesrats näher ausgeführt wird, gilt als Übertragung des Gegenstandes in Natur auch die Erlangung des unmittelbaren Besitzes oder die Abtretung des Anspruchs auf Herausgabe der Sache. Wenn ein Großhändler Waren vom Fabrikanten bezieht und diese unmittelbar vom Fabrikanten an Kleinhändler, die er namhaft macht, liefern läßt, so ist im allgemeinen nur die Lieferung vom Fabrikanten an die Kleinhändler steuerpflichtig, während das Geschäft zwischen dem Großhändler und dem Kleinhändler freibleibt. Das ändert sich aber, wenn aus irgendeinem Grund, ohne daß eine körperliche Übertragung der Ware vom Fabrikanten an den Großhändler stattfindet, der Großhändler sich vor der Versendung an die Kleinhändler das Eigentum an den Waren einräumen läßt Es kann das zum Beispiel geschehen, um die Gefahr an dem Untergang der Sache zu übernehmen. (Vgl. die Ausführungen über solche Zweifelsfälle bei der Beschaffung von Kohlrüben und Vieh in dem Rundschreiben des Reichskanzlers vom 7. Januar 1918, Amtliche Mitteilungen 1918 S. 15.) Wirtschaftlich bleibt aber in allen solchen Fällen die Tätigkeit des Großhändlers im wesentlichen auf eine Vermittlung im volkswirtschaftlichen Verteilungsprozesse beschränkt, und nur juristische Erwägungen führen zu einer verschiedenartigen Behandlung. § 4 ersetzt daher die Übergabe in Natur durch die Beschaffung des unmittelbaren Besitzes." (Begr. S. 33.)

---

[1]) Begr. S. 20.

Anm. 2.

Nach dem Wortlaut setzt die Anwendbarkeit der Bestimmung folgendes voraus:

1. Es müssen mehrere Umsatzgeschäfte zwischen verschiedenen Personen geschlossen werden;
2. die Umsatzgeschäfte müssen über dieselben Gegenstände oder über Gegenstände gleicher Art geschlossen werden;
3. die Umsatzgeschäfte müssen derartig abgewickelt werden, daß der unmittelbare Besitz an dem Gegenstand nur einmal übertragen wird.

Beispiel: A in Berlin kauft von B in Hamburg einen Posten Ware und verkauft diesen an C in Kiel. Die Ware wird direkt von Hamburg nach Kiel geliefert.

Hier liegen zwei Umsatzgeschäfte vor, nämlich zwischen B und A und zwischen A und C. Beide Geschäfte werden dadurch abgewickelt, daß der unmittelbare Besitz nur einmal übertragen wird, nämlich von B in Hamburg an C in Kiel. Somit ist nur das Umsatzgeschäft des B steuerpflichtig, dagegen ist steuerfrei das Umsatzgeschäft des A.

Anm. 2a.

Nach der Begründung soll die Vorschrift des § 4 den reinen Zwischenhandel vor einer Überlastung schützen. Die Bestimmung ist aber ganz allgemein gehalten. Sie greift also auch dann Platz, wenn ein Eigenhändler, dessen Verdienst sehr groß ist, so daß er die steuerliche Belastung sehr wohl ertragen kann, seine Geschäfte so abwickelt, daß er die Ware direkt von seinen Lieferanten an seine Abnehmer senden läßt. Auch der Kleinhändler, der eine einzelne bestimmte Ware direkt von der Fabrik an den Kunden schicken läßt, genießt die Vergünstigung des § 4. Das Hauptanwendungsgebiet der Bestimmung liegt jedoch auf dem Gebiete des Kommissionshandels und bei den Syndikaten (vgl. hierüber die Beispiele in den Anmerkungen 24 ff. zu § 1). Weiter kommt die Vorschrift zur Anwendung, wenn im Warenterminhandel die Kauf- und Anschaffungsgeschäfte in der Weise abgewickelt werden, daß der Verkäufer aus dem einen Geschäfte zur Erfüllung seiner Lieferungsverbindlichkeiten seinem Käufer den Anspruch abtritt, der ihm als Käufer aus einem anderen Geschäfte gegen seinen Verkäufer zusteht und der letztere zur Erfüllung dieses Anspruchs die Ware an den alten Käufer abgibt. Ebenso liegt es, wenn zur Abwicklung der Lieferungsverbindlichkeiten aus mehreren Kauf- und Anschaffungsgeschäften über Warenmengen gleicher Art zwischen den Beteiligten im Wege des Skontierungsverfahrens abgerechnet wird und die hierbei nicht ausgeglichenen Lieferungsverbindlichkeiten von denjenigen, die noch zu liefern haben, an diejenigen, denen noch zu liefern ist, durch Übergabe der Ware erledigt werden.[1a])

Anm. 2b.

Werden die Umsatzgeschäfte nicht zwischen verschiedenen Personen, sondern zwischen denselben Personen geschlossen, so findet § 4 an sich keine Anwendung; es ergibt sich aber aus dieser Bestimmung, daß die Steuerpflicht auch davon abhängt, ob der unmittelbare Besitz übertragen wird oder nicht (vgl. hierüber Anm 22 zu § 1).

[1a]) AusfGrunds. VIII, 2.

Anm. 2c.

Die Voraussetzung für die Anwendbarkeit des § 4 ist, daß die Ware nur einmal bewegt wird, oder, wie das Gesetz sagt, daß der unmittelbare Besitz nur einmal übertragen wird.

Auf welche Art der unmittelbare Besitz übertragen werden kann, ist bereits oben in § 1 Anm. 21 dargelegt worden. Hier ist hervorzuheben, daß eine Verschaffung des unmittelbaren Besitzes im Sinne des Gesetzes auch in folgenden beiden Fällen vorliegt, nämlich:

1. wenn der Veräußerer die Sache einer dritten Person übergibt, die sie fortab als Besitzmittler des Erwerbers besitzen soll;[2])
2. wenn der Veräußerer mittelbarer Besitzer ist, und auf sein Geheiß sein Besitzmittler die Sache dem Erwerber übergibt.

Beispiel: Eine Gesellschaft kauft Ware von dem Lumpenhändler A, läßt sie von A unmittelbar an den Reißer B gehen, der die Ware in Werklohn bearbeitet. Die Gesellschaft verkauft alsdann die gerissene Ware (Kunstbaumwolle) weiter an den Verarbeiter C (Spinnerei). Hierbei gelangt die Ware direkt von dem Reißer B an die Spinnerei C zum Versand.

Hier liegt eine umsatzsteuerpflichtige Lieferung vor

1. von dem Lumpenhändler A an die Gesellschaft zu Händen des Reißers B (oben Fall 1);
2. von der Gesellschaft an die Spinnerei C durch die Vermittlung des Reißers B (oben Fall 2).

Es findet also § 4 keine Anwendung.

Anm. 3.

Bei den Kommissionsberatungen beantragte ein Mitglied, dem § 4 einen Absatz 3 hinzuzufügen:

> Bei Lieferungen mittels Eisenbahn, bei denen die Ware mit dem gleichen oder mit mehreren Frachtbriefen, aber ohne Umladung mehrfach umgesetzt wird, sowie bei Lieferungen durch Auslieferschein auf einen berufsmäßigen Lagerhalter oder Verfrachter ist nur die erste Lieferung steuerpflichtig.

Von seiten der Regierung wurde erwidert, daß dasjenige, was der Antrag wolle, schon durch die Fassung des Entwurfs getroffen werde, wonach die Übertragung des unmittelbaren Besitzes erforderlich sei. Das lasse sich an folgenden Beispielen klarmachen.

1. A hat bei B gekauft und läßt die Ware durch die Eisenbahn nach seinem Wohnsitz kommen und beauftragt die Eisenbahn, die ankommende Ware weiter an seinen Käufer C zu senden, dann erhält erst C den unmittelbaren Besitz, das Zwischengeschäft A-B bleibt also frei.

2. A hat bei B gekauft und läßt die Ware von seinem Käufer C gegen Auslieferungsschein vom Lager des A oder von einem von A oder B beauftragten Lagerhalter abholen: auch dann erhält erst C den unmittelbaren Besitz, das Zwischengeschäft bleibt also auch hier frei.

Die Entscheidungen geben zu starkem Bedenken Anlaß. Es ist oben in Anm. 2 dargelegt, daß eine Übertragung des unmittelbaren Besitzes in manchen Fällen auch dann vorliegt, wenn weder der übertragende unmittelbarer

---

[2]) Begr. S. 33.

Besitzer ist, noch der Erwerbende unmittelbarer Besitzer wird. Beide Fälle können auch zusammenfallen. Es kann vorkommen, daß die Person, die als Vertreter des Veräußerers den Besitz übertragen soll, zugleich als Vertreter des Empfängers den Besitz erwirbt. So liegt es hier im Fall 1. Die Eisenbahn wird bei der Ausführung des Transports immer als Vertreter des Absenders angesehen. Sie hat daher auf dem Wege von B an A den Besitz für B inne. Liefert sie nunmehr an A die Ware nicht ab, sondern schließt sie jetzt mit ihm einen neuen Frachtvertrag, so hat sie zum mindesten[3]) vom Abschluß dieses Vertrages an die Ware für B in Besitz. In diesem Augenblick muß die Übergabe trotz des Wortlauts des Gesetzes als vollendet angesehen werden. Hierfür spricht vor allem die wirtschaftliche Erwägung, daß tatsächlich zwei Umsätze vorliegen. § 4 will den reinen Zwischenhandel von der Steuer befreien. In derartigen Fällen vermeidet es aber gerade der Zwischenhändler, als solcher aufzutreten, weil er sonst Gefahr laufen würde, ausgeschaltet zu werden, indem sein Abnehmer die Bezugsquelle erfährt und sich dann direkt an diese wendet. Aus diesem Grunde will er seinem Abnehmer gegenüber als Eigenhändler auftreten. Ferner wird die diesseitige Ansicht wesentlich gestützt durch die Vorschrift des Handelsgesetzbuchs über die Mängelrüge. Nach § 377 HGB. hat der Käufer, wenn der Kauf für beide Teile ein Handelsgeschäft ist, die Ware unverzüglich nach der Ablieferung durch den Verkäufer zu untersuchen, und wenn sich ein Mangel zeigt, dem Verkäufer unverzüglich Anzeige zu machen. Das Handelsgesetzbuch sieht also mit der Ablieferung der Ware den Umsatz wirtschaftlich als vollzogen an. Ist demnach in dem Beispiel die Ware mangelhaft, stellt diesen Mangel C nach Empfang der Ware fest, übermittelt er dann die Mängelrüge dem A, und sendet dieser sie erst an B, so gilt für das Verhältnis zwischen B und A die Mängelrüge als verspätet erfolgt, denn A hatte die Möglichkeit, sobald ihm der Frachtbrief an seinem Wohnort ausgeliefert war, die Ware zu untersuchen. Damit war aber die Ware abgeliefert.[4]) Klarer kann es kaum zum Ausdruck kommen, daß es sich hier wirtschaftlich um zwei Umsätze handelt. Ob die Steuerpraxis mit Rücksicht hierauf zwei Umsätze annehmen wird, bleibt abzuwarten. Jedenfalls ist aber die Entscheidung des Regierungsvertreters insofern unzutreffend, als er annimmt, daß das Zwischengeschäft A-B frei bleibt. Denn, wenn überhaupt, so kann nur das Zwischengeschäft A-C frei sein, da es nach dem Wortlaut des Gesetzes nicht darauf ankommt, wer den unmittelbaren Besitz empfängt, sondern wer ihn überträgt und das ist hier in jedem Fall B. Nach diesseitiger Ansicht überträgt aber außerdem auch A den unmittelbaren Besitz und zwar läßt er dies durch seinen Besitzmittler, nämlich die Eisenbahn tun.

---

[3]) Vielfach wird angenommen, daß schon mit der Aushändigung des Frachtbriefes der Empfänger mittelbarer Besitzer wird. So sagt ein Erkenntnis des Handelsgerichts im Hauptblatt der Hanseatischen Gerichtszeitung Band 71 S. 251: Der Frachtführer fängt mit dem Augenblick, in dem er dem Destinatär den Frachtbrief aushändigt, für diesen zu besitzen an. Demnach muß die Ware von diesem Zeitpunkt an als für den Destinatär tradiert gelten.

[4]) Vgl. Rechtsprechung der Oberlandesgerichte Band 11 S. 411.

Ähnlich liegen die Verhältnisse im zweiten Fall, wenn A die Ware durch C gegen Auslieferschein von dem von ihm selbst beauftragten Lagerhalter abholen läßt. Auch dann liegen zwei Umsätze vor, nämlich:

1. Lieferung des B an A zu Händen des Lagerhalters,
2. Lieferung des A an C durch Vermittelung des Lagerhalters.

Daß der Umsatz zu 1 steuerpflichtig ist, ergibt sich aus der Begründung zum Regierungsentwurf, wonach es für die Steuerpflicht dessen, der den unmittelbaren Besitz übertrüge, gleichgültig ist, ob der unmittelbare Besitz dem Erwerber selbst oder einer von ihm bezeichneten Person übertragen wird. Daraus folgt aber mit zwingender Notwendigkeit auch die Besteuerung des Umsatzes zu 2.

Hat dagegen der Lagerhalter die Ware für B in Besitz, dann wird der unmittelbare Besitz nur einmal übertragen, nämlich von B durch Vermittelung des Lagerhalters an C. Hier greift also § 4 ein.

In der Praxis kommt weiter folgender Fall häufig vor:

Beispiel: A in Berlin kauft Waren von B in Frankfurt. Die Ware kommt in Berlin an. A läßt sie durch einen Spediteur abholen und direkt an C expedieren, dem er die Ware verkauft hat.

Auch hier wird der unmittelbare Besitz zweimal übertragen, nämlich:

1. von der Eisenbahn als Vertreterin des B an den A zu Händen des Spediteurs,
2. von dem A durch Vermittelung des Spediteurs an C.

Läßt A die Ware nicht durch einen Spediteur, sondern durch seinen Kutscher dem C zurollen, so entfällt damit in jedem Fall die Anwendbarkeit des § 4, denn der Kutscher ist nur als Besitzdiener im Sinne des § 855 BGB. anzusehen und demnach ist A sogar unmittelbarer Besitzer geworden. Es ist aber nochmals zu betonen, daß § 4 nach seinem Wortlaute nicht voraussetzt, daß derjenige, der den unmittelbaren Besitz überträgt, auch tatsächlich selbst unmittelbarer Besitzer ist, er kann vielmehr auch durch einen Vertreter den unmittelbaren Besitz übertragen lassen. Entscheidend ist allein, ob die Ware einmal oder zweimal bewegt wird (vgl. im übrigen Anm. 11).

Anm. 4.

Für die Besteuerung kommt nur das Umsatzgeschäft desjenigen in Betracht, der den unmittelbaren Besitz überträgt. Hieraus ergibt sich, daß der in der Regel höhere Preis, den der erste, zweite und jeder fernere Erwerber bei dem Weiterverkaufe erzielt, für die Besteuerung ausscheidet. Es wird also gewöhnlich der niedrigste Preis der Besteuerung zugrunde gelegt.

Beispiel: A verkauft an B Waren für 1000 ℳ, B verkauft diese weiter an C für 1100 ℳ, C an D für 1200 ℳ, D an E für 1300 ℳ. Das Geschäft wird derart abgewickelt, daß A direkt an E die Waren liefert.

Hier ist nun A steuerpflichtig und zwar hat er die Umsatzsteuer vom Betrage der Bezahlung zu entrichten, die er aus dem von ihm abgeschlossenen Geschäft erhalten hat, also von 1000 ℳ

Ist die Lieferung desjenigen, der den unmittelbaren Besitz überträgt, aus irgendeinem Grunde steuerfrei, so kommt eine Abgabe überhaupt nicht in Betracht.[5])

[5]) AuslGrunds. VIII Abs. 3.

Beispiel: Der Hamburger Kaufmann A verkauft Ware, die im Freihafen lagert, an B in Berlin, dieser verkauft sie weiter an C in Leipzig. Die Lieferung erfolgt von Hamburg nach Leipzig.

Hier ist mit Rücksicht auf § 2 Nr. 1 die Lieferung des A umsatzsteuerfrei. Auch B hat keine Steuer zu entrichten, da er nicht den unmittelbaren Besitz überträgt.

Anm. 5.

Bei der Anwendung des § 4 ist zu beachten, daß nach § 1 Gegenstand der Besteuerung nicht nur Warenlieferungen, sondern allgemein Lieferungen sind. Vielfach verlieren Waren dadurch ihren Charakter als solche, daß sie wesentliche Bestandteile eines Bauwerkes werden. Hier tritt im Gegensatz zum Warenumsatzstempelgesetz jetzt eine **zweifache** Steuerpflicht ein.

Beispiel: Der Architekt A baut als Gesamtunternehmer ein Haus für einen bestimmten Einheitspreis. Er vergibt Teillieferungen an einzelne Unternehmer, die die Baumaterialien liefern, und diese mit dem Grund und Boden verbinden.

Hier ist steuerpflichtig:

1. die Lieferung der einzelnen Unternehmer an den Architekten,
2. die Lieferung des ganzen Bauwerkes seitens des Architekten an den Grundstückseigentümer, denn dieser liefert nicht die einzelnen Bestandteile des Baues, sondern das fertige ganze Haus ab.

Ähnlich liegt es im folgenden Fall:

Beispiel: A bestellt bei B die Herstellung einer Maschinenanlage. B bezieht die einzelnen Bestandteile wie Elektromotoren, Dynamomaschinen von C. C liefert die Maschinen direkt auf das Fabrikgrundstück des A.

Hier ist zu versteuern

1. die Lieferung der einzelnen Maschinenteile von C an B, ferner
2. die Lieferung der Maschinenanlage von B an A.

Anm. 6.

In den Kommissionsberatungen wurde die Frage aufgeworfen, was bei Gas-Fernleitungen zu gelten habe, wo einzelne Gemeinden das von einem Gaswerke gelieferte Gas erst an eine Sammelstelle leiteten, um es von dort den einzelnen Konsumenten zuzuführen. Müsse dann die Lieferung des Gases zweimal versteuert werden?

Der Unterstaatssekretär erwiderte: Das hänge ganz von dem Vertragsverhältnis der Gemeinde zu dem betreffenden Gaslieferanten ab. Wenn die Sache so liege, daß die Gemeinde erst Schuldner des Gaslieferanten würde, so werde allerdings der Umsatz zweimal erfaßt, nämlich beim Absatz an die Gemeinde und beim Absatz von der Gemeinde an die Konsumenten. Falls dagegen die Gemeinde nur Vermittlerin sei, ohne Schuldnerin zu werden, liege nur ein einmaliger Absatz vor.

Dies ist zutreffend.

Zu Abs. 2: Lieferungen durch Traditionspapiere.

Anm. 7.

Die Übergabe gewisser Papiere des Handelsrechts hat für den Erwerber von Rechten an dem Gut, über welches das Papier ausgestellt ist, die gleiche Wirkung, wie die Übergabe des Gutes selbst. Man nennt daher diese Papiere Dispositions- oder Traditionspapiere. Es gehört zu ihnen das Konnossement, der Ladeschein und der Lagerschein. Demgemäß würde an und für sich bei jeder Weitergabe eines solchen Papieres die Umsatzsteuer zu entrichten sein. § 4 Absatz 1 würde nicht Platz greifen können, weil die Übergabe des Papieres der Übergabe des Gutes gleichgeachtet wird. Dies will das Gesetz vermeiden, und es bestimmt daher in Absatz 2, daß bei Lieferungen durch Konnossement, Ladeschein oder Lagerschein nur diejenige durch den ersten inländischen Inhaber des Papieres steuerpflichtig ist. Die Fassung dieser Bestimmung ist nicht ganz glücklich. Aus dem Wortlaut des Gesetzes könnte man nämlich annehmen, daß bei den Lieferungen durch Konnossement, Ladeschein oder Lagerschein immer die erste Übergabe des Papieres steuerpflichtig ist. Die Bestimmung will aber nur die mehrfache Besteuerung des Umsatzes verhindern und nur sagen, daß die zweite und folgende Lieferungen in jedem Falle steuerfrei sein sollen. Die Entscheidung darüber, ob die erste Übergabe steuerpflichtig oder steuerfrei ist, will § 4 Absatz 2 gar nicht treffen, diese Entscheidung hängt vielmehr von den allgemeinen Vorschriften des Gesetzes ab.[6]) Hierbei kommt in Betracht zunächst einmal § 2 Ziffer 1 und dann auch § 4 Absatz 1. Zutreffend hätte daher die Bestimmung etwa folgendermaßen heißen müssen:

> Bei Lieferung durch Konnossement, Ladeschein oder Lagerschein ist, *wenn überhaupt eine Steuerpflicht eintritt*, nur diejenige durch den ersten inländischen Inhaber des Papieres steuerpflichtig.

> 1. **Beispiel:** Ein Hamburger Kaufmann A hat aus dem Ausland Ware erhalten. Das Konnossement ist in seinen Händen, die Ware liegt im Freihafen. Er verkauft diese Ware an den Großhändler B in Berlin, und übergibt diesem das Konnossement.

Nach dem Wortlaut des Gesetzes wäre die Übergabe steuerpflichtig, denn sie ist durch den ersten inländischen Inhaber erfolgt. Das ist aber nicht der Fall, denn nach § 2 Ziffer 1 ist die effektive Lieferung der Ware steuerfrei, weil es sich um den ersten Umsatz eingeführter Gegenstände im Inlande handelt. Der Umstand, daß die Ware hier nicht in Natur, sondern durch Übergabe des Konnossements geliefert wird, kann diesen Umsatz nicht steuerpflichtig machen.

> 2. **Beispiel:** Ein Syndikat X in Breslau verkauft Ware an einen Kaufmann A in Stettin. Die Ware wird geliefert von einem, dem Syndikat angeschlossenen Werk Z. Das Konnossement wird aber nicht auf dieses Werk Z, sondern auf das Syndikat X ausgestellt. Dieses übergibt dann das Konnossement dem Kaufmann A.

Auch hier würde nach dem Wortlaut des Gesetzes die Übergabe des Konnossements seitens des Syndikats X an den Kaufmann A steuer-

[6]) Vgl. KommB. zum WUStG. S. 11/12.

pflichtig sein. Das ist aber nicht der Fall, denn nach § 4 Absatz 1 ist nur steuerpflichtig die effektive Lieferung des Werkes Z an den Kaufmann A in Stettin. Das Syndikat ist also nach § 4 Absatz 1 steuerfrei. Dabei muß es bleiben trotz der Übergabe des Konnossements.[7])

Anm. 8.

Im einzelnen ist folgendes zu bemerken:

Konnossement ist ein Papier, das im Seefrachtgeschäft von dem Verfrachter ausgestellt wird, in dem er den Empfang des Gutes bescheinigt und die Verpflichtung übernimmt, das Gut am Bestimmungsort dem Empfänger abzuliefern. Das Konnossement wird von dem Verfrachter dem Befrachter beziehungsweise dem Ablader übergeben, der seinerseits wiederum in der Lage ist, es weiter zu begeben, und so das Gut schon während der Reise zirkulationsfähig zu machen Für die Terminologie im Seefrachtgeschäft ist folgendes zu beachten:

a) der Verfrachter entspricht dem Frachtführer im Landfrachtgeschäft,
b) der Befrachter ist gleich dem Absender im Landfrachtgeschäft,
c) der Ablader ist gleich dem Versender im Landfrachtgeschäft.

Absender ist derjenige, der im eigenen Namen den Frachtauftrag erteilt, Versender derjenige, auf dessen Rechnung der Frachtvertrag geschlossen wird. Der Unterschied kommt z. B. in Betracht bei dem Speditionsgeschäft. Hier ist der Auftraggeber der Versender, der Spediteur dagegen der Absender der Ware.

Anm. 9.

Der Ladeschein ist eine Urkunde, in welcher der Frachtführer bekennt, bestimmte Frachtgüter erhalten zu haben und sich verpflichtet, sie dem in der Urkunde bezeichneten Empfänger abzuliefern. Der Ladeschein, der im Landfrachtgeschäft vorkommt, entspricht also genau dem Konnossement des Seefrachtgeschäfts. Im Gegensatz zum Konnossement kommt er aber im Verkehr nur selten vor, weil nämlich dem Frachtführer eine gesetzliche Verpflichtung zur Ausstellung des Ladescheins nicht obliegt, dies vielmehr einer besonderen vertraglichen Vereinbarung bedarf. Aus diesem Grunde fehlt der Ladeschein vollkommen im Eisenbahnverkehr, da die Eisenbahn in ihren Frachtverträgen keine Verpflichtung zur Ausstellung eines solchen übernimmt. Der Absender hat also keinen Anspruch der Eisenbahn gegenüber auf Ausstellung eines solchen. Zur Ausstellung eines Konnossements ist dagegen im Seefrachtgeschäft der Frachtführer verpflichtet.

Anm. 10.

Der Lagerschein ist ein Papier, durch welches sich der Lagerhalter verpflichtet, bestimmte bei ihm eingelagerte Güter an den legitimierten Inhaber des Lagerscheins herauszugeben. Gemäß §§ 366 Absatz 2, 424 HGB. lautet er an Order und darf nur von solchen Anstalten ausgefertigt werden, die staatlich hierzu ermächtigt sind.

Anm. 11. **Schlußbemerkungen.**

Aus den obigen Ausführungen ergibt sich, daß es dem Gesetzgeber nicht geglückt ist, das steuerpflichtige Umsatzgeschäft bei dem Zwischen-

[7]) Im Ergebnis übereinstimmend, aber mit unzutreffender Begründung Reichsschatzamt im Rundschreiben des Kriegsausschusses der deutschen Industrie.

handel zweifelsfrei abzugrenzen. Weder die Übergabe in Natur noch die Übertragung des unmittelbaren Besitzes bildet ein geeignetes Kriterium, wohl aber ist dies der Fall bei dem oben schon gestreiften handelsrechtlichen Begriff der Ablieferung. Diese entspricht in allen Punkten dem, was der Gesetzgeber mit der Bestimmung des § 4 regeln wollte.

Ablieferung ist nämlich der Vorgang, durch den der Käufer in Erfüllung des Kaufvertrages in eine solche tatsächliche räumliche Beziehung zur Kaufsache kommt, daß er durch einseitigen Akt sich sofort deren tatsächlichen Gewahrsam verschafft, sie untersuchen und über sie verfügen kann.[8])

Für den Begriff der Ablieferung ist also zweierlei wesentlich.

1. Der Verkäufer muß sich der Ware entäußern, den Gewahrsam aufgeben, mag dadurch der Käufer gleichzeitig den Gewahrsam erlangen oder nicht.

2. Der Käufer muß durch die Ablieferung die tatsächliche Möglichkeit erlangen, durch streng einseitigen Akt sich sofort den Gewahrsam der Ware verschaffen zu können.[9])

Von einem Besitzerwerb des Käufers hängt die Ablieferung somit nicht ab. Er ist dazu weder immer erforderlich, noch überall ausreichend, wenn auch im einzelnen Falle beides oft auch zusammentreffen wird. So genügt es insbesondere zur Ablieferung nicht, daß die Ware durch constitutum possessorium oder durch die Abtretung des Eigentumsanspruches übereignet wird. Auch die Übermittlung des Konnossements und sonstiger Dispositionspapiere ist eine Ablieferung nur dann, wenn und soweit der Käufer zugleich die Möglichkeit sofortiger Besitzergreifung der Ware erlangt.[10])

Berücksichtigt man weiter, daß nach dem Grundgedanken des ganzen Gesetzes überhaupt nur der dingliche effektive Umsatz und nicht das obligatorische Kaufgeschäft getroffen werden sollte, und daß es für die Frage der Steuerpflicht eines Umsatzgeschäftes keinen Unterschied machen kann, ob es allein abgeschlossen wird oder ob ihm weitere andere folgen, so wäre es besser gewesen, wenn der Gesetzgeber statt der beiden Absätze des § 4 schon im § 1 einen weiteren Absatz hinzugefügt hätte, mit etwa folgendem Wortlaut:

> Unter der Lieferung eines Gegenstandes ist die Ablieferung zu verstehen.

Alle in den Anmerkungen 22ff. zu § 1 angeführten Beispiele lösen sich damit von selbst.

§ 5.

Bei Lieferungen sind die Beträge, die vom Veräußerer für die Versendung und Versicherung in Rechnung gestellt werden, nur insoweit nicht als Teil des Entgelts anzusehen, als durch sie die Auslagen des Veräußerers für die Versendung und Versicherung ersetzt werden. Die Kosten für die Warenumschließung

---

[8]) Vgl. RG. 73 S. 391.

[9]) Vgl. RG. 5 S. 31.

[10]) Oertmann in Ehrenberg, Handbuch des gesamten Handelsrechts 4. Band, Abtlg. II, Seite 492.

bilden einen Teil des Entgelts auch dann, wenn der Veräußerer sich verpflichtet hat, die Umschließung gegen Gewährung einer bestimmten Vergütung zurückzunehmen.

Bei Tauschgeschäften gilt jede der Lieferungen als Entgelt für die andere; bei Hingabe an Zahlungs Statt wird das Geschäft als Tauschgeschäft behandelt.

I. Die Kosten für Versendung und Versicherung.

Zu Abs. 1.

Anm. 1.

Der § 5 will den Bestrebungen vorbeugen, die etwa dahin gehen könnten, durch Zerlegung des Entgelts der Steuerpflicht teilweise zu entgehen. Wenn der Veräußerer dem Erwerber neben dem Preis des gelieferten Gegenstandes noch Versendungs- oder Versicherungskosten in Rechnung stellt, so soll sich hierdurch die Berechnungsgrundlage nur insoweit verschieben, als diese Kosten tatsächlich den Ersatz für bare Auslagen darstellen. In einem solchen Falle würde sich bei Einbeziehung der Versendungs- und Versicherungskosten eine Doppelbesteuerung ergeben, da ja die Beförderung und Versicherung nach dem Verkehrssteuergesetze oder dem Reichsstempelgesetze oder gegebenenfalls auch nach diesem Gesetze steuerpflichtig sind. Veranlaßt dagegen der Veräußerer die Versendung durch eigene Betriebseinrichtungen, so handelt es sich um eine Leistung, die er ebenso in die Steuerberechnung einzustellen hat, wie die Lieferung selbst. Warenumschließungen sollen in die Feststellung des Entgelts stets einbezogen werden (Begr. S. 33).

Anm. 2.

Die Bestimmung erscheint wenig glücklich. Zunächst hätte sie systematisch hinter § 6 stehen müssen, dann aber ergibt sich das, was sie inhaltlich besagt, von selbst, wenn auch aus anderen Gründen, als in der Begründung dargelegt. Hierdurch aber ist sie nur geeignet, Mißverständnisse hervorzurufen.

Die Erörterung hat auszugehen von dem § 6, wonach die Steuer berechnet wird, von den für die steuerpflichtige Leistung vereinnahmten Entgelten. Hierzu gehört die Gesamtheit der Leistungen, die der Empfänger zur Erlangung der Leistung zu bewirken verpflichtet ist. Wenn es auch richtig ist, daß niemand der Steuerpflicht dadurch entgehen kann, daß er dies Entgelt in einzelne Teile zerlegt, so darf doch nicht übersehen werden, daß in dem Entgelt oft Beträge für Leistungen enthalten sind, die nicht steuerpflichtig sind. Diese müssen dann bei der Steuerberechnung ausscheiden. So verhält es sich aber gerade bei den Kosten für Versendung und Versicherung.

Zu unterscheiden sind 2 Fälle:

1. Verkauf frei Empfangsstation des Käufers.

Hier hat die Kosten für Versendung und Versicherung der Verkäufer zu tragen. Daher sind diese Kosten auch in dem Kaufpreis eingeschlossen. Unzulässig wäre es hier, wenn der Verkäufer diese von dem Kaufpreis abziehen würde. Denn der Käufer erhält die Ware nur dann, wenn er den gesamten Preis dem Verkäufer zahlt. Die Kosten bilden also hier einen Teil des Kaufpreises.

2. Verkauf frei Versandstation.

Hier hat die Kosten der Versendung und Versicherung der Käufer zu tragen. Diese Kosten bilden also gar keinen Teil des Kaufpreises. Dies ergibt sich von selbst, wenn die Ware unfrankiert gesandt wird. Aber auch, wenn auf Ersuchen des Käufers der Verkäufer die Kosten auslegt — z. B. er schickt die Ware an einen von dem Käufer bezeichneten Spediteur — braucht er die Kosten, wenn er sie von dem Käufer erstattet bekommt, nicht zu versteuern. Denn die Erstattung barer Auslagen ist nicht steuerpflichtig (vgl. § 1 Anm. 18). Es ist also unrichtig, wenn in den Kommissionsberatungen von Regierungsseite auf eine gestellte Frage bemerkt wurde, daß die Auslagen des Veräußerers für Versendung und Versicherung zwar nicht vom Standpunkt der Lieferung, wohl aber vom Standpunkt der Leistung zu versteuern seien.

Demgemäß ist die Regelung die gleiche geblieben, wie nach dem Warenumsatzstempelgesetz. Dort bestimmten die Auslegungsgrundsätze des Bundesrats in Ziffer VI Abs. 3:

Die Kosten der Übersendung, Versicherung usw. der Ware können weder von dem vereinbarten Warenpreise abgezogen werden, wenn die Ware frei von diesen Kosten zu liefern war, noch sind sie den Warenpreisen hinzuzuschlagen, wenn der Abnehmer die Kosten zu tragen hatte.

1. Beispiel: A in Berlin kauft bei B in Hamburg Waren loco Hamburg. Er verkauft die Ware an C franco Hannover. Er beauftragt B, die Ware franco Hannover an C zu expedieren.

Stellt B dem A die verauslagte Fracht in Rechnung, so kann er diese bei der Steuerberechnung in Abzug bringen.

2. Beispiel: A in Berlin bestellt bei seinem Buchhändler B in Berlin ein Buch, dessen Ladenpreis 10 ℳ beträgt. B sendet dem A das Buch und zwar a) durch die Post, b) durch einen eigenen besonderen Boten. Er stellt dem A die Kosten für die Übersendung getrennt neben dem Betrage von 10 ℳ in Rechnung.

In derartigen Fällen ist als stillschweigend vereinbart anzusehen, daß die Kosten der Übersendung der Käufer trägt. Wenn also B die Kosten auslegt, indem er die Sendung frankiert, so ist die Auslage nicht ein Teil des Kaufpreises, das Buch kostet nach wie vor 10 ℳ. Es kann also der Portobetrag bei der Zahlung von dem Kasseneingang abgezogen werden.

Sendet dagegen B die Sendung durch einen eigenen besonderen Boten und berechnet er hierfür ein Entgelt, so darf er dieses nicht in Abzug bringen, denn hier handelt es sich nicht um Erstattung einer Auslage, sondern der Betrag stellt eine Vergütung für eine Leistung dar, die er dem A gegenüber ausgeführt hat und daher muß diese Leistung, wie jede andere Leistung, versteuert werden.

Anm. 2a.

Es ist die Frage aufgeworfen, ob die Vorschrift auch Anwendung findet bei Leistungen. Aus den bisherigen Ausführungen ergibt sich, daß dies ganz davon abhängt, ob es sich um die Erstattung einer baren Auslage, die *für den Auftraggeber* gemacht ist, handelt, oder nicht.

Beispiel: Der Spediteur A übernimmt den Transport eines Gutes für B und zwar a) als Stückgut, b) als Sammelgut.

Bei der Stückgutfracht beschränkt sich die Tätigkeit des A auf die Übernahme der Versendung durch den Frachtführer. Das Entgelt, das er hierfür von B erhält, muß er versteuern. Legt er darüber hinaus für B noch die Fracht aus, so braucht er, wenn er den Betrag zugleich mit der Gebühr von B einzieht, diesen nicht zu versteuern, denn hier handelt es sich um die Erstattung einer Auslage, die er für B gemacht hatte.

Anders dagegen liegt es bei der Sammelladung. Hier ist der Spediteur A, wie sich aus § 413 HGB. ergibt, Frachtführer. Er muß also das gesamte Entgelt, das er für die Ausführung dieser Leistung erhält, versteuern. Die Auslagen, die er für die Fracht hat, darf er nicht abziehen. Denn es handelt sich nicht mehr um eine Auslage, die er für den B gemacht hat, sondern um eine solche, die er selbst zur Bewirkung der von ihm übernommenen Leistung macht.

II. Die Kosten für Warenumschließung (Emballage).

Anm. 3.

Nach der allgemeinen Regel darf der Teil des Entgelts, der für Warenumschließungen gezahlt wird, nicht in Abzug gebracht werden, und zwar ganz gleich, ob diese Beträge auf der Faktura in den Preis bereits mit einkalkuliert, oder gesondert in Rechnung gestellt sind. Es entsteht nur die Frage, ob an dieser Beurteilung sich dann etwas ändert, wenn der Veräußerer sich verpflichtet hat, die Umschließung gegen Gewährung einer bestimmten Vergütung zurückzunehmen. Das Gesetz verneint dies und bestimmt, daß auch in diesem Falle die Kosten für die Warenumschließung einen Teil des Entgelts bilden. Es soll somit die Warenumschließung in die Feststellung des Entgelts stets eingezogen werden. Dies ist richtig. Durch die ausdrückliche Hervorhebung dieser Tatsache wird aber der Anschein erweckt, als ob es verboten wäre, wenn später tatsächlich die Warenumschließung zurückgegeben wird, nach der allgemeinen Regel des § 18 den zurückvergüteten Betrag bei der Steuererklärung in Abzug zu bringen. Eine solche Annahme wäre unrichtig, § 18 gilt vielmehr auch hier.

Beispiel: Eine Mineralwasserfabrik berechnet unter regelmäßigen Verhältnissen 100 halbe Liter-Wasserflaschen mit 7 ℳ, 100 halbe Kronen-Korbflaschen mit 12 ℳ, 2 Kisten zu 50 Flaschen mit 3 ℳ. Unter diesen 22 ℳ stellen 7 ℳ, also etwa ein Drittel, den eigentlichen Verkaufsgegenstand dar. Bei anderen Flaschensorten ist das Mißverhältnis noch größer. Eine Flasche macht im Jahre zwei- bis sechsmal den gleichen Weg.[1])

Nach dem Wortlaut des Gesetzes würden dieselben Flaschen und Kisten im Durchschnitt mindestens viermal der Umsatzsteuer unterliegen. Dies ist jedoch tatsächlich nicht der Fall, denn die Verpflichtung des Verkäufers, die Warenumschließung gegen Gewährung einer bestimmten Vergütung zurückzunehmen, erzeugt bei dem Käufer das Recht, die Warenumschließung dem Verkäufer wieder zurückzuverkaufen. Das Bürgerliche Gesetzbuch hat es abgelehnt, für ein solches Wiederverkaufsrecht besondere

[1]) Kölnische Zeitung vom 29. Dezember 1916.

Bestimmungen zu erlassen und zwar, wie die Motive sagen, deshalb, weil es gewöhnlich nichts weiter bedeutet, als eine von dem Verkäufer dem Käufer eingeräumte Befugnis, von dem Kaufvertrag zurückzutreten.[2]) Übt also der Käufer diese Befugnis aus, so tritt er damit von dem Kaufvertrag über die Warenumschließung zurück, und demgemäß ist nach der allgemeinen Regel des § 18 der erste Verkäufer berechtigt, das für die Warenumschließung zurückgewährte Entgelt in Abzug zu bringen und zwar, soweit die Zurückgewährung in dem gleichen Steuerabschnitt erfolgt, sofort, soweit dies in einem späteren Abschnitt erfolgt, gesondert bei der nächsten Steuererklärung. Es ist also trotz des Wortlauts des Gesetzes auch jetzt noch von der größten praktischen Bedeutung, ob ein Verkäufer sich von vornherein verpflichtet, die Warenumschließung zurückzunehmen, oder nicht. Hierbei ist noch zu bemerken, daß eine solche Verpflichtung auch stillschweigend erfolgen kann.

> **Beispiel:** Ei Drogist verkauft eine Flasche Selterwasser für 15 ₰ und nimmt für die Flasche ein „Pfand" von 10 ₰, ferner eine Flasche Parfim für 12.50 ℳ. Die Selterflasche nimmt er für 10 ₰ zurück, die Parfümflasche für 50 ₰.

Hier kann er die 10 ₰ in Abzug bringen, nicht aber die 50 ₰, denn im letzteren Fall handelt es sich um einen selbständigen Rückkauf der Flasche.

Anm. 4.

Eine Besteuerung der Warenumschließung kommt überhaupt nicht in Betracht, wenn diese nur leihweise übergeben ist. Das gleiche gilt, wenn seitens des Lieferanten hinsichtlich der Warenumschließung nur eine Kaufofferte gemacht wird und der Abnehmer innerhalb der gestellten Frist diese nicht annimmt.

> **Beispiel:** Eine Mineralwasserfabrik, die früher die Flaschen mit der Füllung zusammen den Abnehmern in Rechnung gestellt hat, tut dies mit Rücksicht auf die herrschende große Flaschennot jetzt getrennt. Über die Füllung wird eine weiße Rechnung ausgestellt, die sofort, bzw. innerhalb eines Monats zu bezahlen ist. Für den Betrag wird der Abnehmer im Hauptbuch belastet. Über die Flaschen wird eine rote Rechnung, die sogenannte Pfandrechnung ausgestellt. Hier wird der Abnehmer für den Betrag der Flaschen nicht im Hauptbuch, sondern auf einem besonderen Pfandkonto belastet. Dem Abnehmer wird eine Frist von 6 Monaten gewährt, innerhalb der er die Flaschen zurücksenden kann. Sendet er die Flaschen innerhalb dieser Frist zurück, dann wird er auf dem Pfandkonto erkannt, und dann ist die Sache erledigt. Tut er dies nicht, so wird dann erst der Abnehmer im Hauptbuch für den Betrag belastet.

In der Ausstellung der sogenannten Flaschenpfandrechnungen liegt ein Verkaufsangebot der Fabrik, welches der Abnehmer erst dadurch annimmt, daß er nach Ablauf der sechsmonatlichen Frist die Flaschen nicht zurücksendet. Erst in diesem Augenblick ist also der Kaufvertrag zustandegekommen, und demgemäß ist auch erst jetzt die Warenumschließung zu versteuern. Sendet dann noch nachträglich der Abnehmer die Flaschen zurück, so ist nunmehr die Fabrik nicht mehr berechtigt, die zurückgezahlte Vergütung bei der Steuererklärung in Abzug zu bringen, weil dann ein neuer, selbständiger Kaufvertrag vorliegt.

---

[2]) Motive II S. 342, Planck Anm. 5 vor § 492 BGB.

Zu Abs. 2.

Anm. 5. **Tausch.**

Der Tausch unterscheidet sich vom Kauf dadurch, daß er nicht auf die Leistung eines individuellen Wertes gegen Bezahlung eines Preises, sondern auf den Umsatz eines individuellen Wertes gegen einen anderen individuellen Wert gerichtet ist. Gegenstand des Tausches können nicht nur Sachen, sondern auch Rechte an Sachen, sowie Forderungen sein, überhaupt alles, was Gegenstand des Kaufes sein kann. Daher ist auch für den Tausch zu beachten, daß nach § 1 nicht nur Warenlieferungen, sondern ganz allgemein Lieferungen den Gegenstand der Besteuerung bilden.

1. Beispiel: In einem Verlage erscheint eine Zeitschrift, die einen Anzeigenteil enthält. Der Verleger A überläßt der Firma B im Anzeigenteil einen Gesamtraum im Preise von 1000 ℳ, wofür die Firma B dem Verleger A für seine Handlung notwendige Maschinen zum Kaufpreise von 650 ℳ liefert, während sie den Rest von 350 ℳ bar bezahlt.

Hier muß man den Tausch in seine beiden Bestandteile zerlegen.

1. Der Verleger A liefert ein Inserat von 1000 ℳ. Da Leistungen steuerpflichtig sind, so hat er 1000 ℳ zu versteuern.
2. Die Firma B liefert eine Maschine für 650 ℳ. Sie hat also nur den Gegenwert in Höhe von 650 ℳ zu versteuern.

2. Beispiel: Ein Kunsthändler nimmt von seiten eines Kunstliebhabers gegen den gelieferten Gegenstand einen anderen an, den der Erwerber als Doublette besitzt.

Hier ist zu unterscheiden:

1. Die Lieferung des Kunsthändlers. Diese ist steuerpflichtig.
2. Die Hingabe der Doublette seitens des Kunstliebhabers. Diese ist, da es sich um einen Luxusgegenstand handelt, an sich nach § 10 Abs. 1 steuerpflichtig, trotzdem die Lieferung durch einen Privatmann erfolgt. Jedoch tritt nach § 10 Abs. 2 Steuerbefreiung ein, da hier der Gegenstand von dem Kunsthändler zur gewerblichen Weiterveräußerung erworben wird, vorausgesetzt, daß dabei den Sicherungsvorschriften des § 20 in Verbindung mit § 25 Abs. 4 und § 26 Abs. 3 genügt wird.

Anm. 6.

Die Regeln vom Tausch finden Anwendung, wenn für eine steuerpflichtige Leistung eine andere steuerpflichtige Leistung an Zahlungs Statt gegeben wird. Auch hier liegen zwei Umsatzgeschäfte vor.

Ähnlich liegt es, wenn bei Lieferung von Rohstoffen oder Halbfabrikaten an Verarbeiter vereinbarungsgemäß die bei der Verarbeitung entstehenden Abfälle zurückgeliefert werden. Dies gilt nicht nur dann, wenn für die Lieferung des Rohstoffs oder Halbfabrikats und der Abfälle je besondere Preise vereinbart sind, sondern auch dann, wenn am Preise für den Rohstoff oder das Halbfabrikat je nach dem Umfange der zurückgelieferten Abfälle Preisabschläge gemacht werden.[3]) — Über eine Ausnahme für Absatzgenossenschaften vgl. § 2 Nr. 9.

---

[3]) Amtl. Mitt. 1918 S. 41.

Anm. 7.

Von dem Tausch zu unterscheiden ist ein Kaufgeschäft mit nachfolgendem Umtausch, denn hier ist der Vertragswille der Parteien nicht auf den Umsatz eines individuellen Wertes gegen einen anderen individuellen Wert gerichtet, sondern hier hat die Leistung eines individuellen Wertes gegen Bezahlung eines Preises stattgefunden, und der Wille der Vertragschließenden geht nur dahin, an Stelle des ursprünglichen Leistungsgegenstandes einen anderen zu setzen, für den der einmal gezahlte Preis die Gegenleistung sein soll. Hierbei ist es unerheblich, ob der Umtausch infolge eines beim ersten Einkauf gemachten Vorbehalts, oder infolge eines besonderen Entgegenkommens des Verkäufers erfolgt, denn auch in letzterem Fall handelt es sich um eine nachträgliche Änderung des Vertragsinhalts dahin, das an Stelle des ursprünglichen Lieferungsgegenstandes ein anderer treten, und der einmal gezahlte Kaufpreis für diesen den Gegenwert bilden soll. Ebenso macht es keinen Unterschied, ob der Käufer selbst den Umtausch vornimmt oder eine dritte Person, die den Gegenstand als Geschenk vom Käufer erhalten hat, denn zum mindesten liegt hier vom Standpunkt des Käufers aus nicht die Absicht vor, einen Tauschvertrag zu schließen.

Ferner kommt es oft vor, daß der Umtausch der Ware nicht Zug um Zug erfolgt, sondern der ursprünglich gezahlte Kaufpreis dem Käufer gutgeschrieben und ihm das Recht vorbehalten wird, sich bei Gelegenheit statt des zurückgegebenen Gegenstandes einen anderen einzutauschen. In diesem Falle bedeutet die Gutschrift nicht die Anerkennung einer Geldforderung des Anderen, die der Rückzahlung des Kaufpreises gleichzustellen wäre, sondern lediglich nur die Vormerkung des Umtauschanspruchs. Denn die Absicht geht regelmäßig nur dahin, die Entnahme eines anderen Gegenstandes aus dem Geschäft zu gestatten, nicht aber dahin, einen Anspruch auf Barauszahlung zu begründen. Daher ist weder die Gutschrift, noch die bei der Entnahme eines anderen Gegenstandes erfolgende Lastschrift als Zahlung anzusehen.[4])

§ 6.

Die Steuer beträgt fünf vom Tausend des für die steuerpflichtige Leistung vereinnahmten Entgelts.

Die Steuerbeträge werden auf volle Mark nach unten abgerundet.

Ausländische Werte sind nach näherer Bestimmung des Bundesrats umzurechnen.

Zu Abs. 1.

Anm. 1.

Die Steuer wird berechnet von den vereinnahmten Entgelten. Der Steuerpflichtige kann jedoch gemäß § 17 Abs. 7, wenn er einen kaufmännischen Großbetrieb hat, mit Genehmigung der Oberbehörde

---

[4]) Alles dieses ist für das Warenumsatzstempelgesetz ausführlich dargelegt in einem Rundschreiben des Reichskanzlers (Reichsschatzamt) vom 5. Juni 1917 und gilt auch für das Umsatzsteuergesetz.

statt der vereinnahmten Entgelte die bewirkten Leistungen ohne Rücksicht auf die Bezahlung der Besteuerung zugrunde legen. Für die beiden Versteuerungsarten haben sich seit dem Warenumsatzstempelgesetz die Ausdrücke: Versteuerung nach Zahlungen und Versteuerung nach Lieferungen eingebürgert. Diese können auch jetzt beibehalten werden, trotzdem der Gegenstand der Besteuerung nach dem Umsatzsteuergesetz ein weiterer ist. Zu bemerken ist weiter, daß es sich eigentlich nicht um zwei Versteuerungsarten, sondern, wie in Anm. 1 zu § 1 dargelegt, um zwei voneinander völlig verschiedene Gegenstände der Besteuerung handelt. Im übrigen vgl. Anm. 4 zu § 17.

Die Höhe der Steuer ist eine verschiedene, je nachdem nach Zahlungen oder nach Lieferungen versteuert wird.

Beispiel: A hat dem B Waren für 1000 ℳ geliefert. B fällt in Konkurs. Es kommt ein Zwangsvergleich zustande. A erhält nur 50% seiner Forderung, also 500 ℳ.

Bei der Versteuerung nach Zahlungen hat A nur diese 500 ℳ zu versteuern, denn nur dieser Betrag ist vereinnahmt worden. Bei der Versteuerung nach Lieferungen jedoch sind 1000 ℳ zu versteuern, denn es entscheidet allein das vereinbarte Entgelt ohne Rücksicht auf die Bezahlung.

Es wird also bei der Versteuerung nach Zahlungen die Isteinnahme, bei der Versteuerung nach Lieferungen die Solleinnahme versteuert.

Zu dem Entgelt, das der Besteuerung zugrunde zu legen ist, gehört sowohl bei der Versteuerung nach Zahlungen, wie bei der Versteuerung nach Lieferungen die Gesamtheit der Leistungen, die der Empfänger zur Erlangung der Leistung zu bewirken verpflichtet ist. Gewöhnlich wird sich der Gesamtbetrag der Leistungen mit dem Kasseneingang oder dem Fakturenbetrag decken. Dies braucht aber nicht immer der Fall zu sein; er kann sowohl kleiner als auch größer sein.

Grundsätzlich ist davon auszugehen, daß keinerlei Unkosten abgezogen werden dürfen, die der Steuerpflichtige auf die Ware gehabt hat. Nur eine scheinbare Ausnahme macht, wie oben dargelegt, § 5 bezüglich der Kosten für Versicherung und Versendung. Denn dort handelt es sich um reine Auslagen, die der Verkäufer für den Käufer gemacht hat und die somit keinen Teil des Entgelts für die Ware bilden.

Im einzelnen kommen gewöhnlich folgende Fälle in Betracht:

Anm. 2.

1. Zoll, Verbrauchsabgaben und andere indirekte Steuern.

Der Betrag für die Abgabe darf für die Steuerberechnung nie in Abzug gebracht werden und zwar auch dann nicht, wenn die Abgabe dem Abnehmer gesondert in Rechnung gestellt wird.

Beispiel: Nach § 1 des Branntweingesetzes vom 15. Juli 1909 unterliegt der im Inland hergestellte Branntwein einer in die Reichskasse fließenden Verbrauchsabgabe. Nach § 5 ist die Verbrauchsabgabe zu entrichten, sobald der Branntwein aus der amtlichen Überwachung in den freien Verkehr tritt. Nach § 6 ist zur Entrichtung der Abgabe derjenige verpflichtet, wer den Branntwein zur freien Verfügung erhält.

Hieraus ergibt sich, daß die Abgabe das Vermögen des Verkäufers belastet. Selbstverständlich wälzt er diese auf den Käufer über. Der Käufer muß also dem Verkäufer den Betrag ersetzen, wenn er überhaupt in den Besitz der Ware gelangen will. Somit bildet dieser Betrag einen Teil des Entgelts für die Ware.

Ebenso liegt es bei anderen indirekten Steuern, so z. B. der Kohlensteuer, Zigarettensteuer und der Umsatzsteuer selbst. Überwälzt diese der Verkäufer auf den Abnehmer, so muß er von der überwälzten Steuer nochmals die Umsatzsteuer zahlen.

Für den Zoll ergibt sich das Verbot des Abzuges auch direkt aus dem Gesetz selbst, indem § 26 bestimmt, daß bei der Einfuhr von Luxusgegenständen dem Entgelt der von dem Gegenstande zu entrichtende Eingangszoll hinzuzurechnen ist, sofern er nicht bereits im Lieferungspreise einbegriffen ist.

Anm. 3.

2. **Vermittlergebühren.**

Sie dürfen nicht in Abzug gebracht werden und zwar auch dann nicht, wenn sie gesondert in Rechnung gestellt werden. Hierbei wird aber wiederum der Unterschied zwischen Agenten und Kommissionären praktisch (vgl. § 1 Anm. 30 ff.).

> **Beispiel:** A übergibt dem B eine Ware zum Verkauf für 100 ℳ gegen Gewährung von 2% „Kommissionsgebühren". B führt den Verkauf zu dem vorgeschriebenen Preis von 100 ℳ aus und sendet dem A unter Abzug der 2% 98 ℳ ein.

Hier ist zu unterscheiden:

a) B ist Agent.

Hier hat zu versteuern B die 2% als Leistung. A hat als Lieferer den gesamten Verkaufspreis, also 100 ℳ, zu versteuern. Er hat zwar nur 98 ℳ erhalten, in Höhe von 2 ℳ hat aber B durch Aufrechnung seine Provisionsforderung getilgt und Aufrechnung ist ebenfalls eine Zahlung.

b) B ist Kommissionär.

Hier liegen 2 Lieferungen vor, nämlich von A an B und von B an den Abnehmer. Jeder Lieferer hat das Entgelt zu versteuern, das er erhalten hat, also B 100 ℳ und A 98 ℳ. Hier tritt die Vermittlergebühr als solche überhaupt nicht in Erscheinung. Ihre Ausbedingung besagt nur, daß B 2% weniger dem A für die Ware zu bezahlen hat, als er selbst erhält.

Wird die Ware dem B von A nicht effektiv geliefert und wickelt sich das Geschäft derartig ab, daß die Ware direkt von A an den Käufer geliefert wird, dann ist die Rechtslage folgende:

a) B ist Agent.

Hier muß B wie im ersten Fall die 2% und A 100 ℳ versteuern.

b) B ist Kommissionär.

Hier greift § 4 ein. Demnach hat A 98 ℳ zu versteuern, B aber überhaupt nichts, auch nicht etwa die 2% als Vergütung für eine Leistung.

Zu Unrecht ist dieses von dem Regierungsvertreter bei der Erörterung der Steuerpflicht des Kommissionsgeschäftes angenommen worden. Vgl. die Ausführungen S. 25. Denn entweder man behandelt Kommittent und Kommissionär in ihrem Verhältnis zueinander als Verkäufer und Käufer, dann gilt § 4, oder man beurteilt die Steuerpflicht nach dem Innenverhältnis, dann ist zwar die Kommissionsgebühr als Leistung steuerpflichtig, aber es ist dann auf der anderen Seite nur die einfache Steuerpflicht der Warenlieferung gegeben. Der Unterschied zwischen Agent und Kommissionär würde dann nur darin bestehen, daß bei dem Agenten der Geschäftsherr, bei dem Kommissionär dagegen dieser die Warenlieferung zu versteuern hätte, beide, Agent und Kommissionär, hätten dann außerdem ihre Provision als Leistungen zu versteuern. Dagegen erscheint es nicht angängig, den Kommissionär einmal als Verkäufer, dann aber wieder als Vermittler zu behandeln.

Anm. 4.

3. Skonto.

Ist dem Käufer die Gewährung eines Skontoabzuges für den Fall der Zahlung innerhalb bestimmter Frist zugestanden, so ist der wirklich gezahlte Betrag maßgebend.[5])

Beispiel: A liefert am 15. Dezember 1919 zwei Posten Waren für je 1000 ℳ mit 1% Skonto bei Zahlung innerhalb Monatsfrist an B und C. B zahlt am 28. Dezember 1919, C am 5. Januar 1920 unter Skontoabzug je 990 ℳ.

Hier ist zu versteuern:

1. bei Versteuerung nach Zahlungen gemäß § 17 Abs. 1:
Im Jahre 1919 990 ℳ, im Jahre 1920 990 ℳ.

2. bei Versteuerung nach Lieferungen gemäß § 17 Abs. 7:
Im Jahre 1919: 990 + 1000 = 1990 ℳ.
Im Jahre 1920: — ℳ, jedoch ist gemäß § 18 gestattet, von dem steuerpflichtigen Gesamtbetrage des Jahres 1920 10 ℳ gesondert in Abzug zu bringen. Daher sind hier im Ergebnis schließlich auch nur 1980 ℳ zu versteuern.

Anm. 5.

4. Rabatt.

Abzüge am Kaufpreis, die als Rabatt, auch in der Form der Gewährung von Rabattsparmarken, gewährt werden, sind zu berücksichtigen.[6]) Jedoch nur dann, wenn der Käufer von vornherein einen festen Anspruch auf die Kürzung hat. Wird der Rabatt bei der Zahlung sofort gewährt, so ist die Kürzung eigentlich selbstverständlich. Aber auch dann, wenn der Käufer zunächst den höheren Preis zahlt und der Preisabzug nur durch die Hingabe von Rabattsparmarken kenntlich gemacht wird, ist die Kürzung statthaft. Der Umstand, daß ein Rabatt erst später vergütet wird, ist unwesentlich. Das gleiche gilt aber nicht, wenn die Höhe des Abschlags nicht von vornherein kenntlich gemacht und damit vereinbart ist, sondern wenn etwa eine Gesellschaft am Schluß des Rechnungsjahres je nach dem Abschluß einen Teil der Einnahmen nach Maßgabe der entnommenen Waren verteilt. Dieser als Warenrabatt bezeichnete Rabatt ist lediglich eine Reingewinnverteilung, und steht dem Mitgliede in seiner Eigenschaft als Mitglied zu, nicht aber als Käufer. Der Umfang des Warenbezugs bildet hier nur den Verteilungs-

---

[5]) AuslGrundſ. VI Abſ. 5.
[6]) AuslGrundſ. VI Abſ. 5.

schlüssel.[7]) Nach ausdrücklicher Vorschrift in § 2 Z. 9 sind jedoch eingetragene Genossenschaften berechtigt, diesen Warenrabatt abzusetzen.

Anm. 6.

5. **Verzugszinsen.**

Sie gelten nicht als Teil des Entgelts und dürfen daher von dem Gesamtbetrag in Abzug gebracht werden. Auch als Leistungen sind sie nicht zu versteuern (vgl. § 2 Z. 2). Ist dagegen von vornherein dem Abnehmer ein Zahlungsziel gewährt und die Verzinsung der Schuld in den Lieferungspreis eingerechnet, so unterliegt der volle Lieferungspreis der Besteuerung.[8])

Anm. 7.

6. **Rücksendungen** (Retouren).

I. Versteuerung nach Zahlungen.

a) Die Rücksendung erfolgt **vor** der Zahlung.

Hier kommt die Rücksendung für die Besteuerung überhaupt nicht in Betracht. Es ist daher auch gleichgültig, ob die Rücksendung in dem gleichen oder im nächsten Kalenderjahr erfolgt.

b) Die Rücksendung erfolgt **nach** der Zahlung.

Hier ist zu unterscheiden:

1. Die Zahlung wird in dem gleichen Kalenderjahr zurückvergütet, dann scheidet sie bei der Steuererklärung vollkommen aus.

2. Die Zahlung wird im nächsten Kalenderjahr zurückvergütet; dann muß sie in die Steuererklärung für das laufende Kalenderjahr aufgenommen werden, der Unternehmer ist aber gemäß § 18 berechtigt, bei der Steuererklärung für das nächste Jahr diese Zahlung von dem Gesamtbetrage in Abzug zu bringen, er muß aber diese Beträge in der Steuererklärung gesondert angeben.

II. Versteuerung nach Lieferungen.

Hier kommt es auf den Zeitpunkt der Zahlung überhaupt nicht an. Zu unterscheiden ist nur:

1. Die Rücksendung erfolgt in dem gleichen Kalenderjahr; dann scheidet die Lieferung bei der Steuererklärung vollkommen aus.

2. Die Rücksendung erfolgt im nächsten Kalenderjahr; dann muß die Lieferung in dem laufenden Jahr versteuert werden, sie kann aber dann gemäß § 18 gesondert in dem nächsten Jahr von dem Gesamtbetrage in Abzug gebracht werden.

Anm. 8.

Der Gesamtbetrag des Entgelts kann auch höher sein als der Fakturenpreis.

Beispiel: Mehrere Fabriken haben eine Verkaufsstelle errichtet. Die Aufträge werden sämtlich von dieser aus erledigt. Die Ware dagegen wird von den Werken direkt geliefert. Die Abrechnung geschieht derart, daß die Verkaufsstelle den Verbandswerken einen niedrigeren Preis zahlt, als sie von der Kundschaft erhält. Der sich so am Schlusse des Jahres ergebende Überschuß kommt dann an die Verbandswerke zur Auszahlung.

---

[7]) Amtl. Mitt. 1917 S. 155.

[8]) AuslGrundf. VI Abf. 5.

Hier trifft mit Rücksicht auf § 4 die Steuerpflicht nur die Verbandswerke. Diese haben aber das Gesamtentgelt, daß sie von der Verkaufsstelle erhalten, der Besteuerung zugrunde zu legen, d. h.

a) die Werkrechnung und dann
b) den später an die einzelnen Verbandswerke zur Auszahlung kommenden Überschuß.

Anm. 9. Zu Abs. 2. Abrundung der Steuerbeträge.

Die Bestimmung dient nur dem Zweck der Vereinfachung. Abgerundet nach unten wird natürlich nur der Gesamtsteuerbetrag, der in der Steuererklärung angegeben ist.

Zu Abs. 3. Umrechnung ausländischer Werte.

Anm. 10.

Nach dem Warenumsatzstempelgesetz waren ausländische Werte nach den festen Sätzen des Wechselstempels umzurechnen. Davon hat man jetzt mit Rücksicht auf die Valutaschwankungen Abstand genommen. Nach § 5 der AusfB. sind ausländische Werte nach dem Kurse umzurechnen, der am Tage der Vereinnahmung der Entgelte an der Berliner Börse amtlich festgestellt worden ist. Bei einer Versteuerung nach Lieferungen tritt an die Stelle des Tags der Vereinnahmung der Tag der Leistung.

Ist an der Berliner oder einer anderen deutschen Börse kein Kurs für die Währung, in der das Entgelt vereinnahmt wurde, amtlich festgestellt worden, so ist derjenige Kurs maßgebend, den der Reichskanzler, sei es allgemein durch eine für eine bestimmte Zeit geltende Bekanntmachung, sei es für den einzelnen Fall, festsetzt.

§ 7.

Besteht ein Unternehmen aus mehreren verschiedenartigen Betrieben, von denen der eine in ihm hergestellte Gegenstände an den anderen liefert, so ist diese Lieferung, wenn sie hunderttausend Mark jährlich übersteigt, umsatzsteuerpflichtig; dabei gilt als Entgelt derjenige Betrag, der am Orte und zur Zeit der Lieferung von Wiederverkäufern gezahlt zu werden pflegt.

Die näheren Voraussetzungen dieser Steuerpflicht bestimmt nach Anhörung der öffentlich-rechtlichen Berufsvertretungen der Bundesrat. Er kann für bestimmte Fälle ganz oder teilweise von dieser befreien.

Die Bestimmungen des Bundesrats treten außer Kraft, soweit es der Reichstag verlangt.

Die Bestimmung will die Begünstigung beseitigen, die große Betriebe dadurch haben, daß sie mehrere oder alle Produktionsstadien, die eine Ware zu durchlaufen hat, in sich vereinigen. Gedacht ist z. B. an die elsässischen Textilwerke, bei denen eine ganze Anzahl von Betrieben in einer Aktiengesellschaft vereinigt sind, innerhalb derer die Rohbaumwolle bis zum Fertigprodukt verarbeitet wird. Ferner kommen in Betracht Betriebe wie de Wendel, AEG. Krupp, wo schon die Kohle selbst gefördert und schließlich die fertige Kanone veräußert wird.[1]) Ferner will die Vorschrift gleichzeitig der Gefahr der Konzentration verschiedener Betriebe vorbeugen, vgl. hierüber Einleitung S. 3 Nr. 4.

Mit Rücksicht auf die Schwierigkeiten, die der Durchführung dieser Bestimmung unter den gegenwärtigen Verhältnissen entgegenstehen, ist im § 43 bestimmt, daß die Vorschrift erst mit dem Beginn des Kalenderjahrs in Kraft tritt, das auf den Friedensschluß mit den Großmächten folgt.

2. Erhöhte Steuer auf Luxusgegenstände.

§ 8.

Die Steuer erhöht sich bei der Lieferung der folgenden Gegenstände im Kleinhandel auf zehn vom Hundert:

1. Edelmetalle, Perlen, Edelsteine, synthetische Edelsteine, Halbedelsteine und Gegenstände aus oder in Verbindung mit diesen Stoffen, einschließlich der mit Edelmetall doublierten und plattierten sowie der unechten platinierten, vergoldeten oder versilberten Gegenstände. Bei Gegenständen, die aus den im Satz 1 genannten Stoffen und anderen Stoffen zusammengesetzt sind, ist der wertvollere Bestandteil für den Steuersatz maßgebend.

   Fassungen von Augengläsern unterliegen der erhöhten Steuer nicht;
2. Taschenuhren, sofern das Entgelt für die Lieferung einhundert Mark überschreitet;
3. Werke der Plastik, Malerei und Graphik sowie Kopien und Vervielfältigungen solcher Werke, sofern das Entgelt für die Lieferung zweihundert Mark überschreitet.

   Der erhöhten Steuer unterliegen nicht Originalwerke der Plastik, Malerei und Graphik deutscher lebender oder innerhalb der letzten fünf Jahre verstorbener Künstler, die von dem Künstler oder nach seinem Tode von seinem Ehegatten, seinen Abkömmlingen oder seinen Eltern oder durch Verkaufs- oder Ausstellungsverbände von Künstlern vertrieben werden. Die Frist von fünf Jahren wird vom Abschluß des Umsatzgeschäfts über das Werk ab gerechnet. Die Steuerbefreiung gilt nicht für Vereinigungen von Künstlern, welche den gewerbsmäßigen Verkauf sowohl eigener als auch fremder Werke bezwecken;
4. Antiquitäten, einschließlich alter Drucke, und Gegenstände, wie sie aus Liebhaberei von Sammlern erworben werden,

[1]) Bericht des Ausschusses S. 7.

sofern diese Gegenstände nicht vorwiegend zu wissenschaftlichen Zwecken gesammelt zu werden pflegen, sowie Erzeugnisse des Buchdrucks auf besonderem Papier mit beschränkter Auflage;

5. photographische Handapparate sowie deren Bestandteile und Zubehörstücke;
6. Flügel, Klaviere, Harmonien und Vorrichtungen zur mechanischen Wiedergabe musikalischer Stücke (Klavierspielapparate, Sprechapparate, Phonographen, Orchestrions usw.) sowie zugehörige Platten, Walzen u. dgl.;
7. Billarde und deren Zubehörstücke;
8. Handwaffen, deren Bestandteile und Zubehörstücke, sowie für Handfeuerwaffen bestimmte Munition;
9. Land- und Wasserfahrzeuge zur Personenbeförderung, wenn sie mit motorischer Kraft angetrieben werden, oder wenn sie nach ihrer Beschaffenheit (Bauart, Ausstattung) für Vergnügungs- oder sportliche Zwecke bestimmt sind. Über die Zweckbestimmung ist ausschließlich im Verwaltungswege zu entscheiden;
10. Teppiche, einschließlich der Wandteppiche, für deren Lieferung das Entgelt dreißig Mark für den Quadratmeter überschreitet;
11. zugerichtete Felle zur Herstellung von Pelzwerk mit Ausnahme gewöhnlicher Schaffelle sowie Bekleidungs- und Inneneinrichtungsgegenstände aus oder unter Verwendung von Pelzwerk mit Ausnahme gewöhnlichen Schafpelzes, soweit es sich nicht um bloßen Aufputz handelt; Pelzkragen und Pelzfutter gelten nicht als bloßer Aufputz.

Bei der Feststellung, ob das Entgelt für die Lieferung die in Nr. 2, 3 und 10 angegebenen Beträge überschreitet, ist von dem Entgelt für die Lieferung jedes einzelnen Gegenstandes auszugehen, es sei denn, daß mehrere auf einmal entnommene Gegenstände nach dem Zwecke, für den sie bestimmt sind, nach der Verkehrsanschauung oder nach der Bestimmung des Veräußerers nur zu einem Gesamtpreis gemeinsam lieferbar sind; im Falle des § 1 Abs. 2 ist das Entgelt maßgebend, das für Gegenstände der gleichen Art am Orte und zur Zeit der Entnahme aus dem eigenen Betriebe von Personen, welche die Gegenstände nicht zur gewerblichen Weiterveräußerung erwerben, gezahlt zu werden pflegt (Kleinhandelspreis).

Als Lieferungen im Sinne der vorstehenden Bestimmungen sind auch Lieferungen aus Verträgen über die Bearbeitung und Verarbeitung von Gegenständen anzusehen, wenn der Unternehmer das Werk aus Stoffen, die er zu beschaffen hat, herstellt und es sich bei diesen Stoffen nicht nur um Zutaten oder Nebensachen handelt.

Anm. 1. **A. Im allgemeinen.**

§ 8 enthält die Vorschriften über die erhöhte Belastung der Umsätze von Luxusgegenständen.

Im Gegensatz zur allgemeinen Umsatzsteuer wird die erhöhte Steuer auf Luxusgegenstände nur erhoben bei dem letzten Umsatz, den eine Ware durchläuft. Denn erst hier wird die Ware unmittelbar ihrer luxuriösen Bestimmung zugeführt, erhält — sei es auch nur durch Aufstellung im Laden, Verpackung u. ä., vielfach aber auch durch eine nochmalige Be- oder Verarbeitung — ihre letzte Form und erreicht hier ihren nicht selten lediglich von der Art und dem Ansehen des Geschäfts abhängigen höchsten Preis.[1])

Demnach unterliegen Umsätze von Luxusgegenständen der erhöhten Steuer nur, wenn sie an den Verbraucher geliefert werden. Sobald die Lieferung von Luxusgegenständen an Weiterveräußerer erfolgt, ist nur die einfache Steuerpflicht mit 5 v. T. gegeben. Die Befreiung von dem erhöhten Steuersatze tritt aber nicht ohne weiteres ein, sondern sie setzt den Nachweis voraus, daß tatsächlich die Lieferung nicht im Kleinhandel erfolgt ist. Dieser Nachweis wird auf eine doppelte Art geführt.

1. Es muß sich der Steuerpflichtige von dem Erwerber durch Vorlegung einer behördlichen Bescheinigung nachweisen lassen, daß dieser selbst Wiederverkäufer ist oder für Rechnung eines solchen den Ankauf vornimmt Dieser Nachweis kann nur durch Vorlegung einer vorgeschriebenen behördlichen Bescheinigung geführt werden (§ 20 des Ges.).

2. Es muß der Steuerpflichtige dem Steuerfiskus gegenüber nachweisen, daß er sich den Nachweis zu 1 in vorschriftsmäßiger Weise hat erbringen lassen. Dieser Nachweis kann nur durch genau vorgeschriebene Eintragungen in das Steuerbuch geführt werden (§ 20 Abs. 2 des Gesetzes und § 22 AusfB.).

Der Wortlaut des § 8 ist somit nicht ganz korrekt, er gibt zu einer mißverständlichen Auffassung Anlaß. Anstatt der Worte „im Kleinhandel" hätte es, entsprechend der Fassung in § 9 Abs. 2 etwa heißen müssen: „es sei denn, daß die Lieferung nicht im Kleinhandel erfolgt und den Sicherungsvorschriften des § 20 genügt ist".

Anm. 2.

Wie die Überschrift zu § 8 zeigt, ist die Luxussteuer eine erhöhte Umsatzsteuer. Der erhöhte Steuersatz beträgt bei den Lieferungen von Luxusgegenständen im Kleinhandel 10 v. H. Er tritt somit an die Stelle des gewöhnlichen Steuersatzes von 5 v. T. Diese 5 v. T. sind also nicht außerdem noch zu entrichten. Bei Lieferungen an Erwerber, die sich als Weiterveräußerer ausgewiesen haben, bleibt es bei dem

---

[1]) Begr. S. 24.

gewöhnlichen Steuersatz von 5 v. T. Auch diese 5 v. T. sind nicht zu entrichten bei Lieferungen von Edelmetallen und Edelmetallegierungen im Großhandel nach § 2 Z. 3 des Gesetzes.

Anm. 3.

Mit der Luxussteuer will das Gesetz den Aufwand treffen. Nun kaufen aber Personen Luxusgegenstände oft nicht des Aufwandes wegen, sondern weil sie diese Gegenstände im öffentlichen Interesse, in ihrem Beruf, zu technischen Zwecken usw. gebrauchen. Hier sieht § 28 Abs. 1 eine Erstattung der Luxussteuer vor. Ferner ist nach § 28 Abs. 2 die Möglichkeit gegeben, daß der Käufer von vornherein auf Grund einer behördlichen Bescheinigung zum ermäßigten Satze kaufen kann.

Anm. 4.

Die Luxussteuer wird erhoben bei der Lieferung der in den Nummern 1 bis 11 des § 8 näher bezeichneten Gegenstände. Über die Gründe für die Auswahl vgl. die Einleitung S. 3ff. Hier ist hervorzuheben, daß der Gesetzgeber sich sehr wohl bewußt war, daß in den Gruppen manche Gegenstände fehlen, die an sich für dieselbe Vorbelastung geeignet sein würden wie die aufgeführten.[2]) Mit Rücksicht auf das geringe Personal, das den Steuerbehörden und den Geschäften jetzt zur Verfügung steht, hat er sich jedoch Beschränkungen auferlegt und diesen Mangel in Kauf genommen. Daraus ergibt sich, daß jede analoge Anwendung dieser Bestimmungen ausgeschlossen ist und zwar sowohl im extensiven, wie auch im restriktiven Sinne. Wenn also z. B. in Nr. 11 zugerichtete Felle zur Herstellung von Pelzwerk für luxussteuerpflichtig erklärt worden sind, dabei aber für gewöhnliche Schaffelle eine Ausnahme gemacht ist, so kann diese Ausnahme nicht auch für Kaninchenfelle in Anspruch genommen werden mit der Begründung, diese seien noch minderwertiger als Schaffelle. Derartige Unstimmigkeiten kann nur der Bundesrat beseitigen.

B. Im einzelnen.

Anm. 5.

Nach § 11 ist der Bundesrat ermächtigt, nähere Vorschriften über die Abgrenzung der im § 8 bezeichneten Gegenstände zu erlassen. Der Bundesrat hat hiervon in den §§ VII—XVII der Ausführungsbestimmungen Gebrauch gemacht. Diese Vorschriften haben somit, sowohl soweit sie eine nähere Abgrenzung der Gegenstände geben, als auch soweit sie die Steuer auf andere Gegenstände ausdehnen, bindende Kraft, es sei denn, daß sich aus ihrer Fassung ergibt, daß sie lediglich als Anhalt für die Auslegung des Gesetzes dienen sollen. Die Vorschriften lauten:

Anm. 6.

Edelmetallwaren.

§ VII.

(Zu § 8 Nr. 1 des Gesetzes).

[1]Die erhöhte Steuerpflicht nach § 8 Nr. 1 des Gesetzes bezieht sich nicht nur auf Schmucksachen, sondern auf Gegenstände aller Art, die aus den im § 8 Nr. 1 des Gesetzes genannten Stoffen oder unter Verwendung solcher Stoffe hergestellt sind (Haushaltsgeräte, Ausschmückungsgegenstände,

[2]) Begr. S. 25.

Gold- und Silberstickereien, Rahmen und ähnliches), sowie auch auf einzelne Mengen unverarbeiteter Edelmetalle und Edelmetallegierungen und auf einzelne ungefaßte Perlen, Edelsteine und Halbedelsteine.

[2] Als Edelmetalle gelten Platin, Platinmetalle, Gold und Silber sowie alle Legierungen dieser Edelmetalle, auch wenn der Feingehalt an Edelmetall verhältnismäßig nur gering ist, also auch z. B. sechskaratiges Gold (sogenanntes Joujougold).

[3] Bei unechten Gegenständen (Doublee, mit Platin, Gold oder Silber plattierten, platinierten, vergoldeten oder versilberten Gegenständen) ist es ohne Belang, aus welcher Masse der Gegenstand hauptsächlich besteht und wie dünn und von verhältnismäßig wie geringem Werte die verwendeten Edelmetallteile sind und auf welche Art die Edelmetalle aufgebracht sind (z. B. durch Aufschweißen, Auflegen von Blattgold oder Blattsilber, durch Amalgamierung oder auf galvanischem Wege). Es fallen also unter die erhöhte Steuer Gegenstände aus Neusilber, Alpakka, Alfenide, Messing, Zink, Eisen, Bronze, sobald sie platiniert, vergoldet oder versilbert sind; dagegen unterliegen Gegenstände aus den genannten Stoffen der erhöhten Steuer nicht, wenn sie nur patiniert (gefärbt) oder wenn sie vernickelt oder mit Nickel plattiert sind.

[4] Bedeckt die Platinierung, Vergoldung oder Versilberung nur einen verhältnismäßig geringen Teil der Fläche eines im übrigen aus unedlen Stoffen bestehenden Gegenstandes, wie z. B. bei einem mit vergoldetem Rand versehenen Porzellanstück, so wird dadurch die erhöhte Steuerpflicht nicht herbeigeführt.

[5] Der erhöhten Steuer unterliegen nur echte Perlen; als solche gelten auch die sogenannten Japanperlen, dagegen nicht Nachahmungen aus Glas, Fischschuppen oder Perlmutterstaub.

[6] Den Edelsteinen sind gleichgestellt die synthetischen, d. h. durch künstliche Wiederholung des natürlichen Entstehungsganges hergestellten Edelsteine (besonders Saphire und Rubine), nicht jedoch die z. B. aus Glasflüssen, Glaspasten, Straß, Zinn- und Bleilegierungen hergestellten Nachahmungen. Es können jedoch nachgeahmte Edelsteine und Halbedelsteine insofern der erhöhten Steuer unterliegen, als die Nachahmung durch Verwendung anderer Edelsteine oder Halbedelsteine erfolgt ist (z. B. Diamanten aus Bergkristallen, Alexandrite aus Korundmasse, Rubinen und Smaragden aus Flußspat).

Rekonstruierte Steine sind aus Fragmenten echter Steine zusammengesetzt und unterliegen daher der erhöhten Steuer; ebenso sogenannte Doubletten, wenn in ihrem Oberteile Teile von Edelsteinen oder Halbedelsteinen enthalten sind.

7 Es kommen insbesondere folgende der erhöhten Steuer unterliegende Steine in Betracht:

1. Edelsteine: Diamant, Korund (Saphir, Rubin und andere Abarten), Chrysoberyll (Alexandrit, Chrysoberyllkatzenauge), Spinell, Topas (Aquamarin-Topas), Beryll (Smaragd, Aquamarin, Aquamarin-Chrysolith, Goldberyll), Zirkon (Hyazinth), Opal, Granat (Pyrop), Turmalin, Chrysolith (Peridot, Olivin), Dichroit, Cyanit, Sapparé, Dioptas, Diopsid, Vesuvian, Türkis;

2. Halbedelsteine: Quarz (Amethyst, Bergkristall, Rauchtopas, Zitrin, Rosenquarz, Katzenauge), Jaspis, Chalcedon (Karneol, Plasma, Chrysopras, Achat), Feldspate (Adular, Mondstein, Amazonenstein, Labradorit), Lasurstein (Lapis lazuli), Nephrit, Jadeït, Spodumen (Kunzit, Hiddenit, Lithiumsmaragd, Hämatit, Lepidolith, Obsidian, Lava, Flußspat, Malachit, Atlasspat, Aragonit, Numeait, Gagat (Jet), Bernstein.

8 Soweit die im Abs. 7 unter Nr. 1 und 2 genannten Steine nach abweichender wissenschaftlicher Ansicht oder Anschauung der beteiligten Geschäftskreise nicht zu den Edelsteinen oder Halbedelsteinen gerechnet werden, wird die erhöhte Steuerpflicht hierdurch auf sie ausdrücklich ausgedehnt.

9 Nicht zu den steuerpflichtigen Steinen gehören z. B. Serpentinsteine, Alabaster, Marmor; auch Gegenstände aus Perlmutter, Elfenbein, Meerschaum und ähnliche unterliegen nicht der erhöhten Steuer. Jedoch können Gegenstände unter Verwendung solcher Stoffe oder unter Verwendung von Nachahmungen erhöht steuerpflichtiger Stoffe der erhöhten Steuer unterliegen, wenn zu ihrer Fassung Gold oder Silber oder vergoldete oder versilberte Metalle benutzt sind und die im folgenden Absatze behandelten Voraussetzungen zutreffen.

10 Ist ein Gegenstand aus den im Abs. 7 Nr. 1 genannten Stoffen und anderen Stoffen zusammengesetzt, so entscheidet der wertvollere Bestandteil (§ 8 Nr. 1 Abs. 1 Satz 2 des Gesetzes). Bei Auslegung dieser Bestimmung ist zu beachten, daß zu den der erhöhten Steuer unterliegenden Stoffen auch platinierte, vergoldete und versilberte Stoffe ohne Rücksicht auf ihre sonstige Zusammensetzung gehören; Bestandteile aus diesen Stoffen sind also bei einem Vergleich mit Bestandteilen aus

sonstigen Stoffen, mit denen sie zusammengesetzt sind, nicht etwa nur mit dem Werte der zur Vergoldung oder Versilberung gebrauchten Edelmetallmengen, sondern mit ihrem vollen Wert einzusetzen. Bei den Wertvergleichungen kommt es nicht lediglich auf den Wert des Rohmaterials an, es ist vielmehr auch der Herstellungswert heranzuziehen. Eine Zusammensetzung aus verschiedenen Stoffen liegt nicht nur dann vor, wenn die Stoffe derart miteinander verbunden sind, daß ihre Trennung nur unter Zerstörung des Gesamtgegenstandes möglich ist, es ist eine Zusammensetzung im Sinne des Gesetzes vielmehr auch dann anzunehmen, wenn die einzelnen auseinandernehmbaren Teile für sich allein nicht brauchbar sind; danach macht z. B. eine goldene Feder den ganzen Füllfederhalter erhöht steuerpflichtig.

11 Fassungen von Augengläsern sind gemäß § 8 Nr. 1 Abs. 2 des Gesetzes auch dann von der erhöhten Steuer befreit, wenn sie aus Edelmetall sind und ihr Wert den Wert der Gläser überwiegt. Als Fassungen von Augengläsern sind Gestelle zu Brillen und Klemmern, nicht jedoch Stiele von Lorgnetten anzusehen.

Anm. 7.

In dem Entwurf waren Halbedelsteine sowie unechte platinierte, vergoldete oder versilberte Gegenstände nicht als luxussteuerpflichtig betrachtet. Es sollten nur echte Gegenstände der erhöhten Luxussteuer unterliegen. Eine Ausnahme war nur für doublierte Waren gemacht und zwar einmal deshalb, weil sonst Schwierigkeiten mit der Wortfassung „Gegenstände aus oder in Verbindung mit Edelmetallen" entstehen konnten: denn Golddoublee ist meist Silber mit aufgewalztem Gold, fällt also unter diese Begriffsbestimmung; es gibt aber auch — äußerlich nicht ohne weiteres erkennbare — Doubleesachen aus irgendeinem anderen Weißmetall (Tombak) mit aufgewalztem Gold; hier konnte fraglich werden, ob ein „Gegenstand aus oder in Verbindung mit Edelmetallen", besonders im Sinne des Satzes 2, vorliegt. Dann aber erschien die Einbeziehung des Doublees erwünscht, um nicht den Kitsch zu bevorzugen.[3]) Diese Erwägung veranlaßte den Reichstag, überhaupt die unechten Gegenstände der Luxussteuer zu unterwerfen. Dadurch ist das Anwendungsgebiet der Nr. 1 bedeutend erweitert. Dies hat den Nachteil, daß die Steuerüberwachung jetzt in ganz kleinen Geschäften stattfinden muß, was gerade der Gesetzgeber vermeiden wollte.

Soweit Edelmetalle, Gegenstände aus oder in Verbindung mit Edelmetallen und gefaßte Steine zu technischen oder Heilzwecken erworben werden, findet eine Erstattung der Steuer nach § 28 Abs. 2 Z. 4 statt

---

[3]) Begr S. 34.

Anm. 8.

Die Vorschrift, daß bei zusammengesetzten Gegenständen der wertvollere Bestandteil entscheidet, ist erforderlich, um nicht jeden Gegenstand in Verbindung mit Edelmetallen oder Steinen erhöht steuerpflichtig zu machen. Edelsteine und Silber werden nicht selten an Bekleidungs- oder an Einrichtungsgegenständen verwendet, deren Einbeziehung in die Steuer lediglich aus diesem für ihren Gesamtwert vielleicht unwesentlichen Gesichtspunkt heraus Schwierigkeiten machen würde (Begr. S. 34).

Hervorzuheben ist, daß nach § VII Abs. 10 bei der Wertvergleichung nicht der Metallwert, sondern der Herstellungswert der einzelnen Bestandteile in Betracht zu ziehen ist. Die Grenze ist oft flüssig.

Beispiel: Ein Spazierstock mit einem silbernen Ring.

Handelt es sich um einen billigen Stock, bildet also der silberne Ring den wertvolleren Bestandteil, so ist der ganze Stock luxussteuerpflichtig. Handelt es sich dagegen um einen echten wertvollen Stock, so unterliegt der ganze Stock nur der einfachen Steuer von 5 v T.

Bei der Wertvergleichung wird man auf die Zeit der Herstellung zurückgreifen müssen. Vielfach hat sich das Wertverhältnis durch den jetzigen Rohstoffmangel sehr geändert, so z. B. bei versilberten Messern mit Stahlklinge, bei Kristallschalen mit silbernem Fuß. Jetzt ist der Stahl und das Kristallglas wertvoller als das Silber, trotzdem unterliegt der Gegenstand der Luxussteuer, wenn er vor dem Kriege hergestellt ist

Anm 9.

Taschenuhren.

§ VIII.

(Zu § 8 Nr. 2 des Gesetzes).

Die erhöhte Steuerpflicht bei Taschenuhren ist, ohne Rücksicht auf das im einzelnen Falle verwendete Metall, lediglich nach der Höhe des Entgelts zu beurteilen.

Anm. 9a.

Nr 2 enthält zum Teil eine Ausnahme von Nr. 1. An und für sich würde z. B. eine silberne Taschenuhr im Werte von 75 ℳ nach Nr. 1 steuerpflichtig sein. Der Entwurf hatte jedoch schon im Abs. 2 zu Nr. 1 ausdrücklich silberne Taschenuhren von der erhöhten Steuer ausgenommen. Hiergegen wurde das Bedenken geltend gemacht, daß dann teure Uhren in silbernen Gehäusen hergestellt werden würden, um die Steuer zu sparen. Daher sind jetzt allgemein Taschenuhren bis 100 ℳ ohne Rücksicht auf das verwendete Metall luxussteuerfrei.

Nr. 2 geht aber insoweit über den Entwurf hinaus, als nunmehr z. B. eine Stahluhr im Wert von mehr als 100 ℳ der erhöhten Steuer unterliegt.

Anm. 9b.

Nr 2 findet nur auf Taschenuhren Anwendung. Demgemäß ist z. B. eine silberne Tischuhr im Werte von 75 ℳ luxussteuerpflichtig, dagegen eine Standuhr aus gewöhnlichem Metall im Werte von 150 ℳ luxussteuerfrei. Kostet die Standuhr mehr als 200 ℳ, so kann es sich fragen, ob sie als Werk der Plastik nach Nr. 3 luxussteuerpflichtig ist. Das hängt davon ab, ob die Uhr Gebrauchsgegenstand oder Dekorationsstück ist (vgl. unten Anm. 11a).

Anm. 10.

Kunstgegenstände.

§ IX.

(Zu § 8 Nr. 3 des Gesetzes)

[1] Werke der Plastik, Malerei und Graphik sowie Kopien und Vervielfältigungen solcher Werke unterliegen ohne Rücksicht auf die Technik ihrer Herstellung sowie unabhängig davon, ob sie einen Kunstwert haben oder nicht, der erhöhten Steuer.

[2] Ein Werk der Plastik setzt ein über das flächenmäßige hinausgehendes Gebilde voraus; es gehören hierher auch Reliefs, Plaketten, Medaillen und Gemmen. Ein erhöht steuerpflichtiger Gegenstand liegt auch bei plastischer Ausbildung dann nicht vor, wenn der Gegenstand überwiegend zum Gebrauche bestimmt ist (z. B. geschnitzte Möbel, verziertes Geschirr und ähnliches) und nicht in erster Linie der Ausschmückung dient. Im übrigen braucht ein Werk der Plastik nicht aus Bronze, Marmor oder sonst einem bei der Bildhauerei gewöhnlich üblichen Stoffe zu bestehen; auch Darstellungen aus Holz, Porzellan, Fayence, und zwar nicht nur Figuren, sondern auch sogenannte Dekorationsgegenstände, Vasen, Tafelaufsätze, Ziergläser u. ä., kommen in Betracht. Insbesondere fallen auch der Ausschmückung dienende plastisch ausgestaltete Baustücke, z. B. Gipskartuschen und ähnliches, solange sie noch nicht mit dem Bauwerk verbunden sind, unter die erhöhte Steuer.

[3] Zur Malerei gehört auch die Herstellung von Miniaturbildwerken. Das gleiche gilt von Glasmalereien und Mosaikarbeiten.

[4] Wird ein Kunstwerk mit Rahmen veräußert, so ist der gesamte Lieferungspreis für die Steuer maßgebend.

[5] Zu den Originalwerken der Graphik im Sinne des § 8 Nr. 3 des Gesetzes gehören auch Radierungen; dagegen gehören nicht zu den Originalwerken der Malerei übermalte Photographien.

[6] Die Ausnahme von der erhöhten Steuer in § 8 Nr. 3 Abs. 2 des Gesetzes bezieht sich, soweit Verbände in Betracht kommen, nur auf solche Verkaufs- und Ausstellungsverbände, deren Mitglieder selbst ausübende Künstler sind, nicht also auf sogenannte Kunstvereine, die von Kunstfreunden gebildet werden. Durch den letzten Satz des Abs. 2 a. a. O. wird zum Ausdruck gebracht, daß die Bevorrechtigung der Künstler-

verbände wegfällt, sobald sie neben Werken ihrer Mitglieder in gewerbsmäßiger Weise, also nicht nur gelegentlich, auch Werke von Nichtmitgliedern verkaufen.

Anm. 11.

In Nr. 3 ist die Sondersteuer bezüglich der Kunstwerke auf solche Werke der Plastik, Malerei und Graphik sowie deren Kopien und Vervielfältigungen beschränkt, die mehr als 200 ℳ kosten. Diese Einschränkung soll einmal die einfachsten Kunstgegenstände befreien. Außerdem war eine Mindestgrenze notwendig, um zu verhindern, daß sogenannte Nippessachen, insbesondere Porzellanfiguren, sämtlich als „Werke der Plastik" unter die Steuer fallen. An sich mag vieles dafür sprechen, auch solche Gegenstände zu treffen und insbesondere den „Kitsch" nicht auszunehmen Aber praktisch würde dies dazu führen, daß in allen Porzellanläden und Galanterieläden die Steuerüberwachung stattfinden müßte, und die allgemeine Begründung ergibt, daß eine solche Ausdehnung der Steuer im gegenwärtigen Zeitpunkt nicht durchführbar ist (Begr. S. 35).

Anm. 11a.

Bei den Werken der Plastik ist zu unterscheiden zwischen luxussteuerfreien Gebrauchsgegenständen und luxussteuerpflichtigen Dekorationsgegenständen In der Praxis ergeben sich hier bei der Abgrenzung viele Schwierigkeiten, man muß immer fragen, welcher Zweck überwiegt

Beispiel: Ein Wiener Tintenfaß aus Stein mit Jagdgruppe aus Bronze im Werte von 800 ℳ.

Eine Visitenkartenschale mit Figur aus Bronze im Werte von 250 ℳ

Bei dem Tintenfaß wird man wohl annehmen müssen, daß es mehr Gebrauchsgegenstand ist und nur nebenbei auch zur Ausschmückung dient; daher ist es luxussteuerfrei. Im entgegengesetzten Sinne ist die Entscheidung bei der Visitenkartenschale zu treffen. Diese dient im allgemeinen mehr zur Ausschmückung und dieser Zweck überwiegt ihre praktische Verwendung.

Ähnlich liegt es bei Porzellanservicen und Porzellanvasen, sowie Tafelaufsätzen Die ersteren sind mehr Gebrauchsgegenstände, mögen sie auch noch so kostbar sein, und daher luxussteuerfrei, die letzteren dagegen sind mehr Dekorationsstücke und daher luxussteuerpflichtig.[1])

Anm. 11b.

Auch bei Nr. 3 ist zu beachten, daß daneben noch Nr. 1 gilt. Somit ist eine Visitenkartenschale, deren wertvolleren Bestandteil eine vergoldete Bronzefigur bildet, auch dann nach Nr. 1 steuerpflichtig, wenn sie weniger als 200 ℳ kostet, also Nr. 3 nicht Anwendung findet

Anm. 12.

Der erhöhten Steuer unterliegen nicht die Verkäufe, die von lebenden Künstlern oder ihren Verkaufs- oder Ausstellungsverbänden unternommen werden. Ihnen sind die Verkäufe gleichgestellt, die nach dem Tode eines Künstlers oder einer Künstlerin bezüglich ihrer hinterlassenen Werke von der Witwe oder dem Witwer, von Abkömmlingen

---

[1]) UStVerf. im FMBl. 1918 S. 245.

oder den Eltern vorgenommen werden. Hierfür war die Erwägung maßgebend, daß nicht selten ein wesentlicher Teil der Hinterlassenschaft eines Künstlers in seinen Werken bestehen kann, und die Erben gezwungen sein können, zur Sicherstellung ihres Lebensunterhalts diese Werke zu veräußern. Hierauf Rücksicht zu nehmen, erschien aber nur bei den nächsten Angehörigen des Verstorbenen geboten, daher ist die Ermäßigungsvorschrift auf diese beschränkt worden (Begr. S. 36).

In dem ursprünglichen Entwurf war die Steuerfreiheit für den Fall vorgesehen, daß die Kunstwerke „unmittelbar" von dem Künstler vertrieben wurden. Entsprechend ist auch die Fassung der Sicherungsverordnung vom 2. Mai 1918.[4]) Es war zweifelhaft geworden, ob ein unmittelbarer Verkauf seitens des Künstlers auch dann vorliegt, wenn er die Werke versteigern läßt Man muß unterscheiden: Geschieht die Versteigerung durch ein Kunstauktionshaus, so liegt eine doppelte Lieferung vor

1. seitens des Künstlers an das Kunstauktionshaus und
2. seitens des Kunstauktionshauses an den Dritten

Die erste Lieferung ist steuerfrei, da sie unmittelbar von dem Künstler an das Kunstauktionshaus erfolgt, die zweite Lieferung dagegen unterliegt der erhöhten Steuer Läßt dagegen der Künstler die Werke in seinem Atelier durch einen Versteigerer versteigern, dann tritt auch hier keine Steuerpflicht ein, denn das Wort „unmittelbar" heißt nicht so viel wie „höchst persönlich", sondern unmittelbar bildet nur den Gegensatz zu mittelbar. Die Sachlage ist die gleiche geblieben, trotzdem das Wort „unmittelbar" gestrichen wurde

Anm. 13.

Antiquitäten und Sammelgegenstände.

§ X.

(Zu § 8 Nr. 4 des Gesetzes)

[1] Der Begriff der Antiquität setzt voraus, daß der Gegenstand nicht in der Gegenwart oder der jüngsten Vergangenheit hergestellt ist, und daß er neben seinem Material- oder Gebrauchswert einen Sammelwert hat Ein weit zurückliegendes Alter ist nicht erforderlich, insbesondere gehören auch Gegenstände aus der Biedermaierzeit zu den Antiquitäten. In neuerer Zeit angebrachte Ergänzungen und Reparaturen ändern nichts an dem Charakter eines Gegenstandes als Antipuität. Der besondere Sammelwert scheidet die als Antiquitäten anzusehenden Gegenstände von solchen, die lediglich dem Trödelhandel unterliegen. Sind sich bei einem Gegenstande, der objektiv als Antiquität anzusehen ist, Veräußerer wie Erwerber des besonderen Sammelwerts des Gegenstandes nicht bewußt und prägt sich diese Unkenntnis im Preise aus, so

---

[4]) Vgl. darüber näheres bei § 42.

kann eine nach § 8 Nr. 4 des Gesetzes erhöht steuerpflichtige Lieferung nicht angenommen werden.

[2] Dem Gegenstande nach umfaßt der Begriff der Antiquität Gebrauchs- wie Ausschmückungsgegenstände aller Art. Es kommt auch nicht darauf an, ob der Gegenstand zum praktischen Gebrauch oder lediglich zur Ausschmückung erworben wird. Insbesondere kommen in Betracht Möbel, Hausgeräte (einschließlich von Wagen, Schlitten, Krippen), Handwerkszeug und Gewerbeabzeichen, kirchliche Gerätschaften, Keramiken aller Art (Porzellan, Fayence, Majolika, Terrakotta, Steingut, Steinzeug, Hafnergeschirr), Gläser, Gegenstände aus Schmiedeeisen, Gußeisen (z. B. Ofenplatten), Messing, Kupfer, Zinn, Bronze, Schmelzwerk, Emaille und Elfenbein, Bucheinbände, Lederarbeiten, Holzschnitzereien, Lackarbeiten, Textilien (Spitzen, Borten, Stickereien, Kostüme, Stoffe, liturgische Gewänder, Teppiche, Gobelins, Wandbespannungen und ähnliches).

[3] Auch alte Drucke gehören zu den Antiquitäten. Ein höheres Alter des Druckes ist nicht erforderlich. Erstausgaben der Klassiker, der Romantiker, selbst noch lebender Schriftsteller, wenn sie ihres Sammelwerts wegen höher bezahlt werden, als es ihrem ursprünglichen Preise und der Güte ihrer Ausstattung entspricht, sind als alte Drucke oder jedenfalls als Sammelgegenstände im Sinne des § 8 Nr. 4 des Gesetzes erhöht steuerpflichtig.

[4] Als sonstige Sammelgegenstände im Sinne des § 8 Nr. 4 des Gesetzes sind z. B. Münzen, Medaillen, Plaketten, Briefmarken, Siegel, Siegelstempel, Wappen, Autogramme, Erinnerungen an geschichtliche oder sonstige hervorragende Persönlichkeiten, Waffen, Trachten, ethnographische Gegenstände anzusehen. Die Befreiung von der erhöhten Steuer bei Sammelgegenständen, weil sie vorwiegend zu wissenschaftlichen Zwecken gesammelt zu werden pflegen, tritt nur ein, wenn nach der objektiven Beschaffenheit der Gegenstände die wissenschaftliche Verwendung die Regel bildet, es genügt also nicht die etwa im einzelnen Falle vorhandene Absicht wissenschaftlicher Verwendung, diese kann vielmehr lediglich zu einem Erstattungsantrage nach § 28 Abs. 2 des Gesetzes Anlaß geben. Da z. B. Münzen und Briefmarken überwiegend von Privatpersonen aus Liebhaberei gesammelt werden, unterliegen sie grundsätzlich der erhöhten Steuer. Das gleiche gilt von Sammlungen von Gehörnen, Fellen und ähnlichem. Dagegen liegt

Sammlungen naturwissenschaftlicher Art, wie z. B. Gestein-, Mineralien-, Schmetterlings- und Käfersammlungen sowie Herbarien in der Regel ein wissenschaftlicher Zweck zugrunde; derartige Gegenstände sind daher grundsätzlich von der erhöhten Steuer befreit.

[5] Erzeugnisse des Buchdrucks, die nicht zu den alten Drucken zählen, unterliegen der erhöhten Steuer dann, wenn der Druck auf besonderem Papier erfolgt ist und das Erzeugnis in beschränkter Auflage erscheint; beide Voraussetzungen müssen zusammentreffen. Besonderes Papier ist solches, dessen Wert über das üblicherweise bei Büchern der betreffenden Art verwendete erheblich hinausgeht (z. B. Büttenpapier, China- und Japanpapier). Eine beschränkte Auflage liegt vor, wenn die Zahl der gedruckten Exemplare erheblich hinter der bei Büchern der betreffenden Art üblichen Zahl zurückbleibt; dabei steht der Annahme einer beschränkten Auflage im Sinne dieser Bestimmung nicht entgegen, wenn gleichzeitig Exemplare in einer der Üblichkeit entsprechenden Anzahl auf weniger gutem Papier ausgegeben werden.

Anm. 13a.

Der Begriff der Antiquität setzt zweierlei voraus:

1 Der Gegenstand darf nicht in der Gegenwart oder in der jüngsten Vergangenheit hergestellt sein.

2 Der Gegenstand muß neben seinem Material- oder Gebrauchswert einen Sammelwert haben.

Hieraus ergibt sich, daß Kopien von Antiquitäten nicht der erhöhten Steuer unterliegen. Zu beachten ist aber, daß in neuerer Zeit angebrachte Ergänzungen und Reparaturen an dem Charakter eines Gegenstandes als Antiquität nichts ändern.

Kopien von Antiquitäten können jedoch insofern luxussteuerpflichtig sein, als Nr. 1 eingreift, z. B. wenn vergoldetes Holz benutzt wird. Sogenanntes Pinselgold macht aber den Gegenstand nicht luxussteuerpflichtig (vgl. § VII Abs. 3). Mit Rücksicht auf Nr. 1 können auch Antiquitäten unter 200 ℳ luxussteuerpflichtig sein, z. B. eine vergoldete Ampel.

Anm. 13b.

Für den Begriff der Antiquität ist es unerheblich, ob der Gegenstand zum praktischen Gebrauch oder lediglich zur Ausschmückung erworben wird. Daher ist z. B. eine vollständige Zimmereinrichtung aus praktischen Biedermaiermöbeln auch dann luxussteuerpflichtig, wenn der Erwerber diese nur deshalb kauft, weil er andere Möbel zu einem erschwinglichen Preise nicht erhalten kann.

Anm. 14.

Photographische Apparate. § XI.

(Zu § 8 Nr. 5 des Gesetzes).

[1] Nur photographische Handapparate unterliegen der erhöhten Steuer, nicht auch die großen Apparate der Berufsphotographen. Als Handapparate werden im allgemeinen solche mit einer Aufnahmefläche von höchstens 10 zu 15 cm (= 150 qcm) anzusehen sein.

[2] Bestandteile von photographischen Apparaten sind insbesondere das Kameragehäuse, der Laufboden, der Kamerakörper, die Beschlagteile, das Objektiv, der Verschluß; Zubehörstücke, insbesondere Sucher, Gelbscheiben, Kassetten, Visierscheiben, Taschen für den Apparat, Ergänzungsobjektive, Ständer (Stativs), Platten und Films.

[3] Nicht als Zubehörstücke sind anzusehen und daher von der erhöhten Steuer befreit Vorrichtungen zum Entwickeln, Vergrößern und Vervielfältigen.

Anm. 14a.

Berufsphotographen gebrauchen vielfach auch kleine Handapparate. Diese sind dann luxussteuerpflichtig. Eine Erstattung der Steuer findet hier nicht statt, da § 28 diese nicht vorsieht.

Anm. 15.

Musikinstrumente. § XII.

(Zu § 8 Nr. 6 des Gesetzes).

[1] Als Klavierspielapparate kommen in Betracht: Pianola, Phonola, Ducanola, Estrella, Pianist, Virtuos und ähnliche Apparate; weiter selbsttätige elektrisch oder dynamisch in Betrieb gesetzte Klaviere mit oder ohne ebenso betriebene Begleitinstrumente (Geigen, Mandolinen und ähnliche).

[2] Sprechapparate und Phonographen sind insoweit erhöht steuerpflichtig, als auf ihnen musikalische Darbietungen möglich sind. Hierher gehören z. B. die Grammophone, nicht dagegen Diktierapparate.

[3] Sonstige mechanische Spielapparate sind z. B. Leierkasten, Spieldosen und Spieluhren.

[4] Mechanische Spielapparate, die lediglich als Spielzeug dienen, wie z. B. Puppenklaviere oder in Puppen eingefügte kleine Spieldosen, fallen nicht unter die erhöhte Steuer.

[5] Die erhöhte Steuerpflicht der Platten und Walzen wird auf solche ausgedehnt, die zur Wiedergabe deklamatorischer Vorträge dienen.

Werden Flügel, Klaviere und Harmonien für Lehrzwecke, Orchestrions für gewerbliche Zwecke erworben, so findet eine Erstattung der Steuer nach § 28 Abs. 2 Z. 2 statt.

Anm. 16.

Billards.

§ XIII.

(Zu § 8 Nr. 7 des Gesetzes).

Als Zubehörstücke von Billards sind Billardbälle, Billardstöcke und für Billard bestimmte Kegel anzusehen.

Anm. 17.

Waffen.

§ XIV.

(Zu § 8 Nr. 8 des Gesetzes).

1 Zu den Handwaffen gehören insbesondere Gewehre, Flinten, Büchsen, Karabiner, Teschings, Revolver und Pistolen, einschließlich der Luftgewehre, Luftpistolen usw., Säbel, Degen, einschließlich der Stockdegen, Hirschfänger, Florette, Schläger, Saufedern, Dolche, Schlagringe, als Waffe hergerichtete Gummischläuche.

2 Die erhöhte Steuer wird nicht erhoben für die Lieferung von Seitengewehren und Offiziersäbeln in einfachster, den militärischen Vorschriften entsprechender Ausführung; bei vorschriftsmäßigen Schußwaffen kommt nur die Erstattung nach § 28 Abs. 2 des Gesetzes in Betracht.

3 Zu den steuerpflichtigen Bestandteilen gehören z. B. Klingen und Degengriffe, zu den Zuhörstücken Scheiden, Taschen und Kasten für die Aufnahme von Waffen, Tragevorrichtungen, Ansatzstücke und Reservemagazine für Revolver und Pistolen, Schalldämpfer, Zielstöcke, Zielstäbe, Zielfernrohre und Diopter. Gegenstände zum Reinigen der Waffen und Scheiben unterliegen nicht der erhöhten Steuer.

4 Zur Munition gehören auch Bolzen für Luftgewehre und die zur Herstellung von Munition bestimmten Bestandteile wie Hülsen, Zündhütchen, Pfropfen, Blättchen, Schrot, Kugeln und Pulver.

5 Nicht zu den Handwaffen gehört Kinderspielzeug.

Anm. 18.

Bei Nr. 8 ist besonders an Jagdwaffen zu denken. Es erscheint aber auch im Interesse polizeilicher Gesichtspunkte durchaus erwünscht, wenn Revolver und sonstige Handwaffen mit einer erhöhten Steuer belastet sind. Eine Schädigung der Großindustrie für Waffen und Munition ist nicht zu befürchten. Denn soweit an das Ausland veräußert wird, besteht nach § 2 Nr. 1 Steuerfreiheit. Im Inland kommt in erster Linie das Reich als Käufer in Betracht, und dieses wird nach § 28 Steuererstattung in Anspruch nehmen können (Begr. S. 36).

Anm. 19.
Personenfahrzeuge.

§ XV.
(Zu § 8 Nr. 9 des Gesetzes).

[1] Personenfahrzeuge unterliegen stets der erhöhten Steuer, wenn sie mit motorischer Kraft betrieben werden (Automobile, Kraftfahrräder, Motorboote und ähnliche).

[2] Sonstige Personenfahrzeuge unterliegen der erhöhten Steuer, wenn sie nach ihrer Beschaffenheit (Bauart, Ausstattung) für Vergnügungs- oder sportliche Zwecke bestimmt sind. Die Entscheidung, ob diese Voraussetzung gegeben ist, ist aus der objektiven Beschaffenheit der gelieferten Gegenstände zu entnehmen, ohne daß es auf die Absicht des Erwerbers im einzelnen Fall ankommt.

[3] Kutschwagen, die mit einem Verdeck ausgestattet sind, sind stets als erhöht steuerpflichtig anzusehen (z. B Koupees, Landauer, Berlinen, Viktorias). Von der erhöhten Steuer sind nur auszunehmen Breaks mit Längssitzen für nicht mehr als vier Personen und sogenannte Jagdwagen, die ihrer Ausstattung nach als gewöhnliche Land- und Gutswagen dienen. Eine Ausstattung, die bei sogenannten Jagdwagen und viersitzigen Breaks nicht zur erhöhten Steuer Anlaß gibt, wird anzunehmen sein, wenn es sich um Wagen handelt, deren Verkaufspreis vor Ausbruch des Krieges nicht mehr als achthundert Mark betrug.

[4] Bei Schlitten sind Bauart und Ausstattung im einzelnen Falle für die Entscheidung, ob sie der erhöhten Steuer unterliegen, maßgebend.

[5] Fahrräder sind nur dann erhöht steuerpflichtig, wenn sie gegenüber dem gewöhnlichen Gebrauchsfahrrad besondere Merkmale (z. B. Art der Lackierung oder Vernickelung) aufweisen.

[6] Wasserfahrzeuge, die der erhöhten Steuer unterliegen, sind insbesondere Jachten, solche Segelboote, die ihrer Bauart nach nicht zur Beförderung von Gütern bestimmt sind, Ruderboote, die ihrer Bauart nach nicht lediglich als Beiboote dienen, sowie Wasserfahrräder.

[7] Die erhöhte Steuerpflicht wird auf die Bestandteile und Zubehörstücke der in § 8 Nr. 9 des Gesetzes genannten Fahrzeuge (z. B. Deichseln, Räder, Bereifung, Büchsen, Hemmzeug, Spritzleder, Verdecke, Ortscheite, Spielwaagen, Vorhänge, Tritte, Scheiben, Karosserien, Sitze, Hupen, Beleuchtungs-

anlagen, Laternen, Segel, Ruder) ausgedehnt, wenn aus ihrer Ausstattung die Bestimmung für solche Fahrzeuge, die nach Abs. 1 bis 6 der erhöhten Steuer unterliegen, hervorgeht. Dies gilt nicht von den Teilen der Maschinerie von Kraftfahrzeugen (z. B. Motor, Zylinder, Ölpumpe, Ventilator, Wasserpumpe, Kupplung, Getriebe, Schaltung, Bremse, Kardanübertragung, Lenkung, Radachsen, Federn, Gehänge, Auspufftopf, Kreuzgelenk, Kurbeln, Ventile. Kühler, Benzinbehälter).

Anm. 20.

Wenn in Nr. 7 die Personenkraftwagen unter die erhöhte Steuer gestellt sind, obgleich für sie nach Tarifnummer 8 des Reichsstempelgesetzes bereits eine besondere Steuer besteht, so dürfte sich dies dadurch rechtfertigen, daß derartige Fahrzeuge zweifellos einen ausgesprochenen Luxus darstellen. Es ist zu erwarten, daß gerade nach Friedensschluß große Ankäufe an Kraftfahrzeugen, insbesondere von Personen, die im Kriege Geld verdient haben, gemacht werden. Lastkraftwagen bleiben selbstverständlich frei. Die Einbeziehung sonstiger Fahrzeuge, wenn sie für Vergnügungs- oder sportliche Zwecke dienen — also von Segeljachten, Kutschwagen — entspricht dem Zwecke des Paragraphen, den Luxus zu treffen (Begr. S. 36/37)

Soweit es sich um Personenfahrzeuge handelt, die ausschließlich oder überwiegend der Ausübung eines Gewerbes oder Berufes dienen, findet Erstattung der Steuer nach § 28 Abs 2 Z 5 statt

Anm. 21.

Teppiche

§ XVI.

(Zu § 8 Nr. 10 des Gesetzes).

[1] Zu den Wandteppichen gehören insbesonders die Gobelins.

[2] Wandbespannungen, die in der Art von Tapeten verwendet werden, unterliegen nicht der erhöhten Steuer.

Anm. 22.

Felle und Pelze.

§ XVII.

(Zu § 8 Nr 11 des Gesetzes).

[1] Zu den gewöhnlichen Schaffellen, die der erhöhten Steuer nicht unterliegen, gehören nur solche Felle von Schafen und Lämmern, die nicht aus Gründen des Schmuckbedürfnisses zur Herstellung von Pelzsachen verwendet werden. Erhöht steuerpflichtig sind insbesondere folgende Schaffell- und Lammfellsorten: Tibet-, Karakulfelle, Slinks, Persianer, Halbpersianer, Astrachanfelle, Krimmer, Füssel, Schmaschen, Mufflons und Angorafelle.

[2] Zu den Bekleidungsstücken, die bei Verwendung von Pelzwerk der erhöhten Steuer unterliegen, rechnen gefütterte und pelzbesetzte Mäntel, Unter- und Oberkleider, Schuhe,

Muffs, Handschuhe und ähnliches. Gleichgestellt werden Fußsäcke und Decken. Bloßer Aufputz, der nicht zur erhöhten Steuerpflicht des aufgeputzten Gegenstandes führt, liegt nur vor, wenn es sich um die Verwendung von schmalen Pelzstücken zum Besatz von Kleidern, Kopfbedeckungen oder Stiefeln usw. handelt.

[3] Als Ausstattungsgegenstände aus Fellen kommen Vorleger, abgesehen von solchen aus gewöhnlichen Schaffellen, Zierfelle (Tigerfelle u. a.) in Betracht.

Anm. 22a.

Daß die in Nr. 11 genannten Pelzsachen zu den ausgesprochenen Luxusgegenständen gehören, bedarf keiner näheren Begründung. Man wird hier vermissen, daß nicht sonstige Bekleidungsstücke einer erhöhten Steuer unterstellt sind, z. B. die teuere Bluse oder das seidene Kleid. Im Rahmen des gegenwärtigen Gesetzes schien dies nicht durchführbar. Es würde genauer Abgrenzung nach Preisen und sonstigen Einzelheiten bedürfen, um luxuriöse Kleidung von der notwendigen zu unterscheiden. Daraus ergeben sich Erhebungsschwierigkeiten, die sich noch dadurch steigern, daß die Zahl der Geschäfte, die wegen der Steuerzahlung überwacht werden müßten, ganz außerordentlich zunehmen würde (Begr S. 37).

Luxussteuerpflichtig sind auch Kaninchenfelle (vgl. oben Anm. 4).

Zu Abs. 2: Berechnung der Mindestpreise.

Anm. 23.

Zur Feststellung, ob bei Taschenuhren der Mindestpreis von 100 ℳ, bei Werken der Plastik und Malerei der von 200 ℳ, bei Teppichen der von 30 ℳ für den Quadratmeter überschritten wird, ist von dem Entgelte für die Lieferung jedes einzelnen Gegenstandes auszugehen. Nur ausnahmsweise werden mehrere gleichzeitig gekaufte Gegenstände als zusammengehörig behandelt, nämlich dann, wenn sie nach dem Zweck, für den sie bestimmt sind, nach der Verkehrsanschauung oder nach der Bestimmung des Veräußerers nur zu einem Gesamtpreis gemeinsam lieferbar sind.

Nach § 9 Abs. 2 ist auch der Eigenverbrauch luxussteuerpflichtig. Hierbei ist dann im Gegensatz zur allgemeinen Umsatzsteuer nicht der Groß-, sondern der Kleinhandelspreis der Berechnung zugrunde zu legen.

Zu Abs. 3: Werklieferungsverträge.

Anm. 24.

Der Natur der erhöhten Steuer als einer Steuer auf Luxusgegenstände entspricht es, wenn den Lieferungen im Abs. 3, im Gegensatze zu dem sonstigen Aufbau des Gesetzes, nur solche Lieferungen aus Verträgen über die Bearbeitung und Verarbeitung von Gegenständen gleichgestellt werden, bei denen der Unternehmer den Stoff selbst beschafft und es sich bei diesen Stoffen nicht nur um Zutaten oder Nebensachen handelt (Vor. S. 37).

Anm. 25.

Nach § 8 Abs. 1 unterliegen der erhöhten Steuer Lieferungen von Luxusgegenständen. Unter Lieferung ist, wie in Anm. 20 zu § 1 näher dargelegt, die zur Erfüllung eines entgeltlichen Umsatzgeschäftes erfolgende Übergabe der Waren zu verstehen. Es setzt also die Luxussteuer die Erfüllung entgeltlicher Umsatzgeschäfte voraus, bei denen die Lieferung an den Empfänger das wirtschaftliche Endresultat ist.[4a]) Daher ist keine Lieferung z. B. das Vermieten von Klavieren und Automobilen. Das hierfür gezahlte Entgelt unterliegt somit nur der allgemeinen Umsatzsteuer.

Zu den Umsatzgeschäften, deren Erfüllung eine luxussteuerpflichtige Lieferung auslösen kann, gehört nach Abs. 3 auch der sog. Werklieferungsvertrag, d. h. ein Vertrag über die Be- und Verarbeitung von Waren aus Stoffen des Unternehmers. Damit ergibt sich zugleich, daß der reine Werkvertrag, der die Be- und Verarbeitung von Waren aus Stoffen des Bestellers zum Gegenstand hat, nicht unter § 8 fällt. Somit unterliegt z. B. das Umarbeiten oder Reinigen von Schmucksachen nur dem Steuersatz von 5 v. T.

Bei dem Werklieferungsvertrag handelt es sich dann weiter um die Frage, ob sich der vom Unternehmer zur Ausführung des Werks zu beschaffende Stoff als Zutat oder Nebensache darstellt. Hierbei sind zwei Fälle zu unterscheiden:

I. Das Werk wird aus einem einheitlichen Stoff hergestellt.

Hängt hier der Gebrauchswert des hergestellten Werkes von den Eigenschaften und der Formung des verwendeten Stoffes ab, so kann dieser nie als Nebensache angesehen werden, mag auch der Materialwert zum Werte des Werkes noch so gering sein.

Beispiel: Die Lieferung von Klischees, die nach einer von dem Besteller gelieferten Vorlage angefertigt werden, aus Stoffen, die der Luxussteuer unterliegen.

II. Das Werk besteht aus einer Verbindung verschiedener Stoffe.

Hier ist zu vergleichen der Wert des Stoffes mit dem Wert der Arbeit.[5]) Es ist also nicht etwa zu vergleichen der Wert des Stoffes mit dem Wert des gesamten fertiggestellten Werkes, vielmehr ist die Frage immer nur so zu stellen: Bleibt hinter der Bedeutung der Arbeit diejenige des Stoffes völlig zurück oder nicht.

1. Beispiel: Der Jaspisstein eines Siegelrings zerbricht. Der Juwelier setzt einen neuen ein.

Hier darf nicht verglichen werden der Wert des Steins, der zirka 3 ℳ beträgt, mit dem Wert des ganzen Ringes, sondern nur der des Steins mit dem Wert der Arbeit. In derartigen Fällen liegt immer luxussteuerpflichtige Lieferung vor. Oft ist die Grenze aber sehr flüssig.

2. Beispiel: An einer Brillantbrosche zerbricht die Nadel. Der Juwelier setzt eine neue an.

Hier muß man unterscheiden:

[4a]) KommB. zum WUStG. S. 16.

[5]) Amtl Mitt. 1917 S. 11 und AuslGrunds. IV, 4.

War das Scharnier zerbrochen, dann verursacht das Anbringen der Nadel viel Arbeit. Es bleibt hinter der Bedeutung dieser Arbeit die Nadel ganz zurück. Daher liegt eine luxuspflichtige Lieferung nicht vor.

War dagegen der Stift noch unversehrt geblieben, so tritt die Bedeutung des Anbringens hinter der Nadel zurück. Hier liegt dann eine luxuspflichtige Lieferung vor.

Anm. 26.

Nach dem Wortlaut des Gesetzes liegt eine erhöhte Steuerpflicht schon dann vor, wenn der Gegenstand, der be- oder verarbeitet wird, unter die Ziffern 1 bis 11 fällt, nicht dagegen ist es notwendig, daß auch die Stoffe, die der Unternehmer zur Herstellung des Werkes liefert, zu den Luxusgegenständen gehören.

Beispiel: A bestellt sich bei dem Schneider B einen Pelz, zu dem er selbst die Felle gibt. B dagegen liefert aus seinem eigenen Lagerbestand das Futter und den Stoff.

Hier muß der Schneider B, trotzdem die Stoffe, die er zur Anfertigung des Pelzes liefert, nicht luxussteuerpflichtig sind, doch das Entgelt mit dem Satze von 10 v. H. versteuern. Denn er hat einen Pelz, also einen Luxusgegenstand, hergestellt und hierzu nicht bloß Zutaten oder Nebensachen verwandt.

Anm. 27.

Als Zutaten und Nebensachen wird man insbesondere zweierlei anzusehen haben:

1 Stoffe, die zur Durchführung des Arbeitsgangs erforderlich sind, wie z. B. Nähzwirn, Borten, Futterstoffe, Heftel, Knöpfe bei den Schneidern,

2. Stoffe, die zur Zurüstung des Gegenstandes dienen, wie z. B. die Appreturmasse zur Appretur der Waren, Farbstoffe und Lacke zum Färben, Anstreichen, Lackieren und Bedrucken der Gegenstände, Metalle und Metallegierungen zur Vergoldung und Versilberung.

Anm. 28.

Ist der Stoff nach den bisherigen Ausführungen nicht als Nebensache anzusehen, so wird er es auch nicht dadurch, daß das aus oder mit ihm hergestellte Werk mit einer anderen beweglichen Sache als wesentlicher Bestandteil verbunden wird und im Verhältnis zu der anderen Sache als Nebensache anzusehen ist.[6])

Beispiel: Das Einbauen einer von dem Unternehmer hergestellten Karosserie in einen Kraftwagen des Bestellers.

In derartigen Fällen unterliegt der gesamte Rechnungsbetrag der erhöhten Steuer. Es ist unstatthaft, das Entgelt für die Arbeit von dem Gesamtentgelt in Abzug zu bringen.

§ 9.

Eine Lieferung im Kleinhandel im Sinne des § 8 liegt nicht vor, wenn die Gegenstände zur gewerblichen Weiterveräußerung,

[6]) AuslGrundſ. IV, 4.

sei es in derselben Beschaffenheit oder nach vorheriger Be- oder Verarbeitung, für eigene oder fremde Rechnung erworben werden und dabei den Sicherungsvorschriften des § 20 genügt ist.

Die Steuerpflicht nach § 8 umfaßt auch die Entnahme aus dem eigenen Betriebe (§ 1 Abs. 2) und die Lieferung auf Grund einer Versteigerung (§ 1 Abs. 3), es sei denn, daß die versteigerten Gegenstände zur gewerblichen Weiterveräußerung im Sinne des Abs. 1 erworben werden und den Sicherungsvorschriften des § 20 genügt ist.

Zu Abs. 1: Lieferung im Kleinhandel.

Anm. 1.

Wie in der allgemeinen Begründung bereits hervorgehoben wurde, soll von der erhöhten Steuer nur der letzte Umsatz unmittelbar an den Verbraucher erfaßt werden. Die Steuer trifft daher, wie bereits § 8 Abs. 1 ausspricht, die Lieferung im Kleinhandel. Dessen Begriff ergibt sich aus seinem Gegensatze, nämlich aus dem Kauf zum Zwecke der Weiterveräußerung, sei es in derselben Beschaffenheit, sei es nach vorheriger Veredelung. Dabei steht dem Eigenhandel der Kommissionshandel gleich. Zum Kleinhandel im Sinne des § 9 gehört im übrigen nicht nur die Veräußerung durch den Ladenbesitzer, sondern auch die durch den Hersteller (Begr. S. 37). Es weicht also hier der Begriff des Kleinhandels etwas von dem sonstigen Sprachgebrauch ab, indem hierzu auch die Veräußerung unmittelbar von der Fabrik oder von dem Großhandelsgeschäft an einen Verbraucher gehört.[1])

Anm. 1a.

Eine Lieferung im Kleinhandel liegt nicht vor, wenn die Gegenstände zur gewerblichen Weiterveräußerung in derselben Beschaffenheit oder nach vorheriger Be- oder Verarbeitung geliefert werden. Es ist schon oben in Anm. 20 zu § 1 darauf hingewiesen, daß es für den Begriff der Lieferung unerheblich ist, ob zwischen dem Lieferer und dem Empfänger Vertragsbeziehungen bestehen. Dies muß auch hier gelten. Daher liefert ein Fabrikant selbst dann im Kleinhandel, wenn er zwar an einen Händler verkauft, aber dann auf dessen Anweisung an den Verbraucher direkt liefert.

> **Beispiel:** Eine Aktiengesellschaft, die sich mit der Herstellung von Automobilen befaßt, hat für den Detailverkauf eine besondere Gesellschaft mit beschränkter Haftung gegründet. Die Lieferung der Wagen erfolgt aber an den Besteller direkt ab Fabrik.

Hier liegen zwei Umsatzgeschäfte vor, nämlich:

1. zwischen der Aktiengesellschaft und der G. m. b. H.,
2. zwischen der G. m. b. H. und dem Besteller.

Nach § 4 ist die G. m. b. H. umsatzsteuerfrei, die Steuer hat nur die Aktiengesellschaft zu entrichten. Trotzdem diese nun das obligatorische Umsatzgeschäft mit einem Wiederverkäufer geschlossen hat, ist sie doch

[1]) KommB. S. 35.

luxussteuerpflichtig, weil entscheidend allein, wie in Anm. 3 zu § 1 ausgeführt ist, die effektive Lieferung ist und diese an den Verbraucher erfolgt ist. Zugrunde zu legen ist aber der Besteuerung der Preis, den die Aktiengesellschaft von der G. m. b. H. erhält (vgl. Anm. 4 zu § 4, ferner Anm. 1a zu § 20).

Zu Abs. 2: Eigenverbrauch und Versteigerung.

Anm. 2.

Der Luxussteuer unterliegt auch der Eigenverbrauch. Nimmt sich also ein Juwelier einen Ring aus seinem Geschäft, so muß er dies in das Steuerbuch eintragen und die Lieferung versteuern. Für die Berechnung der Mindestpreise z. B. bei Taschenuhren ist § 8 Abs. 2 zu beachten.

Ebenso ist erhöht steuerpflichtig die Lieferung auf Grund einer Versteigerung. Erfolgt jedoch der Zuschlag an einen Wiederverkäufer, dann tritt Steuerfreiheit ein, vorausgesetzt, daß der in Anm. 1 zu § 8 erwähnte doppelte Nachweis gemäß § 20 geführt wird.

§ 10.

Der erhöhten Steuer nach den Sätzen des § 8 unterliegen auch:

1. die entgeltliche Lieferung der nach § 8 steuerpflichtigen Gegenstände im Inland durch andere als die im § 1 Abs. 1 bezeichneten Personen und außerhalb einer Versteigerung (§ 1 Abs. 3);
2. die entgeltliche Lieferung der nach § 8 steuerpflichtigen Gegenstände in oder aus dem Ausland an eine zur Zeit der Lieferung im Inland wohnhafte oder gewöhnlich aufhaltsame Person, sobald die Gegenstände ins Inland gelangen, ohne Rücksicht darauf, ob der Lieferer zu den im § 1 Abs. 1 bezeichneten Personen gehört;
3. das Verbringen von Originalwerken der Malerei, Plastik und Graphik, von Antiquitäten und von solchen sonstigen in § 8 Nr. 4 genannten Gegenständen, die für die Geschichte, die Kulturgeschichte oder die Urgeschichte der Pflanzen- und Tierwelt von Bedeutung sind, in das Ausland, es sei denn, daß der Hersteller am Tage des Verbringens ins Ausland noch nicht fünfzig Jahre tot ist; die Steuerpflicht tritt ohne Rücksicht darauf ein, ob der Verbringer zu den im § 1 Abs. 1 bezeichneten Personen gehört und ob das Verbringen gegen Entgelt erfolgt.

In den Fällen der Nr. 1 und 2 tritt Steuerbefreiung ein, wenn der Gegenstand zur gewerblichen Weiterveräußerung im Sinne des § 9 Abs. 1 erworben wird und dabei den Sicherungsvorschriften des § 20 in Verbindung mit § 25 Abs. 4 und § 26 Abs. 3 genügt ist.

Zu Nr. 1: Privatumsatz von Luxusgegenständen.

Anm. 1.

Im Gegensatz zur allgemeinen Umsatzsteuer ist bei der Luxussteuer auch der Privatumsatz steuerpflichtig. Diese Bestimmung hat der Reichstag eingefügt hauptsächlich um den Schleichhandel zu bekämpfen. Insoweit ist also der Quittungsstempel des § 83 a des Warenumsatzstempelgesetzes übernommen. Die näheren Vorschriften befinden sich in § 25. Darnach muß der Lieferer eine Quittung ausstellen und diese verstempeln. Tut er es nicht, so muß der Käufer dies nachholen. Ist die Ausstellung einer Quittung unterblieben, dann muß der Käufer hiervon dem Umsatzsteueramt Mitteilung machen und diese Mitteilung verstempeln. Die Außerachtlassung dieser Bestimmungen bringt noch einen zivilprozessualen Nachteil mit sich, indem der Einwand der Zahlung versagt.

Der Privatumsatz ist aber nur dann steuerpflichtig, wenn er an einen Verbraucher erfolgt. Wird der Gegenstand von dem Käufer zur gewerblichen Weiterveräußerung erworben, dann tritt nach Abs. 2 Steuerbefreiung ein, wenn den Sicherungsvorschriften des § 20 in Verbindung mit § 25 Abs. 4 genügt ist.

Zu Nr. 2: Einfuhr von Luxusgegenständen.

Anm. 2.

Nr. 2 enthält eine Ausnahme von der Vorschrift des § 2 Nr. 1, daß die Einfuhr von der Steuer befreit ist. Es würde zu einer erheblichen Schädigung des Inlandshandels führen, wenn bei der hohen Steuer von 10 v. H. eingeführte Waren steuerfrei sein würden. Es mußte also mit der allgemeinen Regel der Steuerfreiheit der Einfuhr und des ersten Umsatzes ausländischer Waren im Inland gebrochen werden. Dabei soll die Steuerpflicht auch dann eintreten, wenn der Erwerb im Ausland aus privater Hand, also nicht von einer der im § 1 Abs. 1 genannten Personen erfolgt ist: andernfalls würde die Möglichkeit der Berufung darauf, die eingeführte Sache nicht im Geschäft gekauft zu haben, zu Steuerumgehungen führen (Begr. S. 37).

Diese Bestimmung fällt vollkommen aus dem Rahmen des Gesetzes heraus. Das Umsatzsteuergesetz besteuert nur Lieferungen, steuerpflichtig ist also immer nur der Verkäufer. Hier wird aber der Erwerb von Luxusgegenständen der Steuer unterworfen. Denn die Steuerpflicht trifft, wie aus § 26 hervorgeht, den E r w e r b e r. Den Lieferer, der gewöhnlich ein im Ausland wohnhafter Ausländer sein wird, kann das Gesetz auch gar nicht fassen. Es ist also unrichtig, wenn der Wortlaut des Gesetzes von entgeltlicher Lieferung spricht, steuerpflichtig ist vielmehr der entgeltliche Erwerb. Demnach hat die Steuer zu entrichten:

1. derjenige, der im Ausland einen Luxusgegenstand kauft, wenn er ihn ins Inland einbringt,
2. derjenige, der sich aus dem Ausland einen Luxusgegenstand ins Inland senden läßt.

Steuerpflichtig sind aber nur entgeltliche Anschaffungen. Erhält also jemand einen Luxusgegenstand im Ausland zum Geschenk, so tritt eine Steuerpflicht nicht ein.

Die Steuerpflicht trifft nur den Verbraucher. Wird der Gegenstand zur gewerblichen Weiterveräußerung erworben, so tritt Steuerbefreiung ein, wenn dabei den Sicherungsvorschriften des § 20 in Verbindung mit § 26 Abs. 3 genügt ist.

Zu Nr. 3: Ausfuhr von Kunstwerken und Antiquitäten.

Anm. 3.

Nr. 3 enthält eine Sonderbestimmung zum Schutze des inländischen Bestandes an Kunstwerken und Antiquitäten. Es besteht die Gefahr, daß der Handel mit solchen Gegenständen, um sich der hohen Steuer zu entziehen, die Ausfuhr bevorzugt. Daher erscheint erforderlich, für diese Gegenstände auch die Ausfuhr, und zwar jede Ausfuhr, also auch die durch Privatpersonen, der Steuer zu unterstellen. Um Umgehungen zu vermeiden, mußte dabei sogar noch ein Schritt weitergegangen werden und das Verbringen ins Ausland auch dann der Steuer unterstellt werden, wenn eine Veräußerung mit der Ausfuhr nicht verknüpft ist. Es würde sonst möglich sein, Kunstwerke und Antiquitäten zunächst z. B. leihweise ins Ausland zu bringen, um sie später zu veräußern. Auch vorübergehende Übersendung ins Ausland, z. B. zu Ausstellungen, unterliegt der Steuer, da sonst die Umgehung nicht auszuschalten wäre; doch gibt § 28 Abs. 4 die Möglichkeit der Erstattung, wenn der Gegenstand wieder ins Inland zurückgebracht wird. Da die Interessen, die zu solchen Bestimmungen den Anlaß geben, sich im allgemeinen auf die alte Kunst beschränken, soll die Steuerpflicht beim Verbringen ins Ausland nur eintreten, wenn der Hersteller der Gegenstände bereits 50 Jahre tot ist. Den Antiquitäten sind gewisse Gegenstände von geschichtlicher, kultureller und wissenschaftlicher Bedeutung gleichgestellt worden, deren Auswahl im wesentlichen den Formulierungen des preußischen Ausgrabungsgesetzes vom 26. März 1914 (Preußische Gesetzsammlung S. 41) folgt (Begr. S. 38).

Anm. 4.

Die Steuerpflicht bei dem Verbringen ins Ausland erstreckt sich nur auf Originalwerke der Plastik, Malerei und Graphik, umfaßt also nicht Vervielfältigungen und Kopien dieser Art. Zu den Originalwerken der Graphik gehören auch Radierungen; bagegen gehören nicht zu den Originalwerken der Malerei übermalte Photographien.[1])

Anm. 5.

Die Steuerpflicht tritt bei diesen Gegenständen sowie bei den übrigen in § 10 Nr. 3 des Gesetzes aufgeführten Gegenständen (Antiquitäten sowie solchen Sammelgegenständen, die für die Geschichte, die Kulturgeschichte oder die Urgeschichte der Pflanzen- und Tierwelt von Bedeutung sind) nur dann ein, wenn die Gegenstände am Tage des Verbringens ins Ausland vor fünfzig oder mehr Jahren hergestellt sind. Die Werke der modernen Kunst unterliegen also der Steuer bei dem Verbringen ins Ausland nicht.[2])

---

[1]) § 18 Abs. 1 AusfB.

[2]) § 18 Abs 2 AusfB.

Anm. 6.

Die Steuer nach § 10 Nr. 3 des Gesetzes tritt im Gegensatze zu den für sonstige steuerpflichtige Leistungen geltenden Vorschriften des Gesetzes auch dann ein, wenn ein Lieferungsgeschäft nicht vorliegt. Es genügen also: die Versendung lediglich mit der Absicht, die Gegenstände im Ausland zum Verkaufe zu stellen, sowie zum Zwecke der Ausstellung, auch wenn von vornherein die Absicht besteht, den Gegenstand nach Schluß der Ausstellung wieder ins Inland zurückzuschaffen; die Mitnahme der Gegenstände bei der Übersiedelung ins Ausland; Schenkungen an im Ausland wohnende Personen sowie die Versendung ins Ausland infolge eines Erbfalls. In Fällen, in denen hiernach die erhöhte Steuerpflicht unbillig erscheint, kann der Bundesrat auf Antrag schon vor dem Verbringen ins Ausland die Befreiung von der Steuer aussprechen; der Antrag ist bei dem Umsatzsteueramt anzubringen.[3])

Anm. 7.

Steuerpflichtig ist derjenige, der die Gegenstände ins Ausland verbringt, jedoch wird ihm die Steuer erstattet, wenn er die Gegenstände wieder ins Inland bringt (vgl. das nähere in §§ 27 und 28 Abs. 4 des Gesetzes).

§ 11.

Der Bundesrat ist ermächtigt, nähere Vorschriften über die Abgrenzung der im § 8 bezeichneten Gegenstände zu erlassen.

Der Bundesrat ist ferner befugt, die erhöhte Steuer nach § 8 auf andere Gegenstände auszudehnen.

Der Bundesrat hat die nach Abs. 1 und 2 erlassenen Vorschriften unverzüglich dem Reichstag vorzulegen; sie treten außer Kraft, soweit der Reichstag es verlangt.

Anm. 1.

Die Vorschriften befinden sich in den §§ 7 bis 17 der Ausführungsbestimmungen. Diese Bestimmungen haben sowohl soweit sie eine nähere Abgrenzung der Gegenstände geben, als auch soweit sie die Steuer auf andere Gegenstände ausdehnen, bindende Kraft, es sei denn, daß sich aus ihrer Fassung ergibt, daß sie lediglich als Anhalt für die Auslegung des Gesetzes dienen sollen.

3. Steuerberechnung und Verfahren.

§ 12.

Die Entrichtung der Steuer liegt, soweit nicht in den §§ 25 bis 27 ein anderes bestimmt ist, den im § 1 genannten Personen ob. Wird ein Unternehmen im ganzen veräußert, so haftet der Erwerber für die Steuer des laufenden Steuerabschnitts (§ 16) auf die Zeit bis zur Übernahme des Unternehmens neben dem Veräußerer.

---

[3]) § 18 Abs. 3 AusfB.

Bei Personenvereinigungen haften die Vorstände oder Geschäftsführer für die Erfüllung der durch dieses Gesetz vorgeschriebenen Verpflichtungen als Gesamtschuldner.

Bei Lieferungen auf Grund von Versteigerungen liegen die nach diesem Gesetze bestehenden Verpflichtungen auch dann den Versteigerern ob, wenn die Auftraggeber Personen der im § 1 Abs. 1 genannten Art sind. Sie sind berechtigt, sich bei ihren Auftraggebern für die entrichteten Steuerbeträge schadlos zu halten.

Zu Abs. 1.

Die Vorschrift bestimmt die subjektive Steuerpflicht. Die Unternehmer haben die Steuer zu bezahlen. Es bleibt ihnen unbenommen, sich von der Steuer durch Überwälzung zu befreien. Jedoch ist es gemäß § 13 verboten, die Steuer getrennt vom Preise besonders in Rechnung zu stellen.

Zu Abs. 2.

Die Vorschrift des Abs. 1 Satz 2, daß der Erwerber eines Unternehmens für die Steuer seines Vorgängers in einem bestimmten Umfang mit haftet, entspricht den Anschauungen des Verkehrs und den Vorschriften des Handelsrechts über die Haftung für Geschäftsschulden (Begr. S. 38).

Zu Abs. 3.

Bei Versteigerungen, bei denen nach § 1 Abs. 3 eine Steuerpflicht auch dann eintritt, wenn eine geschäftliche Tätigkeit vom Veräußerer nicht ausgeübt wird, tritt als äußerlich erkennbar der Versteigerer hervor, der nicht selten Gegenstände verschiedener Eigentümer gemeinsam verkauft. Es empfiehlt sich daher, ihn zum Steuerschuldner zu machen, wobei er selbstverständlich berechtigt sein muß, sich bei seinen Auftraggebern schadlos zu halten. Die Steuerpflicht des Versteigerers ist auch dann gegeben, wenn der Auftraggeber zu den im § 1 Abs. 1 genannten Personen gehört. In solchen Fällen hat der Auftraggeber seinerseits selbstverständlich die Entgelte, die ihm durch die Versteigerung zugeflossen sind, nicht mit in seine Steuererklärung (§ 17) aufzunehmen (Begr. S. 38).

§ 13.

Bei Leistungen aus Verträgen, die nach dem Inkrafttreten dieses Gesetzes abgeschlossen sind, ist der Steuerpflichtige nicht berechtigt, die Steuer dem Leistungsberechtigten neben dem Entgelte ganz oder teilweise gesondert in Rechnung zu stellen. Der Abnehmer aus einem Lieferungsvertrag ist nicht berechtigt, die bei der Weiterveräußerung des Gegenstandes fällige Steuer von dem ihm von seinem Lieferer in Rechnung gestellten Entgelte zu kürzen.

Auf eine Vereinbarung, die den vorstehenden Vorschriften entgegensteht, können sich der Steuerpflichtige, im Falle des Abs. 1 Satz 2 der Abnehmer nicht berufen.

§ 13 ist im Zusammenhang mit § 42 Abs. 6 zu erörtern. Beide Bestimmungen regeln die Frage der Abwälzbarkeit der Umsatzsteuer. Zu unterscheiden sind zwei Fälle.

Anm. 1.

I. Verträge vor dem 1. August 1918.

Hier bestimmt § 42 Abs. 6, daß der Abnehmer mangels abweichender Vereinbarungen verpflichtet ist, dem Lieferer einen Zuschlag zum Entgelt in Höhe der auf die Leistung entfallenden Steuer, jedoch abzüglich des Betrages, der bei einer Weitergeltung des Gesetzes über einen Warenumsatzstempel auf das Entgelt entfallen wäre, zu leisten. Dieser Preiszuschlag bildet keinen Grund zur Vertragsaufhebung.

Beispiel: A hat bei dem Juwelier B Weihnachten 1917 ein Schmuckstück bestellt für 1000 ℳ. B liefert den Gegenstand am 1. Oktober 1918 ab.

Hier muß A, trotzdem die Bestellung vor dem Inkrafttreten des Gesetzes erfolgt ist, zu den 1000 ℳ noch die 10% Luxussteuer zahlen und zwar, da die Steuer von dem Bruttobetrage berechnet wird, in Höhe von 11,11%. Hiervon geht dann ab der Warenumsatzstempel in Höhe von 1 v. T., so daß der Zuschlag rund 11% beträgt.

Die Bestimmung gilt ganz allgemein, ohne Rücksicht darauf, ob der Lieferer nach Zahlungen oder nach Lieferungen versteuert.

Beispiel: A hat bei B vor dem 1. August ein Automobil bestellt, lieferbar nach Kriegsende. Er hat es sofort bezahlt.

Hier muß er, wenn B nach Lieferungen versteuert, trotzdem später den Zuschlag in Höhe von 11% zahlen. Er kann nicht verlangen, daß B deswegen nach Zahlungen versteuern muß.

Bei der allgemeinen Umsatzsteuer beträgt der Zuschlag rund 4 v. T., vorausgesetzt, daß es sich um Warenlieferungen handelt. Soweit dagegen reine Leistungen in Betracht kommen, beträgt der Zuschlag 5 v. T., denn diese unterlagen nach dem Warenumsatzstempel überhaupt keiner Steuer.

Beispiel: Der Spediteur A hat einen Wohnungsumzug für 1000 ℳ vor dem 1. August übernommen. Der Umzug wird nach dem 1. August ausgeführt.

Hier kann A einen Zuschlag von 5 v. T. verlangen.

Ist die Warenlieferung vor dem 1. Oktober 1916 erfolgt, so könnte nach dem Wortlaut des Gesetzes auch nur ein Zuschlag in Höhe von 4 v. T. gemacht werden, da bei einer Weitergeltung des Warenumsatzstempelgesetzes nach Ziff. XX der Auslegungsgrundsätze des Bundesrats auch diese Zahlungen mit 1 v. T. zu versteuern wären. Es würde also der Lieferer einen Schaden von 1 v. T. erleiden, da er den ganzen Betrag mit 5 v. T. versteuern muß, während er seinerzeit nicht in der Lage war, die Steuer in den Kaufpreis hineinzukalkulieren.

Man wird jedoch annehmen müssen, daß für diese Fälle auch Artikel V des Gesetzes über einen Warenumsatzstempel weitergelte, wonach dann der Lieferer berechtigt ist, auch diese 1 v. T. auf den Abnehmer abzuwälzen.

Anm. 2.

Wie in § 1 Anm. 1 ausgeführt ist, soll es nach der Absicht des Gesetzgebers im Umsatzsteuergesetz im Gegensatz zum Warenumsatzstempelgesetz bei der regelmäßigen Versteuerung nach Zahlungen nicht genügen, daß die Zahlung nach dem Inkrafttreten des Gesetzes erfolgt, sondern es soll auch noch die Lieferung nach diesem Zeitpunkt liegen müssen. Hieraus ergibt sich, daß eine Reihe von Zahlungen jetzt ganz steuerfrei sind, die bei Weitergeltung des Warenumsatzstempelgesetzes wenigstens mit 1 v. T. hätten versteuert werden müssen.

Beispiel: In einem Abzahlungsgeschäft gehen Zahlungen ein für Waren, die vor dem Krieg geliefert waren.

Diese Zahlungen waren nach dem Warenumsatzstempelgesetz mit 1 v. T. zu versteuern und sind jetzt steuerfrei. Hierdurch erlangen diejenigen Gewerbetreibenden einen Vorteil, die Warenlieferungen unter dem Warenumsatzstempelgesetz ausgeführt und dabei die Steuer von 1 v. T. in den Preis hineinkalkuliert haben. Erhalten sie jetzt Zahlung für diese Warenlieferungen, so kommt ihnen, da alle Zahlungen steuerfrei geworden sind, der Betrag zugute.

Anm. 3.

Die gesetzliche Regelung gilt nur mangels abweichender Vereinbarung. Hier ist streitig geworden, ob eine derartige abweichende Vereinbarung in dem Tarif solcher Elektrizitäts-, Gas- und Wasserwerke zu finden ist, die auf Grund von Konzessionsverträgen, die sie mit Gemeinden geschlossen haben, verpflichtet sind, die Bewohner der Gemeinden mit Elektrizität, Gas oder Wasser zu versorgen.[1]) Das ist zu verneinen. Denn der Tarif ist nichts weiter, als die Bemessung für die Grundlage des Kaufpreises. Zu diesem Kaufpreis hat dann als Zuschlag der Betrag der Umsatzsteuer zu treten. Demgemäß sind die Elektrizitäts-, Gas- und Wasserwerke berechtigt, die Steuer abzuwälzen. Sie dürfen dies aber nur tun in Höhe des tatsächlich auf die betreffende Zahlung entfallenden Betrages. Unzulässig ist es, die Pfennigbeträge einfach auf volle 10 ₰ nach oben abzurunden.

Es ist dann weiter die Ansicht vertreten worden, daß die Abnehmer bei derartigen Konzessionsverträgen die Abwälzung dadurch verhindern könnten, indem sie die alten, vor dem Inkrafttreten des Gesetzes geschlossenen Anschlußverträge kündigen, und dann einen neuen Anschlußvertrag schließen. Auch dies ist unrichtig. Denn bei derartigen Konzessionsverträgen handelt es sich um Verträge zugunsten Dritter. Selbst wenn man annehmen will, daß die Bewohner einer Gemeinde auf Grund eines solchen von der Gemeinde mit dem betreffenden Werk geschlossenen Vertrages ein selbständiges Recht gegen das Werk auf Lieferung haben, so hat doch auch in einem solchen Falle das Recht des Dritten ausschließlich seinen Grund in dem ursprünglichen Vertrage,

[1]) Vgl. hierüber: Koßmann im PrVBl. 38 Nr. 20 S. 283, ferner Tiktin im PrVBl. 38 Nr. 35 S. 509, sowie Tag vom 16. Febr. 1917, schließlich einen Aufsatz des Verfassers im PrVBl. 39 Nr. 6 S. 71.

durch den das Werk sich der Gemeinde gegenüber verpflichtet hat, an deren Bewohner zu liefern. Daher muß der Dritte zu dem Tarifpreis des alten Vertrages den Zuschlag in Höhe der Umsatzsteuer auch dann zahlen, wenn er erst nach dem 1. August 1918 sich einen Anschluß machen läßt. Daran ändert auch der Umstand nichts, daß vielfach der Dritte erst einen Vertrag mit dem Werk schließen muß, wenn er Lieferungen haben will. Denn wie aus § 328 BGB. hervorgeht, haben bei einem Vertrag zugunsten Dritter die Vertragschließenden es in der Hand, das Recht des Dritten erst unter gewissen Voraussetzungen entstehen zu lassen. Sie machen also in derartigen Fällen das Recht des Dritten auf Lieferung erst davon abhängig, daß er seinerseits einen Antrag an das Werk stellt. Tut er dies, so bildet dann die Grundlage für sein Recht der alte Konzessionsvertrag.

Anm. 4.

Eine Grenze findet die Abwälzung in dem gesetzlichen Höchstpreis. Höchstpreise schließen die Abwälzung aus.[2]) Dies Ergebnis kann nur dadurch beseitigt werden, daß die Höchstpreise entsprechend erhöht werden.

Anm. 5.

II. Verträge nach dem 1. August 1918.

Hier bestimmt § 13, daß der Steuerpflichtige nicht berechtigt ist, die Steuer dem Leistungsberechtigten neben dem Entgelt ganz oder teilweise gesondert in Rechnung zu stellen. Diese Regelung entspricht dem § 1 des Gesetzes betreffend die Abwälzung des Warenumsatzstempels vom 30. Mai 1917. Während bei den vor dem 1. August 1918 geschlossenen Verträgen die Abwälzung der Umsatzsteuer grundsätzlich erlaubt ist, ist sie hier bei den nach dem 1. August 1918 geschlossenen Verträgen grundsätzlich verboten. Die unterschiedliche Behandlung hat darin ihren Grund, daß bei dem alten Vertrage der Lieferer keine Möglichkeit hatte, bei seiner Kalkulation des Kaufpreises die Umsatzsteuer mit zu berücksichtigen.

Verboten ist jedoch nur die gesonderte, d. h. äußerlich sichtbare In-Rechnungstellung der Umsatzsteuer.

Gesondert ist die Abgabe in Rechnung gestellt, wenn dem Preise ausdrücklich ein bestimmter Betrag als Betrag der Abgabe hinzugeschlagen wird oder wenn die Preisstellung, die übrigens auch mündlich erfolgen kann, zweifelsfrei erkennen läßt, daß in dem Preis der Abgabebetrag in bestimmter Höhe eingerechnet worden sei, so z. B., wenn der Rechnungsbetrag mit den Worten „800 ℳ 80 ₰ einschließlich Warenumsatzstempel" angegeben ist.

Dagegen ist es dem Lieferer unbenommen, die Steuer bei der Kalkulation zu berücksichtigen. Das Gesetz betrachtet es sogar, wie aus § 28 hervorgeht, als selbstverständlich, daß die Steuer auf den Verbraucher abgewälzt wird.

Anm. 6.

Zu Abs. 1 S. 2.

Diese Bestimmung handelt von der Rückwälzung. In der Praxis waren Wiederverkäufer, namentlich Warenhäuser, gestützt auf ihre wirtschaftliche Übermacht, vielfach dazu übergegangen, den von

---

[2]) KommB. S. 2.

ihnen beim Weiterverkauf zu entrichtenden Stempel ihrem Lieferer an der Rechnung zu kürzen. Dieser hatte dann nicht nur den Stempel von seinem Umsatz an den Wiederverkäufer, sondern auch den zweiten Stempel des Wiederverkäufers von dessen Umsatz zu tragen. Die Rückwälzung ist jetzt verboten.

§ 14.

Die Steuerpflichtigen haben ihr Unternehmen bis zu einem von der obersten Landesfinanzbehörde oder der von ihr bezeichneten Behörde zu bestimmenden Zeitpunkt oder, wenn das Unternehmen bei dem Inkrafttreten des Gesetzes noch nicht besteht, innerhalb zweier Wochen nach dem Beginne der Steuerstelle anzuzeigen. Die oberste Landesfinanzbehörde kann anordnen, daß es einer Anzeige nicht bedarf, wenn der Beginn des Unternehmens bereits nach den Vorschriften anderer Gesetze angezeigt oder angemeldet worden ist. Setzt der Steuerpflichtige die im § 8 genannten Gegenstände im Kleinhandel um, so muß dies in der Anzeige oder, wenn es einer solchen nach der vorstehenden Bestimmung nicht bedarf, in einer besonderen Mitteilung an die Steuerstelle innerhalb zweier Wochen nach dem Inkrafttreten dieses Gesetzes unter Bezeichnung der Art der Gegenstände angegeben werden. Die Anzeige oder die besondere Mitteilung ist innerhalb zweier Wochen zu ergänzen, wenn ein Unternehmen den Kleinverkauf auf Gegenstände der im § 8 genannten Art erstreckt, die es bisher nicht geführt hat.

Unternehmer, die im Ausland ihren Sitz, aber im Inland eine Niederlassung oder eine Geschäftsstelle haben, sind verpflichtet, auf Erfordern der Steuerstelle einen im Inland wohnhaften Vertreter zu bestellen, der für die Erfüllung aller den im § 1 genannten Personen nach diesem Gesetz obliegenden Verpflichtungen als Gesamtschuldner haftet.

Anm. 1.

In § 14 ist angeordnet, daß die Steuerpflichtigen vom Bestehen oder Beginn ihrer Unternehmungen Anzeige zu erstatten haben. Die Praxis hat bei der Ausführung des Warenumsatzstempels ergeben, daß gerade die vollständige Erfassung aller Betriebe mit den bisherigen Mitteln dieses Gesetzes nicht durchführbar ist. Die Führung vollständiger Listen muß durch eine Anzeigepflicht sichergestellt werden. Dabei ist, um die Gewerbetreibenden nicht mit unnötigem Schreibwerk zu belasten, vorgesehen, daß es nach näherer Bestimmung der obersten Landesfinanzbehörde einer Anzeige nicht bedarf, wenn eine solche schon auf Grund anderer gesetzlicher Vorschriften erfolgt; es wird im Verwaltungswege anzuordnen sein, daß die sonstigen Behörden, denen solche Anzeigen zugehen, die Steuerstellen davon in Kenntnis setzen (vgl. § 32). Begr. S. 39.

Anm. 2.

Die Anzeige muß immer erfolgen, sobald Luxusgegenstände umgesetzt werden. Im übrigen können die obersten Landesfinanzbehörden Befreiung von der Anzeigepflicht gewähren.

In Preußen[1]) sind nur die Unternehmer von der Anzeige befreit, die für das Kalenderjahr 1917 eine Anmeldung zum Warenumsatzstempel abgegeben haben.

In Bayern[2]) sind ganz allgemein die Betriebe, die der Einkommensteuer oder der Gewerbesteuer unterliegen, befreit.

Die näheren Vorschriften über Inhalt und Form der Anzeigen, sowie über die Zuständigkeit sind in § 39 AusfB. enthalten.

Anm. 3.

Die Verletzung der Anzeige- und Mitteilungspflicht zieht gemäß § 38 Abs. 4 eine Ordnungsstrafe bis zu 150 ℳ nach sich. Dabei gilt jedoch die 14tägige Frist auch dann als gewahrt, wenn die Anzeige innerhalb der Frist bei einem unzuständigen Umsatzsteueramt eingeht (§ 34 Abs. 1 S. 3 AusfB.).

§ 15.

Die Steuerpflichtigen sind verpflichtet, zur Feststellung der Entgelte Aufzeichnungen zu machen, und zwar nach den vom Bundesrate hierüber zu erlassenden Bestimmungen. Diese treten außer Kraft, wenn der Reichstag es verlangt. Soweit andere Gesetze weitergehende Vorschriften enthalten, bestimmt sich der Umfang der Aufzeichnungspflicht nach diesen. Ordnungsmäßige Aufzeichnungen sind von der Steuerbehörde, vorbehaltlich des Nachweises ihrer Unrichtigkeit, der Feststellung der Steuer zugrunde zu legen.

Steuerpflichtige, die Lieferungen der im § 8 genannten Art ausführen, haben in jeder von ihnen unterhaltenen Niederlassung für die im § 8 genannten Gegenstände gesondert ein Lagerbuch und ein Steuerbuch zu führen. Aus dem Lagerbuche muß der Bestand der Gegenstände bei Beginn jedes Steuerabschnitts (§ 16) und der tägliche Ein- und Ausgang zu entnehmen sein. In das Steuerbuch muß bei jeder Lieferung der Gegenstand nach der handelsüblichen Bezeichnung, der Tag der Lieferung, der Betrag des Entgelts, der Tag der Zahlung und der Steuerbetrag eingetragen werden. Nähere Anordnungen über Form, Inhalt und Führung der beiden Bücher erläßt der Bundesrat. Die Oberbehörde kann solche Unternehmen, in deren Betrieb im wesentlichen nur die nach § 8 steuerpflichtigen Gegenstände veräußert werden oder nach den sonstigen Geschäfts-

[1]) FE. vom 30. Juli 1918.

[2]) Bek. vom 26. Juli 1918 Z. 5.

büchern die gesonderte Übersicht über den Bestand dieser Gegenstände gewährleistet ist, von der Führung des besonderen Lagerbuchs und, wenn die sonstigen Geschäftsbücher die einzelnen Lieferungen und Zahlungen in einer die Berechnung der Steuer sicherstellenden Weise ergeben, auch von der Führung des Steuerbuchs entbinden; die Oberbehörde kann ihre Befugnis auf die Steuerstellen übertragen.

Die obersten Landesfinanzbehörden können anordnen, daß auf solche Niederlassungen, von denen die im § 8 genannten Gegenstände ausschließlich oder regelmäßig nur im Großhandel vertrieben werden, Abs. 2 keine Anwendung findet.

Die Aufzeichnungen, Bücher und Geschäftspapiere, soweit sie sich auf die steuerpflichtigen Leistungen beziehen, sind fünf Jahre lang, vom Schlusse des Kalenderjahrs ab, in dem die Steuer fällig geworden ist, aufzubewahren.

Anm. 1.

§ 15 enthält gegenüber den bisherigen Steuergesetzen einen sehr wesentlichen Fortschritt. Es wird hier dem Steuerpflichtigen die Verpflichtung der Buchführung auferlegt. Von vielen Seiten ist der Wunsch geäußert worden, durch einen gesetzlichen Zwang die Gewerbetreibenden zu einer ordnungsmäßigen Buchführung zu veranlassen. Gerade aus dem Kreise des Kleingewerbes und des Handwerkes ist darauf hingewiesen worden, daß eine solche Vorschrift von gar nicht zu überschätzender erziehlicher Bedeutung sein würde. Selbstverständlich werden sich die Vorschriften des Bundesrats über Art und Umfang der Buchführungspflicht einstweilen nur in sehr engen Grenzen bewegen können. Man wird vom kleinen Krämer oder Landwirt nicht mehr verlangen können, als daß er sich über seine Einnahmen einigermaßen übersichtliche Notizen macht und aus ihnen am Jahresschlusse den Gesamtbetrag seiner Einnahmen errechnet. Nur wo andere gesetzliche Vorschriften, insbesondere die des Handelsgesetzbuchs oder auch diejenigen besonderer landesrechtlicher Verordnungen, z. B. über das Gewerbe der Auktionatoren, weitergehende Bestimmungen enthalten, erstreckt sich auch die Buchführung im Sinne dieses Gesetzes auf den hierdurch bestimmten Umfang. Da es sich bei der ganzen Vorschrift zunächst nur um einen Anfang handeln kann, war erforderlich, die Unterlassung nicht unbeschränkt unter Strafe zu stellen. Es soll deshalb die Bestrafung gemäß § 38 Abs. 4 unterbleiben, wenn die Unterlassung der Buchführung aus Gründen, die in der Person des Steuerpflichtigen oder in der Art seines Geschäftsbetriebs liegen, entschuldbar erscheint.

Eine weitergehende Buchführung mußte für solche Personen vorgeschrieben werden, die Luxusgegenstände vertreiben. In diesem Falle ermöglicht allein die Buchführung die Nachprüfung, ob die erhöhte Steuer wirklich erhoben wird. Da in der Mehrzahl der Geschäfte, die in Betracht kommen, nicht lediglich Gegenstände feilgeboten werden, die der erhöhten Steuer unterliegen, so muß stets eine buchmäßige Scheidung zwischen Gegenständen, die der allgemeinen Steuer, und solchen, die der erhöhten Steuer unterworfen sind, vorliegen. Es ist deswegen vorgeschrieben, daß über die im § 8 genannten Gegenstände in jeder Geschäftsniederlassung, von der aus sie im Kleinhandel feilgeboten werden, ein Lagerbuch und ein Steuerbuch einzurichten sind. Das Lagerbuch muß so geführt werden, daß täglich festgestellt werden kann, welcher Bestand an erhöht steuerpflichtigen Waren in der Niederlassung vorhanden ist. Diese Feststellung ergänzt dann das Steuerbuch, aus dem die einzelnen Verkäufe von erhöht steuerpflichtigen Waren zu entnehmen sind. Es ist vorgesehen, daß von der Verpflichtung zur gesonderten Buchführung Befreiung erfolgen kann, wenn nach der Art des Geschäfts die Möglichkeit der Nachprüfung auf andere Weise sichergestellt ist.

Ein besonderer Nachdruck ist der Buchführungspflicht dadurch verliehen worden, daß diejenigen Personen, die zu der Sonderbuchführung nach § 15 Abs. 2 verpflichtet sind oder die unter die im § 15 Abs. 1 Satz 3 bezeichneten Vorschriften fallen, der ordentlichen Rechtsmittel verlustig gehen, wenn sie keine Bücher vorlegen können (vgl. § 23 Abs. 2 Satz 2). Begr. S. 39.

Der Ausschuß hat die Verpflichtung, zur Buchführung durch die Verpflichtung, Aufzeichnungen zu machen, ersetzt. Dadurch ist aber in der Sache nichts geändert.

Anm. 2.

Die näheren Bestimmungen über die Buchführung befinden sich im II. Abschnitt der Ausführungsbestimmungen erläutert und zwar ist dort behandelt:

I. die mildere Aufzeichnungspflicht nach den vom Bundesrat zum Umsatzsteuergesetz erlassenen Bestimmungen in den §§ 23—27 AusfB.;

II. die strengere Buchführungspflicht nach dem Handelsgesetzbuch oder anderen Gesetzen, z. B. den auf Grund des § 38 GewO. für Pfandleiher, Auktionatoren, Trödler erlassenen Ministerialverordnungen im § 28 AusfB. (vgl. die Erläuterungen dazu);

III die verschärfte Buchführungspflicht für Luxusbetriebe in den §§ 30ff. AusfB. (vgl. hier die Erläuterungen dazu, besonders über die Befreiung vom Lagerbuch im § 31 AusfB. und über die Befreiung vom Steuerbuch im § 32 AusfB.).

Anm. 3.

Die Verletzung der Aufzeichnungspflicht zieht folgende Nachteile nach sich:

1. Bestrafung nach § 38.
2. Verlust des ordentlichen Rechtsmittels, denn dann ist nur Schätzung möglich und gegen diese ist nur die Verwaltungsbeschwerde gegeben.

Die Verletzung der strengeren und der verschärfteren Buchführungspflicht zieht den Verlust eines *jeden* Rechtsbehelfs nach sich (§ 23 Abs. 2 des Gesetzes).

Zu Abs. 4.

Anm. 4.

Aufbewahrungspflicht. Alle Steuerpflichtigen haben ihre Bücher und Geschäftspapiere 5 Jahre lang aufzubewahren. Die

5 jährige Frist beginnt mit dem Ablauf des Kalenderjahres, in dem die Steuer fällig geworden ist.

§ 16.

Die Steuer wird nach dem Gesamtbetrage der Entgelte berechnet, die das Unternehmen im Laufe eines Kalenderjahrs für steuerpflichtige Leistungen erhalten hat.

Im Falle des § 8 findet die Berechnung der Steuer nach Ablauf jedes Monats statt. Ist der Steuerpflichtige von der Führung eines Steuerbuchs entbunden, so kann die Steuerstelle die Abrechnung nach Abs. 1 gestatten, wenn er sich damit einverstanden erklärt, daß alle Umsätze des Unternehmens, ohne Sonderung in nach § 8 steuerpflichtige oder nicht unter diese Vorschrift fallende Gegenstände, der erhöhten Steuer des § 8 unterworfen werden.

Der Bundesrat kann über die Art der Veranlagung und Erhebung der Steuer bei Versteigerungen besondere Bestimmungen treffen.

Anm. 1.

Die Steuer ist im Anschluß an den § 76 des Warenumsatzstempelgesetzes grundsätzlich eine Jahressteuer. Nur soweit die im § 8 genannten Luxusgegenstände in Betracht kommen, ist im Interesse der Nachprüfung der kürzere Steuerzeitraum von einem Monat geschaffen worden. Dieser kürzere Zeitraum gilt aber nur für Lieferungen von Luxusgegenständen im Kleinhandel. Werden Luxusgegenstände an Erwerber geliefert, die sich als Weiterveräußerer ausgewiesen haben, so sind diese Umsätze in die jährliche allgemeine Umsatzsteuererklärung aufzunehmen. Nach § 52 Abs. 4 der AusfB. haben die Umsatzsteuerämter bei der Prüfung der Steuererklärung darauf zu achten, daß dies nicht unterlassen wird. Es haben also alle Luxuswaren führende Geschäfte eine doppelte Steuererklärung abzugeben:

1. jeden Monat: Lieferungen von Luxusgegenständen im Kleinhandel,
2. jedes Jahr: Lieferungen von Luxusgegenständen im Großhandel und Lieferungen von nicht der Luxussteuer unterliegenden Gegenständen (vgl. § 19).

Die monatliche Steuererklärung kann für Luxusbetriebe dann in Wegfall kommen, wenn sich der Steuerpflichtige damit einverstanden erklärt, daß alle Umsätze des Unternehmens nach dem erhöhten Satze versteuert werden. Das Gesetz knüpft diese Vergünstigung an die Voraussetzung, daß der Steuerpflichtige von der Führung eines Steuerbuchs entbunden wird. Er wird aber gewöhnlich nur von der Führung des Steuerbuchs entbunden werden, wenn er die Erklärung abgibt, daß er alle Umsätze nach dem erhöhten Satze des § 8 versteuern will (vgl. hierüber die Erläuterungen zu § 32 AusfB.).

Anm. 2.

Wegen der Veranlagung und Erhebung der Steuer bei Versteigerungen vgl. §§ 62, 63 AusfB.

§ 17.

Der Steuerpflichtige hat der Steuerstelle innerhalb eines Monats nach Ablauf des Steuerabschnitts (§ 16) eine Erklärung über den Gesamtbetrag der von ihm vereinnahmten Entgelte, und zwar erforderlichenfalls gemäß § 16 Abs. 2 gesondert, abzugeben.

Besteht das Unternehmen nicht bis zum Schlusse des Steuerabschnitts, so ist die Erklärung innerhalb eines Monats seit der Einstellung des Unternehmens abzugeben; für später eingehende Entgelte haben nach näherer Anordnung der Steuerstelle Nachanmeldungen stattzufinden.

Wird ein Unternehmen im ganzen veräußert, so hat der Erwerber nach Ablauf des Steuerabschnitts (§ 16) die Erklärung zugleich für die Zeit bis zur Übernahme des Unternehmens abzugeben. Er wird von dieser Verpflichtung frei, soweit der Veräußerer die Erklärung nach Abs. 2 abgibt.

Auf Antrag kann die Steuerstelle die Fristen verlängern; sie kann die Fristverlängerung von einer Sicherheitsleistung abhängig machen.

Dem Steuerpflichtigen, der die Erklärung nicht rechtzeitig abgibt, kann ein Zuschlag bis zu zehn vom Hundert der endgültig festgestellten Steuer auferlegt werden.

In den Erklärungen ist die Versicherung abzugeben, daß die Angaben nach bestem Wissen und Gewissen gemacht werden.

Dem Steuerpflichtigen kann auf seinen Antrag von der Oberbehörde gestattet werden, an Stelle der im Abs. 1 vorgesehenen Erklärung eine Erklärung über den Gesamtbetrag der Entgelte für die im Steuerabschnitte bewirkten Leistungen ohne Rücksicht auf die Bezahlung abzugeben und die Steuer nach diesem Betrage zu entrichten. Die Erlaubnis darf nur erteilt werden, wenn der Steuerpflichtige seine Bücher nach kaufmännischen Grundsätzen führt und es sich nicht um einen Kleinhandelsbetrieb handelt. Dem Steuerpflichtigen kann von der Oberbehörde weiter gestattet werden, von der einen zu der anderen Versteuerungsart überzugehen, wenn er die Anordnungen des Bundesrats zur Sicherung des Steueraufkommens erfüllt.

Der Bundesrat kann nähere Bestimmungen über die Form der Erklärungen erlassen.

Zu Abs. 1.

Anm. 1.

Die Steuerberechnung vollzieht sich derart, daß der Steuerpflichtige in einer Erklärung Angaben über die Höhe seines Umsatzes in den vorangegangenen Steuerabschnitten macht. Er hat zu diesem Zwecke die Entgelte zusammenzurechnen, die er für seine Leistungen vereinnahmt hat. Gleichgültig ist es, ob die Lieferung, für die die Zahlung geleistet wird, in demselben Kalenderjahr oder früher erfolgt ist oder im Falle der Vorauszahlung noch aussteht. Daher sind auch Teilzahlungen soweit zu berücksichtigen, als sie in den Steuerabschnitt fallen; der erst nach Abschluß des Steuerabschnitts eingehende Teil eines Entgelts ist dann im nächsten Steuerabschnitt mitanzumelden (Begr. S. 40). Im übrigen vgl. wegen der Arten und des Inhalts der Steuererklärungen §§ 45 ff. AusfB

Anm. 2. **Zu Abs. 2.**

Besteht das Unternehmen nicht bis zum Schlusse des Kalenderjahrs oder bei Luxusgeschäften bis zum Schlusse eines Monats, so ist die Steuererklärung innerhalb eines Monats seit der Einstellung des Unternehmens abzugeben. Wann ein Gewerbe eingestellt ist, ist Tatfrage. Die gewerbesteuerliche Abmeldung und die Löschung der Firma im Handelsregister kann dafür einen Anhalt geben, ist aber nicht entscheidend.

Keine Einstellung des Gewerbes bilden Liquidation und Konkurs. Diese sind vielmehr im Steuersinn nur die Fortsetzung des Gewerbebetriebes in veränderter Form.[1]) Liquidation und Konkurs bilden daher auch keinen Steuerabschnitt. Über die Behandlung des Konkurses vgl. § 1 Anm. 2.

Anm. 3. **Zu Abs. 4.**

Dem Antrag auf Fristverlängerung kann nur nach § 45 Abs. 4 AusfB. stattgegeben werden, wenn der Steuerpflichtige glaubhaft macht, daß ihm die Abgabe der Erklärung innerhalb der vorgeschriebenen Frist nicht möglich ist. Dabei hat das Umsatzsteueramt bei einer Verlängerung um mehr als einen Monat die Einwilligung der Oberbehörde einzuholen.

Zu Abs. 7: Die Versteuerung nach dem Soll.

Anm. 4.

Neben der Versteuerung der während eines Kalenderjahrs vereinnahmten Entgelte ist vom Gesetz noch eine weitere Versteuerungsart zugelassen, nämlich die Versteuerung der während eines Kalenderjahrs bewirkten Leistungen ohne Rücksicht auf die Bezahlung. Es ist schon in Anm. 1 zu § 6 ausgeführt, daß man für die beiden Versteuerungsarten die Ausdrücke des Warenumsatzstempelgesetzes: *Versteuerung nach Zahlungen* und *Versteuerung nach Lieferungen* beibehalten kann. Nach dem Warenumsatzstempelgesetz hatte der Steuerpflichtige vollkommen die freie Wahl, ob er nach Zahlungen oder Lieferungen versteuern wollte. Jetzt muß er, wenn er nach Leistungen versteuern will, hierzu die Genehmigung der Oberbehörde einholen.

Der Antrag hat nach § 44 AusfB. folgendes zu enthalten:

1. Es sind die Gründe darzulegen, die den Steuerpflichtigen veranlassen, von der regelmäßigen Versteuerung nach Zahlungen abzuweichen (vgl. unten a und b).
2. Es ist anzugeben, ob die Änderung dauernd oder nur für eine bestimmte Zeit begehrt wird.

---

[1]) KommB. zum WUStG. S. 16.

Die Genehmigung wird nur erteilt, wenn es sich um ein Unternehmen handelt, in dem

a) ausschließlich oder doch überwiegend Umsätze außerhalb des Kleinhandels ausgeführt und
b) Bücher nach kaufmännischen Grundsätzen geführt werden.

Anm. 5.

Das Wesen der Versteuerung nach Lieferungen besteht darin, daß es auf die Zahlung für die Leistung überhaupt nicht ankommt, daß also auch dann eine Leistung im Steuerjahr steuerpflichtig bleibt, wenn feststeht, daß eine Zahlung nicht eingehen wird. Die Abgabe wird also ohne Rücksicht darauf geschuldet, ob und wann die Zahlung für die Leistung eingeht. Somit werden bei der Versteuerung nach Lieferungen auch zweifelhafte Forderungen versteuert und selbst wenn die Forderung im Konkurs ausgefallen oder die Zwangsvollstreckung fruchtlos war, muß trotzdem die Abgabe gezahlt werden.

Diesem Nachteil steht der Vorteil gegenüber, daß bei der Buchführung sich der steuerpflichtige Umsatz leichter ermitteln läßt. Geht in einem größeren Geschäft eine Zahlung ein, so kann man nicht ohne weiteres wissen, ob diese Zahlung steuerpflichtig ist, es muß vielmehr jetzt erst der Vorgang ermittelt und festgestellt werden, ob die Leistung steuerpflichtig war. Bei der Versteuerung nach Lieferungen erfolgt aber diese Feststellung sofort nach der Ausführung und zwar gibt im allgemeinen das Verkaufsbuch hierüber Aufschluß.

Anm. 6.

Bei der Versteuerung nach Lieferungen unterliegt genau wie bei der Versteuerung nach Zahlungen auch nur der Gesamtbetrag der Leistungen der Steuer. Es sind somit nur die Verhältnisse am Schlusse des Steuerabschnitts maßgebend. Scheidet also z. B. eine Lieferung aus, weil sie rückgängig gemacht ist, so kommt sie für die Besteuerung nicht in Betracht (vgl. Anm. 2 zu § 1).

Anm. 7.

Hat der Steuerpflichtige schon nach Zahlungen versteuert, so könnte er durch den Übergang von der Versteuerung nach Zahlungen zu der Versteuerung nach Lieferungen erreichen, daß gewisse Leistungen überhaupt nicht versteuert werden, nämlich diejenigen, die in dem einen Kalenderjahr ausgeführt, und im nächsten Kalenderjahr bezahlt werden. In dem einen Jahr ist eine Steuer nicht zu bezahlen, weil Zahlungen nicht eingegangen, in dem andern Jahr, weil Leistungen nicht ausgeführt sind. Daher wird nach § 44 S. 2 AusfB., wenn der Steuerpflichtige bisher nach Zahlungen versteuert hat, die Genehmigung für den Übergang zur Versteuerung nach Lieferungen an die Bedingung geknüpft, daß er Zahlungen, die für in früheren Steuerabschnitten bewirkte Leistungen noch eingehen, in dem Steuerabschnitt des Eingangs versteuert. Der Betrag dieser Zahlungen ist in der Steuererklärung dann gesondert außer dem Gesamtbetrag der Leistungen aufzuführen.

Anm. 8.

Der Steuerpflichtige kann, nachdem ihm einmal gestattet ist, nach Lieferungen zu versteuern, wiederum zur Versteuerung nach Zahlungen übergehen, jedoch nur mit Genehmigung der Oberbehörde. Auch hier könnten gewisse Leistungen unversteuert bleiben, nämlich dann, wenn sie in dem einen Kalenderjahr bezahlt und erst im nächsten ausgeführt werden. Daher wird die Genehmigung zum Übergang von der Versteuerung nach Lieferungen zu derjenigen nach Zahlungen nur unter der Bedingung erteilt, daß der Steuerpflichtige diejenigen Entgelte, die in früheren Steuerabschnitten vereinnahmt sind, während die Leistung erst in einem Steuerabschnitte nach dem Wechsel der Besteuerungsart erfolgt, in dem ersten Steuerabschnitt nach dem Wechsel zur Versteuerung bringt. Auch hier hat er dann in der Steuererklärung den Betrag der nachträglich zu versteuernden Entgelte besonders aufzuführen.

Anm. 9.

Der Übergang von der einen zu der anderen Versteuerungsart kann es aber auch mit sich bringen, daß gewisse Leistungen doppelt versteuert werden, nämlich dann, wenn die Leistungen in dem einen Kalenderjahr bezahlt und erst im nächsten ausgeführt werden und ebenso umgekehrt. Für diese Fälle fehlt es an einer gesetzlichen Regelung. Es muß also bei der doppelten Versteuerung verbleiben. Nur für die Übergangszeit bestimmt § 42 Abs. 4, daß, wenn der Steuerpflichtige bisher nach Lieferungen versteuert hat und jetzt nach Zahlungen versteuert, auf die Umsatzsteuer der Betrag des gezahlten Warenumsatzstempels anzurechnen ist.

§ 18.

Sind Entgelte in einem späteren Steuerabschnitt, als ihre Entrichtung erfolgte, zurückgewährt worden, so kann der Steuerpflichtige den entsprechenden Betrag von dem steuerpflichtigen Gesamtbetrage desjenigen Steuerabschnitts, in dem die Rückgewährung erfolgt ist, absetzen. Er hat in diesem Falle in seiner Erklärung (§ 17) diese Entgelte besonders anzugeben.

Nach § 16 wird die Steuer nach dem Gesamtbetrage des Entgelts berechnet, die das Unternehmen im Laufe eines Kalenderjahrs für steuerpflichtige Leistungen erhalten hat. Daher brauchen Entgelte, die in einem Steuerabschnitt zurückgewährt worden sind, nicht mit angemeldet zu werden. § 18 bestimmt, über das bisherige Warenumsatzstempelrecht hinausgehend, daß auch noch in einem späteren Steuerabschnitt erfolgende Rückzahlungen ausgeglichen werden können. Die Vorschrift findet in gleicher Weise für die Versteuerung nach Zahlungen wie für die nach Leistungen Anwendung. Vgl. im einzelnen die Beispiele auf den Seiten 7, 75 und 76.

§ 19.

Werden in einem Unternehmen neben lediglich nach § 1 steuerpflichtigen Leistungen auch solche der im § 8 bezeichneten Art ausgeführt, so ist bezüglich dieser nach den hierfür gegebenen Sonderbestimmungen zu verfahren; der Steuerpflichtige hat die danach bereits versteuerten Leistungen bei Abgabe der Erklärung nach § 16 Abs. 1 nochmals gesondert aufzuführen.

Die Staffelung der Steuersätze nach § 6 und § 8 macht erforderlich, daß die allgemeine Steuer und die erhöhte Steuer für jeden Steuerabschnitt als zwei getrennte Steuern bei der Erklärung und bei der Berechnung der Steuer behandelt werden § 19 hebt noch einmal besonders hervor, daß die beiden Steuerarten auseinanderzuhalten sind, und verstärkt die Möglichkeit der Nachprüfung dadurch, daß am Schlusse des für die allgemeine Steuer geltenden Rechnungsabschnitts, also des Kalenderjahrs, nochmals die für die erhöhte Steuer abgegebenen monatlichen Erklärungen zusammengefaßt zu wiederholen sind (Begr. S. 40).

§ 20.

Nimmt im Falle des § 8 der Steuerpflichtige Befreiung von dem erhöhten Steuersatze für sich in Anspruch, weil die Gegenstände zur gewerblichen Weiterveräußerung in derselben Beschaffenheit oder nach vorheriger Be- oder Verarbeitung geliefert worden seien (§ 9 Abs. 1), so muß er sich bei der Bestellung oder der Entnahme der Gegenstände von dem Erwerber nachweisen lassen, daß sie in dem Unternehmen, für das der Erwerb stattfindet, eine solche Verwendung finden können. Der Nachweis muß nach näherer Bestimmung des Bundesrats durch Vorlage einer behördlichen Bescheinigung, die gebühren- und stempelfrei auszustellen ist, geführt werden.

Der Unternehmer hat, wenn die Voraussetzungen des Abs. 1 erfüllt sind, die Lieferungen in gleicher Weise wie die zu erhöhtem Satze steuerpflichtigen in das Steuerbuch, wenn er zu dessen Führung verpflichtet ist, unter Bezeichnung von Namen und Wohnort des Erwerbers und unter Angabe der behördlichen Bescheinigung einzutragen. An die Stelle der Angabe des Steuerbetrags tritt der Vermerk über den Grund der Befreiung von dem erhöhten Steuersatze. Bei Abgabe der Erklärung (§ 17) hat er die hiernach von der Steuer freigelassenen Entgelte gesondert anzugeben.

Anm. 1.

Die Bestimmung hängt damit zusammen, daß die erhöhte Steuer auf Luxusgegenstände nur im Kleinhandel erhoben werden soll. Es bedarf der Sicherung dagegen, daß die Verbraucher sich nicht unmittelbar an solche Betriebe wenden, die an sich wesentlich im Großhandel veräußern und sich diesem gegenüber, um die Steuer zu sparen, als Wiederverkäufer ausgeben. Deshalb ist vorgeschrieben, daß auch der Großhändler die einzelne Lieferung als steuerpflichtig zu behandeln hat, wenn er sich nicht bei der Bestellung oder der Entnahme der Gegenstände von dem Erwerber nachweisen läßt, daß dieser selbst Wiederverkäufer ist oder für Rechnung eines solchen den Ankauf vornimmt. Dadurch, daß dieser Nachweis lediglich durch die Vorlegung einer behördlichen Bescheinigung erbracht werden darf, wird sehr nachdrücklich dem Schleichhandel entgegengearbeitet. Denn wer sich diese Bescheinigung ausstellen läßt, gibt damit zu erkennen, daß er eine geschäftliche Tätigkeit im Sinne des § 1 Abs. 1 ausübt, und die Behörde wird gemäß § 32 in allen Fällen, in denen Verdacht besteht, daß der Steuerstelle eine Anzeige oder Anmeldung im Sinne des § 14 noch nicht zugegangen ist, dieser entsprechende Mitteilung zu machen haben (Begr. S. 40).

Anm. 1 a.

Hervorzuheben ist, daß der Steuerpflichtige sich den Nachweis von dem Erwerber erbringen lassen muß. Ist der Erwerber zugleich der Besteller, dann kann dieser Nachweis schon bei der Bestellung erbracht werden. Sind aber Erwerber und Besteller zwei verschiedene Personen, dann muß außerdem dieser Nachweis noch bei der Entnahme der Gegenstände geführt werden. Dies kann in der Praxis zu Schwierigkeiten führen.

> **Beispiel:** Der Händler X kauft bei dem Fabrikanten F ein Klavier für 1000 ℳ und legt diesem die Bescheinigung vor, daß er Wiederverkäufer ist. Nachher weist er den F an, das Klavier direkt an einen gewissen Z zu senden, dem er das Klavier für 1100 ℳ verkauft hat.

Hier muß sich dann F auch von Z nachweisen lassen, daß er Wiederverkäufer ist. Will dieser also das Klavier für sich haben, so kann F das Klavier nicht mehr für 1000 ℳ liefern. Denn er muß die Lieferung, weil sie an einen Verbraucher erfolgt, mit 10 v. H. versteuern. Die Differenz zwischen der allgemeinen Umsatzsteuer und der Luxussteuer in Höhe von 9,5% darf er dem X wegen des Verbots in § 13 nicht gesondert in Rechnung stellen, er muß vielmehr eine neue Kalkulation aufmachen. Luxussteuerpflichtig ist aber nur der Betrag, den er selbst von X für das Klavier erhält, also 1000 ℳ, und nicht das was Z dem X zahlt. Von diesen 1100 ℳ hat X mit Rücksicht auf § 4 überhaupt keine Steuer zu zahlen, also weder Umsatzsteuer noch Luxussteuer. Im übrigen vgl. Anm. 1 a zu § 9.

Anm. 2.

Das nähere über die Bescheinigung enthalten §§ 21, 22 AusfB. Darnach bestimmt die oberste Landesfinanzbehörde, welche Behörden zur Ausstellung der Bescheinigung zuständig sind.

In Preußen sind es die Umsatzsteuerämter,[1]) in Bayern die Handels- oder Handwerkskammern.[2])

Anm. 3.

Es ist schon oben in Anm. 1 zu § 8 näher dargelegt, daß das Gesetz einen doppelten Nachweis dafür verlangt, daß tatsächlich die Lieferung eines Luxusgegenstandes nicht im Kleinhandel erfolgt. Es muß sich zunächst der Unternehmer von dem Erwerber nachweisen lassen, daß dieser Weiterveräußerer ist oder für Rechnung eines solchen erwirbt und es muß dann weiter der Unternehmer dem Umsatzsteueramt nachweisen, daß er sich den Nachweis von dem Erwerber hat erbringen lassen. Dies geschieht dadurch, daß er die Lieferungen in gleicher Weise

---

[1]) Erl vom 3. August 1918.
[2]) Erl vom 27 August 1918.

wie die erhöht steuerpflichtigen in das Steuerbuch einträgt und zwar muß er nach § 22 AusfB. in die Bemerkungsspalte eintragen: den Erwerber, die Nummer und das Kalenderjahr der Bescheinigung unter Angabe der ausstellenden Behörde, des Ortes und des Datums der Ausstellung. Hieraus ergibt sich, daß die Unternehmer sich zum mindesten einmal die Bescheinigung von dem Erwerber vorlegen lassen muß, mag er diesen auch noch so lange als Großhändler kennen. Denn andernfalls könnte er diese genauen Eintragungen nicht vornehmen. Im übrigen ist es aber in einem solchen Fall nicht erforderlich, daß die Bescheinigung jedesmal vorgelegt wird.

Anm. 4.

Nach dem Wortlaut des Gesetzes hat der Unternehmer die Eintragungen in das Steuerbuch nur vorzunehmen, wenn er zu dessen Führung verpflichtet ist. Dies ist gewöhnlich der Fall. Denn eine Befreiung von Führung des Steuerbuchs seitens der Steuerstelle auf Grund des § 15 Abs. 2 kann nicht in Frage kommen, weil dieses Buch hier nicht zur Sicherung des Steueraufkommens dient, sondern nur zum Nachweis dafür, daß tatsächlich an Wiederverkäufer geliefert wurde. Auch Großhändler müssen aus diesem Grunde das Steuerbuch führen. Nur scheinbar liegt darin eine zu große Belästigung des Verkehrs. Denn es steht nicht im Wege, daß der Großhändler sein Verkaufsbuch als Steuerbuch einrichtet, indem er eine besondere Bemerkungsspalte für die erforderlichen Eintragungen schafft. Vgl. hierüber die Anmerkungen zu § 30 AusfB.

Es kann jedoch auf Grund des § 15 Abs. 3 die oberste Landesfinanzbehörde solche Niederlassungen, von denen die Luxusgegenstände ausschließlich oder regelmäßig nur im Großhandel vertrieben werden, von der Führung eines Steuerbuchs befreien. Damit entfällt für diese zugleich die Verpflichtung, auf Grund des § 20 Abs. 2 der Steuerstelle den Nachweis zu erbringen, daß sie tatsächlich nur an Wiederverkäufer geliefert haben.

§ 21.

Der Steuerpflichtige ist verpflichtet, der Steuerstelle die zur Nachprüfung seiner Erklärung erforderlichen Auskünfte zu geben und ihr die auf die steuerpflichtigen Leistungen bezüglichen Bücher und Geschäftspapiere zur Einsicht vorzulegen.

Anm. 1.

Die §§ 21 bis 24 regeln das Ermittlungs- und Veranlagungsverfahren, dessen Durchführung Sache der Steuerstelle ist. Sie treten an die Stelle des Erhebungsverfahrens, wie es nach den §§ 164a bis d und 164f und g der Ausführungsbestimmungen zum Reichsstempelgesetze bisher für den Warenumsatzstempel galt. Dieses stempelmäßige Verfahren hat sich als ungeeignet für die Erhebung der Steuer erwiesen. Die Steuerstellen, die, vor allem in Preußen, wo die Gemeindebehörden zuständig sind, andere Veranlagungsformen gewohnt sind, könnten sich mit einer Erhebungsform, bei der die eigentliche Tätigkeit der Steuerbehörden erst einsetzen soll, wenn die Bezahlung schon erfolgt ist, nicht abfinden. In der Tat verleitet sie die Steuerstellen, mit der Empfangnahme der Zahlung die Angelegenheit auf sich beruhen zu lassen. Daher ist die zeitliche Gleichstellung von Anmeldung und Zahlung fallen gelassen und durch eine ordnungsmäßige Veranlagung ersetzt worden. Während also nach dem Warenumsatzstempelgesetz das Ermittelungsverfahren erst nach der Zahlung der Steuer einsetzte, erfolgt jetzt ein Veranlagungsverfahren mit den gleichen Ermittelungen vor der Steuerfestsetzung (Begr. S. 27 und 41).

Anm. 2.

Der Steuerpflichtige ist zur Auskunftserteilung verpflichtet, insbesondere wird er sich über die Zusammensetzung derjenigen Entgelte zu äußern haben, die er als steuerfrei ansieht oder auf die nach seiner Auffassung § 4 des Gesetzes zur Anwendung kommt (vgl. § 52 AusfB.). Die Auskunft kann durch Anordnung von Ordnungsstrafen nach § 38 Abs. 4 erzwungen werden. Im übrigen zieht die Verweigerung der Auskunft den Verlust der ordentlichen Rechtsmittel nach sich, denn dann kann die Steuer nach § 22 Abs. 2 nur auf Grund einer Schätzung festgestellt werden und hiergegen gibt es nach § 23 Abs. 2 nur die Verwaltungsbeschwerde.

Anm. 3.

Der Steuerpflichtige ist ferner zur Vorlegung seiner Bücher und Geschäftspapiere verpflichtet. Das Umsatzsteueramt entscheidet nach freiem Ermessen, ob Vorlegung bei der Amtsstelle zu erfolgen hat oder nicht (vgl. das nähere in § 56 AusfB.).

Anm. 4.

In dem Entwurf war bestimmt, daß neben dem Steuerpflichtigen auch seine Angestellten zu Auskünften verpflichtet sind. Diese Bestimmung bezweckte zu ermöglichen, daß die Angestellten nicht erst im Strafverfahren, sondern gleich im Prüfungsverfahren vernommen werden könnten. Der Reichstag hat diese Bestimmung gestrichen, um nicht das Vertrauensverhältnis zu untergraben und das Denunziantentum großzuziehen. Trotzdem sieht § 52 AusfB. bei der Prüfung der Steuererklärung durch das Umsatzsteueramt die uneidliche Anhörung von Angestellten als Zeugen und Sachverständigen vor. Wird die Auskunftserteilung verweigert, so soll sie in geeigneten Fällen durch Einleitung eines Strafverfahrens gegen den Steuerpflichtigen herbeigeführt werden.

§ 22.

Die Steuerstelle prüft die Angaben in der Erklärung. Hat sie gegen deren Richtigkeit Bedenken, so stellt sie die erforderlichen Ermittlungen an.

Vermag der Steuerpflichtige über seine Angaben ausreichende Aufklärungen nicht zu geben oder verweigert er weitere Auskünfte, so kann die Steuerstelle den steuerpflichtigen Gesamtbetrag der Entgelte, gegebenenfalls unter Zuziehung von Sachverständigen, schätzen. Über das Ergebnis der Schätzung soll der Steuerpflichtige gehört werden.

Die Kosten einer Schätzung fallen dem Steuerpflichtigen zur Last, wenn das Ergebnis der Schätzung den vom Steuerpflichtigen angegebenen Betrag um mehr als ein Drittel übersteigt, oder wenn der Steuerpflichtige trotz ergangener Aufforderung keine oder ungenügende Angaben über den streitigen Punkt gemacht hat.

Im Falle des § 16 Abs. 2 ist dieses Verfahren auch nach Abschluß eines Kalenderjahrs für den gesamten Umfang des abgelaufenen Jahres oder bei vorheriger Einstellung des Unternehmens nach der Einstellung für den Umfang des entsprechenden Teiles des Kalenderjahrs zulässig.

Anm. 1.

Die Steuerstellen sind in ihren Ermittlungen frei gestellt: sie können Auskünfte einholen, Zeugen und Sachverständige uneidlich vernehmen usw. Gehen sie zu dem im § 22 Abs 2 zugelassenen Schätzungsverfahren über, so bedarf es der Anhörung des Steuerpflichtigen über die Punkte, die der Steuerstelle zu Bedenken Anlaß geben; die Schätzung ist erst vorzunehmen, wenn der Steuerpflichtige nicht genügende Aufklärungen gibt (Begr. S. 41).

Anm. 2.

Die Maßnahmen, die für die Prüfung besonders in Betracht kommen, sind einzeln in § 52 AusfB. aufgezählt.

Wegen der Schätzung vgl. § 53 AusfB.

Anm. 3. **Zu Abs. 3.**

Abgesehen von diesen Kosten für die Schätzung ist das Veranlagungsverfahren kosten-, gebühren- und stempelfrei (§ 86 AusfB.).

Anm. 4. **Zu Abs. 4.**

Die Vorschrift behandelt einen Fall der Nachveranlagung für Luxusbetriebe (vgl. hierüber § 72 AusfB.).

§ 23.

Die Steuerstelle setzt die Steuer auf Grund der Erklärung des Steuerpflichtigen und der von ihr angestellten Ermittlungen fest, und zwar, wenn in dem Unternehmen neben sonstigen steuerpflichtigen Leistungen auch solche der im § 8 bezeichneten Art ausgeführt werden und nicht der Fall des § 16 Abs. 2 Satz 2 vorliegt, getrennt für jene und diese, und erteilt dem Steuerpflichtigen einen Bescheid.

Die Landesregierung bestimmt, welche Rechtsmittel gegen den Bescheid zulässig sind. Nach Erschöpfung des landesrechtlich geordneten Rechtsmittelzuges ist binnen eines Monats die Rechtsbeschwerde an den Reichsfinanzhof gegeben, sobald ein solcher im Wege der Gesetzgebung geschaffen sein wird. Ist die Steuerfestsetzung auf Grund einer Schätzung erfolgt, so ist über deren Höhe nur die Verwaltungsbeschwerde innerhalb zweier Wochen gegeben; auch diese ist nicht gegeben, wenn der Steuerpflichtige unter die im § 15 Abs. 1 Satz 3 bezeichneten oder die im § 15 Abs. 2 gegebenen Vorschriften fällt und die danach vorgeschriebenen Bücher nicht vorlegen kann, es sei denn, daß er hierzu ohne sein Verschulden nicht imstande ist. Gegen die Festsetzung eines Zuschlags nach § 17 Abs. 5 ist innerhalb zweier Wochen die Verwaltungsbeschwerde zulässig. Inwieweit eine weitere Beschwerde zulässig ist, bestimmt die oberste Landesfinanzbehörde.

Die auf Grund unanfechtbarer Entscheidung zu erstattenden Steuerbeträge sind vom Tage ihrer Entrichtung ab mit fünf vom Hundert zu verzinsen.

Die vorstehenden Bestimmungen finden auf eine nach § 22 Abs. 4 erfolgende Nachveranlagung Anwendung.

Anm. 1. **Zu Abs. 1.**

Die Steuerstelle setzt die Steuer fest und erteilt einen Bescheid. Da es sich bei der Umsatzsteuer um eine indirekte Steuer handelt, so hat dieser Bescheid nicht konstitutive, sondern nur deklaratorische Wirkung. Die Steuerschuld selbst ist entstanden mit dem Ablauf des Steuerabschnitts (vgl. hierüber Anm. 2 zu § 1). Die Veranlagung der Steuer hat nur die Bedeutung, daß dem Steuerpflichtigen die Höhe seiner bereits entstandenen Schuld mitgeteilt, seine Schuld eingefordert und damit fällig gemacht wird und daß ferner die Frist zur Anfechtung des nunmehr geltend gemachten Anspruchs in Lauf gesetzt wird.[1])

Anm. 2. **Zu Abs. 2: Der Rechtsmittelzug.**

Für den Warenumsatzstempel war gemäß § 110 des Reichsstempelgesetzes gegen die Heranziehung zur Steuer nur der ordentliche Rechtsweg gegeben. Die Klage mußte bei Verlust des Klagerechts binnen 6 Monaten nach erfolgter Beitreibung oder mit Vorbehalt geleisteter Zahlung erhoben werden. Im Gegensatz hierzu ist für die Umsatzsteuer nach § 8 des Gesetzes über die Errichtung eines Reichsfinanzhofes der ordentliche Rechtsweg ausgeschlossen. Im übrigen bestimmt die Landesregierung, welche Rechtsmittel gegen den Bescheid zulässig sind.

In Preußen ist der Rechtsmittelzug folgender:

I. Einspruch bei dem Umsatzsteueramt (Gemeindevorstand oder Kreisausschuß).

Das Rechtsmittel ist binnen einer Frist von vier Wochen bei dem Umsatzsteueramt anzubringen.

Der Lauf der Frist beginnt mit dem ersten Tage nach erfolgter Zustellung des Steuerbescheids.

II. Klage im Verwaltungsstreitverfahren bei dem Bezirksausschuß (auch wenn das Umsatzsteueramt der Vorstand einer Landgemeinde war).

---

[1]) PrOVG. 55 S. 121.

Die Klage ist binnen einer Frist von zwei Wochen zu erheben. Der Lauf der Frist beginnt mit dem ersten Tag nach erfolgter Zustellung des Beschlusses, der über den Einspruch entscheidet.

III. Die Rechtsbeschwerde an den Reichsfinanzhof.

Die Rechtsbeschwerde kann nach § 10 des Gesetzes über die Errichtung eines Reichsfinanzhofs nur darauf gestützt werden, daß

1. die angefochtene Entscheidung auf die Nichtanwendung oder auf der unrichtigen Anwendung des bestehenden Rechts oder auf einem Verstoße wider den klaren Inhalt der Akten beruhe;
2. das Verfahren an wesentlichen Mängeln leide.

Das nähere über die formellen Erfordernisse ist enthalten in der Bekanntmachung des Reichskanzlers betreffend den Erlaß einer Reichsfinanzhofordnung vom 21. September 1918 (Reichsgesetzblatt 1918 Nr. 127 S. 1119). Die in Betracht kommenden Bestimmungen lauten:

§ 11.

Die Frist für die Rechtsbeschwerde beträgt einen Monat. Für die Berechnung der Frist gelten die Vorschriften des Bürgerlichen Gesetzbuchs. Ist der letzte Tag der Frist ein Sonntag oder staatlich anerkannter Feiertag, so endigt die Beschwerdefrist mit Ablauf des nächstfolgenden Werktags. Was als staatlich anerkannter Feiertag zu gelten hat, bestimmt sich nach dem Rechte am Sitze der Behörde, bei der die Rechtsbeschwerde angebracht wird.

Die Frist beginnt für alle Beschwerdeberechtigten mit dem Ablauf des Tages, an dem die angefochtene Entscheidung nach Maßgabe des Landesrechts als dem Steuerpflichtigen bekanntgemacht gilt. Ist die Entscheidung nach den landesrechtlichen Vorschriften dem Steuerpflichtigen nicht bekannt zu machen, so beginnt die Frist mit Ablauf des Tages, an dem die Entscheidung als dem Beschwerdeführer bekanntgemacht gilt.

§ 12.

Die Rechtsbeschwerde ist bei der Behörde oder dem Vorsitzenden der Stelle, die in erster Instanz entschieden hat, durch Einreichung einer Beschwerdeschrift oder zu Protokoll einzulegen.

Die Frist gilt als gewahrt, wenn die Rechtsbeschwerde rechtzeitig bei einer anderen Vorinstanz oder beim Reichsfinanzhof eingegangen ist.

Als Vorinstanz gilt auch die Veranlagungsbehörde.

Die Rechtsbeschwerde muß enthalten:

1. die Bezeichnung der Entscheidung, gegen die sie gerichtet ist,
2. die Erklärung, daß gegen diese Entscheidung die Rechtsbeschwerde eingelegt wird.

§ 13.

Der Beschwerdeführer muß die Rechtsbeschwerde bei der Behörde, bei der er die Beschwerde angebracht hat, schriftlich oder zu Protokoll begründen.

Die Frist für die Begründung beträgt einen Monat. Sie beginnt mit dem Ablauf der Beschwerdefrist und kann auf Antrag vom Vorsitzenden des Senats verlängert werden. Für die Frist gelten die Vorschriften der § 11 Abs. 1, § 12 Abs. 2.

§ 14.

Die Begründung muß enthalten:
1. die Erklärung, inwieweit die Entscheidung angefochten und deren Aufhebung beantragt wird;
2. die Angabe der Beschwerdegründe, und zwar:
   a) die Bezeichnung der verletzten Rechtsnorm,
   b) insoweit die Beschwerde darauf gestützt wird, daß ein Verstoß wider den klaren Inhalt der Akten vorliegt oder das Verfahren an wesentlichen Mängeln leidet, die Bezeichnung der Tatsachen, die den Verstoß oder den Mangel ergeben.

§ 15.

Einer Rechtsbeschwerde können sich die übrigen Beschwerdeberechtigten bis zum Ablauf der Begründungsfrist anschließen. Die Anschlußbeschwerde ist innerhalb eines Monats nach der Einlegung zu begründen. Im übrigen gelten für die Anschlußbeschwerde die Vorschriften über die Einlegung und die Begründung der Rechtsbeschwerde.

Die Anschließung verliert die Wirkung, wenn die Rechtsbeschwerde zurückgenommen oder als unzulässig verworfen wird

§ 16.

Hat sich ein Beschwerdeberechtigter innerhalb der Beschwerdefrist der Rechtsbeschwerde angeschlossen, so wird es so angesehen, als habe er selbständig Rechtsbeschwerde eingelegt.

IV. Gegen das Urteil des Reichsfinanzhofes steht den Beteiligten der Antrag auf Wiederaufnahme des Verfahrens zu. Für den Antrag gelten die Vorschriften der §§ 578 bis 583 und der §§ 586 bis 589 der Zivilprozeßordnung sinngemäß. Die oberste Landesbehörde ist zu diesem Antrag auch dann berechtigt, wenn sie sich nicht am Verfahren beteiligt hatte.

Der Antrag ist beim Reichsfinanzhof schriftlich oder zu Protokoll anzubringen und vom Reichsfinanzhof den übrigen Beteiligten zuzustellen. Für das weitere Verfahren gelten die Vorschriften der Reichsfinanzhofordnung sinngemäß. Wird dem Antrag stattgegeben, so ist unter Aufhebung des angefochtenen Urteils erneut zu erkennen.

Vgl. § 37 der Reichsfinanzhofordnung.

Anm. 3.

Ist die Steuerfestsetzung auf Grund einer Schätzung erfolgt, also namentlich dann, wenn die Bücher fehlen, dann versagt der ordentliche Rechtsmittelzug. Es ist dann nur die Verwaltungsbeschwerde gegeben, die innerhalb 2 Wochen einzulegen ist. Über diese entscheidet in Preußen der Regierungspräsident, bzw. für die Stadt Berlin die Direktion für die Verwaltung der direkten Steuern. Die Entscheidung ist hier eine endgültige, weitere Beschwerde findet in Preußen nicht statt.

In Bayern entscheidet in den Fällen, in denen nach den Vorschriften des Gesetzes oder der Ausführungsbestimmungen des Bundesrats Verwaltungsbeschwerde stattfindet, über die Beschwerde die Regierungsfinanzkammer. Gegen die Entscheidung der Regierungsfinanzkammer kann binnen 2 Wochen von der Zustellung an weitere Beschwerde an das Staatsministerium der Finanzen erhoben werden, sofern eine solche nicht durch Vorschriften des Gesetzes oder der Ausführungsbestimmungen des Bundesrats ausgeschlossen ist.

Auch die Verwaltungsbeschwerde versagt dann, wenn der Steuerpflichtige nach anderen Gesetzen zu einer weitergehenden Buchführung verpflichtet ist und die danach vorgeschriebenen Bücher nicht vorlegen kann, ferner, wenn er das für Luxuswarenbetriebe vorgeschriebene besondere Lagerbuch und Steuerbuch nicht führt (vgl. § 15 Anm. 3). In diesen Fällen ist also überhaupt kein Rechtsbehelf gegeben.

Anm. 4.

Gegen die Festsetzung eines Strafzuschlags wegen nicht rechtzeitiger Abgabe der Steuererklärung ist nur die Verwaltungsbeschwerde innerhalb zweier Wochen zulässig. Über diese entscheidet in Preußen endgültig der Regierungspräsident, bzw. für Berlin die Verwaltung der direkten Steuern.

Anm. 5.

Soweit die Umsatzsteuer infolge eines Rechenfehlers oder eines anderen offenbaren Versehens zu Unrecht bezahlt worden ist, kann Rückzahlung binnen Jahresfrist erfolgen (vgl. das nähere in § 72 Abs. 4 und 5 AusfB.).

Anm. 6. **Zu Abs. 3: Verzinsungspflicht.**

Die Verzinsungspflicht trägt den Anforderungen der Wirtschaftlichkeit Rechnung. Sie bezieht sich nur auf die zu Unrecht veranlagten Steuerbeträge, nicht auch etwa auf solche, die auf nach § 18 später wieder abgesetzte Entgelte entfallen.[1])

§ 24.

Die Steuer ist innerhalb einer Frist von zwei Wochen nach der Bekanntgabe des Bescheids zu entrichten. Die Steuerstelle kann die Frist verlängern. Im Falle des § 16 Abs. 1 ist auf Antrag die Zahlung in gleichen Halbjahrs- oder Vierteljahrsteilen zu gestatten.

Wird die Steuer nicht im Falle des § 16 Abs. 1 innerhalb dreier Monate und im Falle des § 16 Abs. 2 innerhalb eines Monats nach Schluß des Steuerabschnitts gezahlt, so sind neben der Steuer Zinsen in Höhe von fünf vom Hundert, vom Ablauf dieser Fristen gerechnet, zu entrichten; diese Verpflichtung tritt nicht ein, wenn der geschuldete Steuerbetrag eintausend Mark nicht überschreitet.

Hat in einem Jahre der Gesamtbetrag der Entgelte (§ 16) zweihunderttausend Mark überschritten, so sind auf die für das folgende Kalenderjahr fällig werdende Steuer nach näherer Bestimmung des Bundesrats vierteljährlich abschlägige Zahlungen

---

1) **Begr. S. 41.**

zu leisten. Die Abschlagszahlungen sind bei der Festsetzung der für das folgende Kalenderjahr fällig werdenden Steuer auf diese anzurechnen; ein hiernach etwa zuviel gezahlter Betrag ist nebst Zinsen in Höhe von fünf vom Hundert vom Tage der Entrichtung des überschießenden Betrags ab dem Steuerpflichtigen zurückzuzahlen.

Die Vorschrift des Abs. 3 findet auf den Fall der Besteuerung nach § 16 Abs. 2 Satz 1 keine Anwendung.

Anm. 1. **Zu Abs. 2.**

Der Beginn der Verzinsung der geschuldeten Steuer ist so festgelegt, daß es auf den Erlaß des Steuerbescheids nicht ankommt. Die Verzinsung läuft immer vom Ende des dritten Monats (bei der Luxussteuer des ersten Monats) nach Beginn des Steuerabschnitts, also vom 1. April an. Die Verpflichtung zur Verzinsung tritt auch dann ein, wenn zu diesem Zeitpunkt der Steuerbescheid noch nicht erteilt und zugestellt war.

Anm. 2. **Zu Abs. 3: Abschlagszahlungen.**

Entsprechend dem § 77 Abs. 2 des Warenumsatzstempelgesetzes kennt auch das Umsatzsteuergesetz die Verpflichtung der Steuerpflichtigen, vorschußweise auf die für das folgende Kalenderjahr fällig werdende Steuer Abschlagszahlungen zu leisten, falls der Gesamtbetrag der Entgelte in einem Jahr 200 000 ℳ überschreitet. Die Abschlagszahlungen betragen 60 v. H. der für das vorhergehende Jahr festgesetzten Steuer, auf volle Mark nach unten abgerundet. Sie sind auf die Steuer für das folgende Kalenderjahr nach Ablauf des ersten, zweiten und dritten Viertels des Jahres während der ersten zehn Tage der Monate April, Juli und Oktober je in Höhe eines Drittels unaufgefordert zu entrichten. Nur in dem Umsatzsteuerbescheid wird der Steuerpflichtige auf die Verpflichtung zur Leistung von Abschlagszahlungen unter Angabe des Betrags der Abschlagszahlung und der Zahlungsfristen hingewiesen.

Eine Befreiung von der Verpflichtung, Abschlagszahlungen zu leisten, gibt es nicht. Nur während der Dauer des Krieges kann mit Rücksicht auf die großen Schwankungen, denen die Umsätze unterliegen, die Höhe der Abschlagszahlungen auf Grund vierteljährlicher Erklärungen der Steuerpflichtigen nach dem tatsächlichen Umsatz bemessen werden.

Das weitere über die Abschlagszahlungen ergeben die §§ 61, 69 AusfB.

Anm. 3. **Zu Abs. 4.**

Für die Steuer auf Luxuswaren, die ja monatlich erhoben wird, kommen Abschlagzahlungen nicht in Betracht.

§ 25.

Im Falle des § 10 Nr. 1 ist die Steuer vom Lieferer zu dem Empfangsbekenntnis über die Zahlung zu entrichten. Er ist verpflichtet, ein schriftliches Empfangsbekenntnis binnen zwei Wochen nach dem Empfange der Zahlung zu erteilen. Bei Teilzahlungen ist das Empfangsbekenntnis für jede Teilzahlung zu erteilen und dazu die entsprechende Steuer zu entrichten. Das Empfangsbekenntnis muß den Namen des Lieferers, den Gegenstand nach seiner handelsüblichen Bezeichnung, den Betrag des Entgelts, den Tag der Zahlung und den Steuerbetrag enthalten.

Die Steuer wird entrichtet, indem zu der Bescheinigung Vordrucke, die vor dem Gebrauch abgestempelt sind, oder Stempelmarken nach näherer Anordnung des Bundesrats verwendet werden. Der Bundesrat bestimmt, ob und unter welchen Voraussetzungen die Steuer ohne Verwendung von Stempelzeichen entrichtet werden kann.

Ist die Steuer von dem Lieferer nicht entrichtet worden, so hat der Empfänger des Empfangsbekenntnisses binnen zwei Wochen nach dem Tage des Empfanges und jedenfalls vor der weiteren Aushändigung des Empfangsbekenntnisses die Steuer durch Verstempelung des Empfangsbekenntnisses (Abs. 2) zu entrichten. Erhält derjenige, der das Entgelt entrichtet hat, kein Empfangsbekenntnis, so hat er der Steuerstelle innerhalb eines Monats nach der Zahlung des Entgelts hiervon Mitteilung zu machen. Die Mitteilung muß die im Abs. 1 für das Empfangsbekenntnis vorgeschriebenen Angaben enthalten; zu ihr ist die Steuer in der im Abs. 2 bezeichneten Art zu entrichten.

Nimmt der Erwerber Steuerbefreiung nach § 10 Abs. 2 für sich in Anspruch, so hat er die im § 20 Abs. 1 vorgeschriebene Bescheinigung dem Lieferer vorzulegen; dieser hat auf dem Empfangsbekenntnisse Namen und Wohnort des Erwerbers unter Angabe der Bescheinigung zu vermerken und eine Abschrift des Empfangsbekenntnisses als Ausweis gegenüber der Steuerstelle zurückzubehalten.

Derjenige, der aus einem unter § 10 Nr. 1 fallenden Lieferungsgeschäfte zahlungspflichtig ist, kann gegenüber der Klage auf Entrichtung des Entgelts den Einwand der Tilgung nur geltend machen, wenn er nachweist, daß die Steuer für die Lieferung entrichtet worden ist oder die Lieferung nach § 10 Abs. 2 in Verbindung mit der Vorschrift des Abs. 4 steuerfrei war.

Die Vorschriften der §§ 13, 21 bis 24 und 29 finden auf die Besteuerung gemäß Abs. 1 bis 3 keine Anwendung. An ihre Stelle treten die §§ 107, 108, 110, 116 und 117 des Reichsstempelgesetzes vom 3. Juli 1913 (RGBl. S. 639).

Anm. 1.

§ 25 führt die Sonderbestimmung des § 10 Nr. 1 über die Versteuerung des Privatumsatzes von Luxusgegenständen außerhalb einer Versteigerung durch.

I. Steuerpflichtig ist der Lieferer.

1. Es besteht Quittungspflicht. Der Lieferer ist verpflichtet, binnen 2 Wochen nach Empfang der Zahlung, dem Zahlenden eine Quittung auszuhändigen, die die in Abs. 1 S. 3 vorgeschriebenen Angaben enthalten muß. Bei Teilzahlungen sind Teilquittungen auszustellen.

2. Die Entrichtung der Steuer geschieht dadurch, daß der Lieferer zu dieser Quittung Stempelmarken verwendet und diese entwertet. Vgl. das nähere in §§ 76, 77 AusfB.

II. Hat der Lieferer die Steuer nicht entrichtet, so greift eine subsidiäre Steuerpflicht des Erwerbers Platz:

a) Ist eine Quittung erteilt, dann hat der Erwerber diese Quittung binnen 2 Wochen durch Verwendung von Stempelmarken zu entrichten.

b) Ist eine Quittung nicht erteilt, dann hat der Erwerber der Steuerstelle innerhalb eines Monats nach der Zahlung des Entgelts hiervon Mitteilung zu machen und diese Mitteilung durch Verwendung von Stempelmarken zu entrichten.

Anm. 2. **Zu Abs. 4.**

Der Privatumsatz von Luxusgegenständen ist gemäß § 10 Abs. 2 dann steuerfrei, wenn der Gegenstand zur gewerblichen Weiterveräußerung erworben wird. Daß dies der Fall ist, muß aber nachgewiesen werden und zwar auch hier in doppelter Form:

1. Es muß der Erwerber dem Lieferer durch Vorlegung der behördlichen Bescheinigung aus § 20 nachweisen, daß er gewerblicher Weiterveräußerer ist.

2. Es muß der Lieferer der Steuerstelle nachweisen, daß er sich diesen Nachweis hat erbringen lassen. Dies geschieht hier dadurch, daß er auf der Quittung, die er dem Erwerber erteilt, außer den im Abs. 1 S. 3 vorgeschriebenen Angaben Namen und Wohnort des Erwerbers unter Angabe der Bescheinigung vermerkt und eine Abschrift der Quittung als Ausweis zurückbehält.

Anm. 3. **Zu Abs. 5.**

Das Warenumsatzstempelgesetz besteuerte ganz allgemein in § 83 a den Privatumsatz, sobald der Wert des Gegenstandes 100 ℳ überstieg. Wie in der Einleitung S. 4 ausgeführt, hat das Umsatzsteuergesetz diese Bestimmung nicht übernommen, weil der praktische Erfolg ausgeblieben war. Jetzt sucht das Gesetz einen indirekten Zwang zur Ausstellung von Quittungen dadurch auszuüben, daß es dem Erwerber, wenn er auf Zahlung verklagt wird, den Einwand der Zahlung versagt, sofern er nicht nachweist, daß die Steuer entrichtet ist oder die Lieferung steuerfrei war.

Anm. 4. **Zu Abs. 6.**

Die Vorschrift des § 13 über das Verbot der offenen Abwälzung findet hier keine Anwendung. Es ist also der Lieferer berechtigt, dem Erwerber die Stempelsteuer auch gesondert in Rechnung zu stellen.

Ferner finden die Vorschriften der §§ 21—24 über das Veranlagungsverfahren und die Vorschrift des § 29 über die Verjährung keine Anwendung. Die an ihre Stelle tretenden §§ 107, 108, 110, 116 und 117 des Reichsstempelgesetzes sind bei § 76 AusfB. abgedruckt.

§ 26.

Ist im Falle des § 10 Nr. 2 eine in oder aus dem Ausland erfolgte Lieferung steuerpflichtig, so hat der erste inländische Erwerber des Gegenstandes die Steuer vom Betrage des Entgelts zu entrichten. Dem Entgelt ist der von dem Gegenstande zu entrichtende Eingangszoll hinzuzurechnen, sofern er nicht bereits im Lieferungspreis einbegriffen ist.

Der Erwerber hat die Steuer innerhalb zweier Wochen, nachdem er den Gegenstand in das Inland eingebracht oder im Inland empfangen hat, der Steuerstelle unter Abgabe einer Erklärung über die Art des Gegenstandes und die Höhe des Entgelts einzuzahlen. Erscheint die Angabe des Erwerbers über die Höhe des Entgelts nicht glaubhaft, so kann die Steuerstelle der Berechnung den gemeinen Wert des Gegenstandes zugrunde legen und den entsprechenden Mehrbetrag der Steuer nachfordern. Gegen die Nachforderungen der Steuerstelle ist nur die Verwaltungsbeschwerde gegeben.

Nimmt der Erwerber Steuerbefreiung nach § 10 Abs. 2 für sich in Anspruch, so hat er die im § 20 Abs. 1 vorgeschriebene Bescheinigung der Steuerstelle unter Anmeldung der Gegenstände binnen zwei Wochen nach der Einbringung vorzulegen. Die Steuerstelle kann den Erwerber in geeigneten Fällen von der jedesmaligen Anmeldung und der Vorlegung der Bescheinigung entbinden.

Die Zollstelle, welche die aus dem Ausland eingegangenen Gegenstände zum freien Verkehre des Inlandes abfertigt, hat der Steuerstelle von dem Eingang der Gegenstände unverzüglich Kenntnis zu geben. In die Zollquittung ist ein Hinweis darauf aufzunehmen, daß der Gegenstand zu den nach § 8 steuerpflichtigen gehört und die Steuerstelle zur Überwachung der Steuerentrichtung benachrichtigt wird. Die Zollstelle kann bei Einbringung des Gegenstandes in das Inland die Sicherstellung des Steuerbetrags verlangen.

Anm. 1.

§ 26 führt die Sonderbestimmung des § 10 Ziff. 2 über die Steuerpflicht eingeführter Luxusgegenstände aus. In diesem Fall ist es selbstverständlich nicht möglich, den Unternehmer der Steuerpflicht zu unterwerfen, da dieser sich außerhalb des deutschen Machtbereichs befindet. Steuerpflichtig kann nur der erste inländische Erwerber sein, der bei der Steuerstelle die Steuererklärung abzugeben und gleichzeitig die Steuer einzuzahlen hat. Ist der Erwerber ein Wiederveräußerer im Sinne des § 9 Abs. 1, so kann er für die Lieferung an ihn Steuerfreiheit in Anspruch nehmen (Begr. S. 42).

Anm. 2.

Die Versteuerung erfolgt hier nicht wie bei der sonstigen Umsatzsteuer in Jahres- oder Monatsabschnitten, sondern aus Anlaß eines jeden einzelnen steuerpflichtigen Vorganges gesondert mittels Anmeldung auf vorgeschriebenem Formular in zwei Ausfertigungen und gleichzeitiger Einzahlung des Steuerbetrages bei dem Umsatzsteueramt. Ein Steuerbescheid ergeht hier nur, wenn die Angaben nicht glaubhaft erscheinen und eine Nachforderung erhoben wird. Die näheren Vorschriften über das Verfahren und die Listenführung sind in dem § 64 AusfB. enthalten.

§ 27.

Im Falle des § 10 Nr. 3 ist derjenige steuerpflichtig, der die Gegenstände ins Ausland verbringt. Gehört der Verbringer zu den im § 1 Abs. 1 bezeichneten Personen, so finden die Vorschriften der §§ 12 bis 24 Anwendung. Gehört er nicht zu diesen Personen, so hat er die Ausfuhr nach näherer Bestimmung des Bundesrats bei der Steuerstelle anzumelden und die Steuer einzuzahlen.

Ist ein Entgelt nicht vereinbart, so tritt an seine Stelle der gemeine Wert des Gegenstandes zur Zeit des Verbringens ins Ausland. Gegen die Feststellung des gemeinen Wertes durch die Steuerstelle ist nur die Verwaltungsbeschwerde gegeben.

§ 27 führt die Sonderbestimmung des § 10 Nr. 3 über die Steuerpflicht der Ausfuhr von Kunstgegenständen durch. Steuerpflichtig ist derjenige, der die Gegenstände ins Ausland verbringt. Übt dieser eine selbständige gewerbliche Tätigkeit im Sinne des § 1 aus, so hat er die Umsätze in die regelmäßige Steuererklärung nach § 17, aber gesondert aufzunehmen. Hierbei ist aber nur die Versteuerung nach Lieferungen zulässig. Es ist also das Entgelt für die Gegenstände in dem Steuerabschnitte des Verbringens ins Ausland einzusetzen, ohne Rücksicht darauf, ob das Entgelt in diesem Steuerabschnitt vereinnahmt ist oder nicht.

Handelt es sich bei dem Verbringen ins Ausland um einen Privatumsatz, dann erfolgt die Versteuerung aus Anlaß eines jeden einzelnen steuerpflichtigen Vorgangs gesondert mittels Anmeldung auf dem vorgeschriebenen Formular in doppelter Ausfertigung und gleichzeitiger Einzahlung des Steuerbetrages bei dem Umsatzsteueramt. Auch hier kommt es nicht darauf an, ob der Verbringer das Entgelt für die Lieferung bereits vereinnahmt hat oder nicht.

Ist ein Entgelt nicht vereinbart, so tritt an seine Stelle der gemeine Wert des Gegenstandes zur Zeit des Verbringens ins Ausland.

Die näheren Vorschriften über das Verfahren und die Listenführung sind in den §§ 65, 66 AusfB. enthalten.

§ 28.

Erbringen Personen der im § 1 Abs. 1 genannten Art den Nachweis, daß sie von ihnen ausgeführte Gegenstände im Inland erworben haben und die Lieferung an sie der Steuerpflicht unterlag, so erstattet ihnen die Steuerstelle nach näherer Bestimmung des Bundesrats den Teil des entrichteten Entgelts, der der Steuer für die Lieferung an sie entspricht.

Personen, welche Gegenstände der im § 8 genannten Art erworben haben, erstattet die Steuerstelle nach näherer Anordnung des Bundesrats den Teil des entrichteten Entgelts, der dem Unterschied zwischen der nach § 6 und der nach § 8 berechneten Steuer entspricht, wenn sie nachweisen, daß sie

1. die Gegenstände im öffentlichen Interesse, insbesondere auch für kirchliche oder wissenschaftliche Zwecke erworben haben, oder,
2. soweit es sich um Flügel, Klaviere und Harmonien handelt, diese für Lehrzwecke erworben haben, oder,
3. soweit es sich um Orchestrions handelt, diese zu gewerblichen Zwecken erworben haben, oder,
4. soweit es sich um Edelmetalle, Gegenstände aus oder in Verbindung mit Edelmetallen und gefaßte Steine handelt, diese zu technischen oder Heilzwecken erworben haben, oder,
5. soweit es sich um Personenfahrzeuge handelt, diese ausschließlich oder überwiegend der Ausübung ihres Gewerbes oder Berufes dienen.

Wird nachgewiesen, daß die Gegenstände der im § 8 genannten Art in einer nach Abs. 2 zur Steuererstattung Anlaß gebenden Art verwendet werden sollen, so kann nach näherer Bestimmung des Bundesrats die Steuerstelle dem Veräußerer gestatten, die Steuer nur nach dem Steuersatze des § 6 in Ansatz zu bringen.

Die Steuerstelle erstattet ferner die gemäß § 10 Nr. 3 entrichtete Steuer, wenn die dort genannten Gegenstände von der Person, die die Steuer entrichtet hat, wieder in das Inland gebracht wurden.

Anm. 1. Zu Abs. 1: Erstattung an Ausfuhrhändler.

§ 28 enthält eine Reihe von Vorschriften, die besonderen wirtschaftlichen Verhältnissen durch die Möglichkeit der Erstattung Rechnung tragen wollen.

Im § 2 Nr. 1 ist die Befreiung der Ausfuhr — und zwar sowohl des Ausfuhrhandels wie der Ausfuhrindustrie — von der Steuer ausgesprochen worden. Der Fabrikant, der sich eines Ausfuhrhändlers bedient, hat den Umsatz an diesen selbstverständlich zu versteuern. Dadurch ist die Ware, die vom Ausfuhrhändler veräußert wird, für den Auslandsmarkt mit einer Steuer mehr belastet als die Ware, die der Ausfuhrfabrikant ohne Benutzung eines Ausfuhrhändlers ins Ausland veräußert. Hierin liegt die Gefahr, daß der Ausfuhrhandel ausgeschaltet wird und der Ausfuhrfabrikant, um die Belastung seiner Ware mit der Steuer zu vermeiden, entweder unmittelbar Abnehmer im Ausland sucht oder sich eines ausländischen Einfuhrhändlers bedient. Um hier auszugleichen, ist bestimmt, daß der Ausfuhrhändler für die von ihm im Inland erworbene Ware Erstattung des Teils des Entgelts, der der Steuer entspricht, verlangen kann; er ist dann in der Lage, die Ware ebenso billig ins Ausland abzusetzen wie der Ausfuhrfabrikant. Voraussetzung dieses Erstattungsanspruchs ist natürlich, daß die Lieferung an ihn auch wirklich eine steuerpflichtige und der Veräußerer nicht etwa, weil die Veräußerung bereits vor Inkrafttreten dieses Gesetzes stattgefunden hat, oder nach § 2 Nr. 1, weil es sich um ausländische Ware handelte, steuerfrei war. Der Bundesrat wird über die Art des Nachweises das Nähere zu bestimmen haben (Begr. S. 42).

Anm. 2.

Die Erstattung findet nur auf schriftlichen Antrag statt. Der Antrag ist innerhalb eines Jahres nach der Ausfuhr an das für den ausführenden Unternehmer zuständige Umsatzsteueramt zu richten.

Der Antragsteller hat den Nachweis zu erbringen, daß

a) er die Gegenstände in das Ausland geliefert hat,

b) er dieselben Gegenstände im Inland erworben hat,

c) die Lieferung an ihn bei seinem Lieferer umsatzsteuerpflichtig, also nicht nach den §§ 2, 3 oder 4 des Gesetzes steuerfrei war, und

d) welches Entgelt er für die Lieferung entrichtet hat.

Der Nachweis ist durch die Vorlegung von Büchern und Geschäftspapieren oder durch Auskünfte des Lieferers zu erbringen. Vermag der Antragsteller die erforderlichen Auskünfte des Lieferers nicht zu veranlassen, so ist sein Erstattungsantrag abzuweisen (§ 2 AusfB.).

Das nähere über das Erstattungsverfahren vgl. § 71 AusfB.

Hat bei dem Unternehmer vor der Ausfuhr eine Be- oder Verarbeitung der Gegenstände stattgefunden, so findet eine Erstattung nicht statt.[1])

Zu Abs. 2: Erstattung an Erwerber von Luxusgegenständen.

Anm. 3.

Die Vorschrift des Abs. 2 trägt den Erfordernissen Rechnung, solche Ankäufe von der erhöhten Steuer auf Luxusgegenstände zu befreien, bei denen nicht die Absicht des Aufwandes zugrunde liegt, für die vielmehr ein öffentliches Interesse besteht. Hier ist einmal an die Ankäufe durch das Reich, die Bundesstaaten, Gemeinden oder sonstige öffentlich-rechtliche Korporationen, Anstalten und Stiftungen für ihre öffentlichen Einrichtungen, sei es von Waffen für das Heer oder von Kunstgegenständen für die Museen oder z. B. von photographischen Apparaten

1) § 2 Abs. 1 AusfB.

für wissenschaftliche Institute, zu denken. Es wird auch möglich sein, auf diesem Wege Ankäufe zu befreien, die nicht unmittelbar, z. B. von einer Museumsverwaltung, erfolgen, bei der sich diese vielmehr einer Mittelsperson bedient. Es handelt sich hier um eine Ermessensentscheidung, für die nähere Vorschriften im Verwaltungswege zu treffen sein werden und bei der im weitesten Sinne auch wissenschaftlichen Interessen von Privatpersonen Rechnung zu tragen sein wird. Das gleiche gilt von dem Erwerbe von Klavieren, Flügeln und Harmonien zu Lehrzwecken und von Personenfahrzeugen (§ 7 Nr. 7) zur Verwendung im eigenen Gewerbebetrieb (Begr. S. 42).

Anm. 4.

Eine Erstattung des Unterschieds zwischen der erhöhten Steuer und der allgemeinen Umsatzsteuer findet nach § 19 der AusfB. in folgenden Fällen statt:

1. bei allen der erhöhten Steuer nach § 8 des Gesetzes unterliegenden Luxusgegenständen, wenn der Erwerb der Gegenstände im öffentlichen Interesse liegt. Ein öffentliches Interesse liegt insbesondere vor, wenn die Gegenstände zum öffentlichen Dienst oder Gebrauche bestimmt sind. Dies trifft z. B. zu bei Waffen, die von der Heeresverwaltung, den bundesstaatlichen oder kommunalen Verwaltungen, bei Orden und Ehrenzeichen, die von den Verleihungsberechtigten zum Zwecke der Verleihung, bei Kunstgegenständen, die für öffentliche Sammlungen erworben werden. Ein öffentliches Interesse ist ferner nach der Vorschrift des § 28 Abs. 2 des Gesetzes anzunehmen beim Erwerbe für kirchliche Zwecke (Altargeräte, Harmonien). Diese Vorschrift ist auch auf Anschaffungen solcher Religionsgemeinschaften anzuwenden, die nicht zu den in dem betreffenden Bundesstaat anerkannten Religionsgesellschaften gehören; das gleiche gilt für Anschaffungen von Harmonien durch solche Personen, bei denen eine überwiegende Verwendung zu Hausandachten sichergestellt ist. Ferner ist ein öffentliches Interesse als gegeben anzunehmen, wenn der Erwerber nachweist, daß er den Gegenstand innerhalb einer wissenschaftlichen Betätigung verwenden will. Das gleiche gilt für Grabdenkmäler in einfacher Ausstattung.

2. bei Flügeln, Klavieren, Harmonien, wenn der Erwerber nachweist, daß er entweder selbst berufsmäßig gegen Entgelt Musikunterricht erteilt oder Leiter einer Lehranstalt ist und die genannten Musikinstrumente zum berufsmäßigen Musikunterricht oder in der Lehranstalt verwendet werden.

3. bei Orchestrions, wenn der Erwerber nachweist, daß er das Orchestrion in seinem Gewerbe, insbesondere im Gastwirtsgewerbe, verwendet.

4. bei Edelmetallen, Gegenständen aus oder in Verbindung mit Edelmetallen und gefaßten Steinen, wenn der Erwerber nachweist, daß er sie zu technischen oder zu Heilzwecken, insbesondere im Betriebe der Zahnheilkunde, verwendet.

5. bei Personenfahrzeugen, wenn der Erwerber nachweist, daß das Personenfahrzeug ausschließlich oder überwiegend der Ausübung seines Gewerbes oder Berufes dient. Diese Voraussetzung ist insbesondere gegeben bei Fuhrunternehmern, die Droschken oder Omnibusse erwerben wollen, bei Landärzten oder Tierärzten, die nach der Art ihrer Praxis größere Wege zurückzulegen haben. Die Voraussetzung ist im allge-

meinen nicht gegeben bei Gewerbetreibenden, die das Personenfahrzeug lediglich brauchen wollen, um von ihren Wohnungen zu ihren Geschäftsräumen zu gelangen.

Das „Automobil des Landrats" fällt schon unter Nr. 1, da ein öffentliches Interesse vorliegt.[2])

Hervorzuheben ist, daß eine Erstattung nur in den oben Ziffer 1—5 aufgeführten Fällen stattfindet. Kauft also z. B. ein Gastwirt ein Billard oder schafft sich ein Berufsphotograph einen kleinen photographischen Handapparat an, so ist hier ein Anspruch auf Erstattung der gezahlten Luxussteuer nicht gegeben. Der Umstand, daß die Gegenstände in dem Gewerbebetrieb der Erwerber verwendet werden, rechtfertigt allein mangels besonderer Vorschrift die Erstattung nicht.

Anm. 5.

Die Erstattung findet auf schriftlichen Antrag statt, der innerhalb eines Jahres nach dem Erwerb zu stellen ist.

Für die Erstattung ist das Umsatzsteueramt des Wohnsitzes oder gewöhnlichen Aufenthalts des Erwerbers zuständig. Der Antragsteller hat nachzuweisen, daß er

a) den Gegenstand erworben hat und
b) ihn zu einem der in Abs. 1 unter 1 bis 5 angegebenen Zwecke verwendet.

Der Nachweis zu a ist durch eine Erklärung des Unternehmers, der den Gegenstand geliefert hat, zu erbringen. Zur Nachprüfung der Erklärung zu b hat das Umsatzsteueramt erforderlichenfalls die Ortspolizeibehörde, die amtlichen Berufsvertretungen des Erwerbers oder sonstige sachkundige Stellen zu befragen.

Das nähere über das Erstattungsverfahren vgl. § 71 AusfB.

Anm 6.

Das Umsatzsteueramt hat in geeigneten Fällen nachzuprüfen, ob der Veräußerer den Gegenstand tatsächlich zum erhöhten Satze versteuert hat, ferner hat es bei jedem neuen Antrag derselben Person festzustellen, inwieweit nach Maßgabe der früheren Anträge ein hinreichender Anlaß zu einem neuen Antrag vorliegt oder die Befürchtung besteht, daß der Antragsteller für dritte Personen erwirbt. (Das nähere vgl. § 19 Abs. 4 AusfB.).

Anm. 7.

Zu Abs. 3.

Hier ist die Möglichkeit geschaffen, schon beim Kauf die Gegenstände ohne Steueraufschlag erwerben zu können. Auf Antrag eines Kauflustigen kann an Stelle der Erstattung nach Abs. 2 die vorherige Genehmigung zur Lieferung unter Ansatz lediglich der allgemeinen Umsatzsteuer von 5 v. T. treten. Für die Genehmigung ist das Umsatzsteueramt des Wohnsitzes oder gewöhnlichen Aufenthalts des Erwerbers zuständig. (Das nähere vgl. § 20 AusfB.)

Anm. 8.

Zu Abs. 4.

Die Ausfuhrsteuer bei Kunstgegenständen und Antiquitäten nach § 10 Nr. 3 wird erstattet, wenn die Gegenstände von der Person, die die Steuer entrichtet hat, wieder ins Inland gebracht werden. Der Antrag kann auch nach § 18 AusfB. von den Erben dieser Personen

---

[2]) KommBer. S. 34.

gestellt werden. Der Antragsteller hat nachzuweisen, daß es sich um denselben Gegenstand handelt, für den die Steuer entrichtet worden ist. Der Antrag muß innerhalb eines Jahres nach der Wiedereinfuhr des Gegenstandes gestellt werden (§ 71 AusfB.).

§ 29.

Der Anspruch auf Entrichtung der Steuer verjährt in fünf Jahren. Die Frist beginnt mit dem Schlusse des Jahres, in dem die Steuerbeträge fällig geworden sind.

Die Steuerforderung entsteht mit dem Ablauf des Steuerabschnitts (vgl. § 1 Anm. 2). Fällig wird die Steuer, soweit nicht eine Fristverlängerung erfolgt, zwei Wochen nach Zustellung des Steuerbescheids.

§ 30.

Bezüglich der Vollstreckbarkeit und des Vollstreckungsverfahrens ist die Steuer einer Landessteuer gleichzuachten. Ist der Steuerpflichtige ein Deutscher, so ist die Zwangsversteigerung eines Grundstücks ohne seine Zustimmung nicht zulässig.

Die Vollstreckbarkeit und das Vollstreckungsverfahren richtet sich nach den in den einzelnen Bundesstaaten für die Beitreibung von Landessteuern bestehenden Vorschriften.

In Preußen gilt die Verordnung betr. das Verwaltungszwangsverfahren wegen Beitreibung von Geldbeträgen vom 15. November 1899 bzw. 18. März 1904.

Fällt die Zwangsvollstreckung fruchtlos aus oder steht sonst fest, daß keine Aussicht zur Einziehung der geschuldeten Beträge mehr besteht, so kann die Steuer niedergeschlagen werden (§ 75 AusfB.).

§ 31.

Die Unternehmen der im § 1 genannten Personen unterliegen, auch abgesehen von den Bestimmungen der §§ 21 und 22, wegen der Steuerentrichtung nach diesem Gesetze der Prüfung und Aufsicht.

Den Beauftragten der Steuerstelle sind alle für die Prüfung in Betracht kommenden Schriftstücke zur Einsicht vorzulegen; von anderen als den im Abs. 1 bezeichneten Personen und deren Angestellten kann die Oberbehörde die Einreichung der auf bestimmt zu bezeichnende Rechtsvorgänge bezüglichen Schriftstücke verlangen.

Die Beauftragten der Steuerstelle sind befugt, die Geschäftsräume zu betreten und die Beobachtung der Vorschriften der §§ 15, 20, 25 Abs. 4, 26 Abs. 3 sowie der nach § 15 vom Bundesrat erlassenen Bestimmungen nach zu prüfen.

Die Steuerstellen können sich bei der Prüfung wie auch bei den Ermittlungen nach den §§ 21 und 22 der Hilfe von Vertretern und Angestellten von Verbänden und Interessevertretungen des Betriebs- oder Berufszweigs, dem der Steuerpflichtige angehört, bedienen.

Dic Beamten und Beauftragten der Steuerverwaltung sind, vorbehaltlich der Berichterstattung an diese, verpflichtet, über die Einrichtungen und Geschäftsverhältnisse, welche durch die Ausübung ihrer Befugnisse zu ihrer Kenntnis kommen, Verschwiegenheit zu beobachten und sich der Mitteilung und Verwertung der Geschäfts- und Berufsgeheimnisse zu enthalten.

Anm. 1.

§ 31 gibt der Steuerstelle die Möglichkeit, eine laufende Steueraufsicht über die Betriebe auszuüben, wie sie besonders bezüglich der erhöhten Steuer auf Luxusgegenstände unumgänglich nötig ist. Es ist nicht zu verkennen, daß es für die Betriebe nicht angenehm sein wird, dem Besuch und der Überprüfung durch Steuerbeamte ständig ausgesetzt zu sein. Der Entwurf trägt diesem berechtigten Gefühle Rechnung, indem er vorsieht, daß die Steuerstellen sich der Hilfe von Vertretern und Angestellten von Verbänden und Interessenvertretungen des Betriebs- und Berufszweigs, dem der Steuerpflichtige angehört, bedienen können. Die Unternehmer werden es vorziehen, die Aufsicht sozusagen genossenschaftlich in Selbstverwaltung zu übernehmen, als in jedem Falle der Einwirkung von Ermittlungen mit rein amtlichem Charakter ausgesetzt zu sein.

Es war notwendig, als Gegengewicht für diese weitgehenden Aufsichtsvorschriften, den Beamten und den Beauftragten der Steuerverwaltung eine Schweigepflicht aufzuerlegen, die den §§ 9 und 18 der Bekanntmachung über die Errichtung von Preisprüfungsstellen vom 25. September 1915 (RGBl. S. 607) nachgebildet ist. § 38 Abs. 3 enthält die entsprechende Strafbestimmung (Begr. S. 43).

Anm. 2.

Die Maßnahmen, die bei der Prüfung und Aufsicht in Betracht kommen, sind eingehend in § 56 AusfB. dargelegt.

Als Verbände und Interessevertretungen, deren Mithilfe die Steuerstellen in Anspruch nehmen sollen, kommen nicht nur die amtlichen Vertretungen des betreffenden Berufsstandes (Landwirtschaftskammern, Handelskammern und Handwerkerkammern) in Betracht, sondern auch die auf freier Selbstverwaltung beruhenden sonstigen Verbände. Vor allem ist auf die Mithilfe von Fachverbänden Wert zu legen, dagegen sind Organisationen, die in erster Linie dem wirtschaftlichen Kampfe dienen, Kartelle, Trusts usw. nicht zu beteiligen.[1])

---

[1]) § 57 Abs. 2 AusfB.

§ 32.

Die Reichs-, Staats- und Gemeindebehörden haben den Steuerstellen jede zur Ermittlung der Steuer und zur Durchführung der Prüfung und Aufsicht (§ 31) dienliche Hilfe zu leisten, insbesondere auf Ersuchen aus Büchern, Akten, Listen, Urkunden usw. Auskünfte über die nach § 12 und 26 steuerpflichtigen Personen und ihre steuerpflichtigen Leistungen zu geben und die Einsichtnahme in die Bücher usw. zu gestatten.

Nach § 54 AusfB. haben sich ferner die Umsatzsteuerämter bei der Veranlagung gegenseitig Rechtshilfe zu leisten.

§ 33.

Die Landesregierung bestimmt die für die Verwaltung der Steuer zuständigen Behörden. Sie kann die Veranlagung und Erhebung den Gemeinden oder Gemeindeverbänden gegen Vergütung übertragen. Die Vergütung hat der Bundesstaat aus der ihm nach § 36 Abs. 1 zustehenden Verwaltungs- und Erhebungsvergütung zu gewähren.

Anm. 1.

In Preußen ist für die Verwaltung der Umsatzsteuer in der Regel zuständig:

1. in den Stadtgemeinden der Gemeindevorstand,
2. in den Landgemeinden und in den Gutsbezirken der Kreisausschuß.

Wegen der Ausnahmen vgl. § 1 Abs. 2 bis 4 der im Anhang abgedruckten Kgl. Verordnung vom 1. August 1918.

Oberbehörden sind die Regierungspräsidenten und für die Stadt Berlin die Direktion für die Verwaltung der direkten Steuern.

In Bayern erfolgt die Erhebung der Umsatzsteuer durch die Rentämter. Oberbehörden sind die Regierungsfinanzkammern.

Anm. 2.

Die Verwaltungskostenvergütung beträgt in Preußen für die Kreise und Gemeinden 6 v. H. Wegen der Verteilung unter die verschiedenen Betriebsgemeinden vgl. § 5 der im Anhang abgedruckten Kgl. Verordnung vom 1. August 1918.

§ 34.

Zuständig für die Veranlagung der Steuer ist diejenige Steuerstelle, in deren Bezirk das Unternehmen betrieben wird. Wird das Unternehmen in mehreren Steuerbezirken betrieben, so ist diejenige Steuerstelle zuständig, in deren Bezirk die Leitung des Unternehmens ihren Sitz oder, wenn ein Sitz nicht vorhanden ist, der Steuerpflichtige oder der im § 14 Abs. 2 erwähnte Vertreter seinen Wohnsitz oder Aufenthalt hat; bei mehrfachem Wohnsitz ist der Ort maßgebend, an dem sich der

Pflichtige überwiegend aufhält; hat er zur Zeit der Erhebung der Steuer im Inland keinen Wohnsitz oder Aufenthalt, so ist die Steuerstelle des letzten inländischen Wohnsitzes oder Aufenthalts zuständig. Erforderlichenfalls bestimmt die oberste Landesfinanzbehörde die Steuerstelle.

Im Falle des § 26 ist die Steuerstelle des Wohnsitzes oder Aufenthalts zuständig; die Vorschriften des vorstehenden Absatzes finden entsprechende Anwendung.

Der Bundesrat kann weitere Bestimmungen über die Zuständigkeit erlassen. Er entscheidet, wenn zwischen mehreren Bundesstaaten Meinungsverschiedenheiten über ihre Zuständigkeit besteht.

Anm. 1.

Nach dem Warenumsatzstempelgesetz war eine Steuerstelle zuständig

1. für die Gewerbetreibenden, deren Firma im Handelsregister eingetragen war, wenn sie in deren Bezirk ihre Niederlassung hatten,
2. für die Gewerbetreibenden, deren Firma nicht im Handelsregister eingetragen war, wenn sie in deren Bezirk ihre Wohnung hatten.

Dieser Unterschied zwischen handelsgerichtlich eingetragenen und nicht eingetragenen Firmen ist jetzt beseitigt. Es entscheidet in beiden Fällen allein der Betriebsort.

Bei mehreren Betriebsorten kommt es darauf an, wo die Leitung des Unternehmens ihren Sitz hat, unerheblich ist es, wo das Unternehmen selbst seinen Sitz hat. Sitz ist hier somit im Gegensatz zu § 160 der Ausführungsbestimmungen zum Warenumsatzstempelgesetz nicht im handelsrechtlichen, sondern allein im wirtschaftlichen Sinne zu verstehen. Dies ist von Bedeutung für die Zuständigkeit der Steuerstelle bei der Veranlagung von juristischen Personen. So wenig wie der Wohnsitz einer physischen Person entscheidend ist für den Sitz ihres Gewerbebetriebes, ebensowenig ist der handelsrechtliche Sitz einer juristischen Person entscheidend für die Frage des Sitzes der Geschäftsleitung. Es entscheiden allein die tatsächlichen Verhältnisse.[1]) Es wird also jetzt nach dem Umsatzsteuergesetz für viele Unternehmen eine andere Steuerstelle zuständig, als es nach dem Warenumsatzstempelgesetz der Fall war Die jetzige Regelung der Zuständigkeit gleicht im wesentlichen derjenigen des preußischen Gewerbesteuergesetzes.

Maßgebend für die Zuständigkeit sind die Verhältnisse am Schlusse des Steuerabschnitts.[2])

Anm. 2.

Der Sitz der Geschäftsleitung ist bei mehreren Betriebsorten dann maßgebend, wenn die mehreren Niederlassungen oder Geschäftsstellen rechtlich in einer Hand vereinigt sind, es genügt nicht wirtschaftliche Einheitlichkeit. Erforderlich ist also die vollständige Identität des Inhabers der mehreren Niederlassungen und Geschäftsstellen. In den

[1]) OVGSt. 14 S. 465.
[2]) § 38 Abs. 1 S. 3 AusfB.

in Anm. 32 zu § 1 aufgeführten Beispielen findet also diese Bestimmung keine Anwendung, vielmehr ist für jedes Unternehmen getrennt der Betriebsort für die Zuständigkeit maßgebend.

Die weiteren Vorschriften über die Zuständigkeit befinden sich in § 38 AusfB.

§ 35.

Die Reichsbevollmächtigten für Zölle und Steuern haben bei der Ausführung dieses Gesetzes die gleichen Befugnisse und Pflichten, die ihnen hinsichtlich der Zölle und Verbrauchssteuern beigelegt sind.

In den Staaten, in denen die Geschäfte der Oberbehörde für die Umsatzsteuer anderen Behörden als den Zolldirektivbehörden übertragen sind, werden der Umfang und die Art der Tätigkeit der Reichsbevollmächtigten vom Reichskanzler im Einvernehmen mit den beteiligten Bundesregierungen geregelt.

Unter Zustimmung des Bundesrats kann der Reichskanzler die Wahrnehmung der Geschäfte der Reichsbevollmächtigten für die Umsatzsteuer anderen Beamten übertragen.

Das Institut der sogenannten Reichsaufsicht gründet sich auf Artikel 36 der Reichsverfassung, wonach der Kaiser die Einhaltung des gesetzlichen Verfahrens bei der Erhebung und Verwaltung der Zoll- und Verbrauchssteuern durch Reichsbeamte überwacht. Diese Bestimmung ist bisher insofern nicht vollständig durchgeführt worden, als die Reichsaufsichtsbeamten keine wirklichen Reichsbeamten, sondern nur Reichsfunktionäre, Reichskommissäre sind. Dies ist jetzt geändert durch das Gesetz über die Errichtung eines Reichsfinanzhofes und über die Reichsaufsicht für Zölle und Steuern. § 21 bestimmt, daß die Reichsaufsicht auf dem Gebiete der Zölle und Reichssteuern durch besondere, dem Reichskanzler unterstellte Behörden oder Beamte wahrgenommen wird. Nach § 26 erfolgt aber die Einrichtung der Reichsaufsichtsbehörden erst nach Beendigung des Krieges. Bis dahin haben die Reichsbevollmächtigten für Zölle und Steuern die den Reichsaufsichtsbehörden durch dieses Gesetz übertragenen Befugnisse.

Ein vollständiges Verzeichnis mit Angaben der den Reichsbevollmächtigten überwiesenen Dienstbezirke ist abgedruckt im Zentralblatt für das Deutsche Reich 1917 Seite 95.[1])

§ 36.

Jedem Bundesstaate wird von der jährlichen Einnahme, welche in seinem Gebiet einkommt, eine Verwaltungs- und Erhebungsvergütung von zehn vom Hundert gewährt.

Den Gemeinden und Gemeindeverbänden fließen, abgesehen von dem ihnen gemäß § 33 von den Landesregierungen zu

---

[1]) Vgl. hierzu Wiesinger in der Zeitschrift für Zollwesen und Reichssteuern 1918 Nr. 1—3.

überweisenden Anteil an der Verwaltungs- und Erhebungsvergütung, zehn vom Hundert der in dem Bundesstaate, dem sie angehören, aufkommenden Einnahme zu. Die näheren Bestimmungen über die Verteilung und Auszahlung dieser Gemeindeanteile erlassen nach Richtlinien des Bundesrats die Landesregierungen.

Für diejenigen Gebietsteile eines Bundesstaats, in denen eine besondere Gemeindeverfassung nicht vorhanden ist, findet die Vorschrift des Abs. 2 auf den Bundesstaat Anwendung.

Das Reich überweist den Bundesstaaten einen weiteren Betrag von fünf vom Hundert der Einnahme, jedoch nicht mehr als jährlich fünfzig Millionen Mark, den die Bundesstaaten nach Vorschriften des Bundesrats an solche Gemeinden und Gemeindeverbände zu verteilen haben, die für die Lebensmittelversorgung Einrichtungen treffen. Die Vorschriften des Bundesrats treten außer Kraft, wenn der Reichstag es beschließt; dem Reichstag ist jährlich Bericht über die Verwendung der Beträge zu erstatten.

Von Unternehmen, die vorwiegend notwendige Lebensmittel vertreiben, dürfen vom 1. April 1919 ab Steuern vom Umsatz dieser Waren in Einzelstaaten und Gemeinden nicht mehr erhoben werden.

Die Bestimmung verfolgt den doppelten Zweck, die öffentlichen Körperschaften, deren Organe mit der Erhebung der Umsatzsteuer betraut sind, — also die Bundesstaaten und die Gemeinden — an einer guten Veranlagung unmittelbar zu interessieren, und der schlechten Finanzlage der Gemeinden abzuhelfen. Demgemäß bestimmt Absatz 1, daß die Bundesstaaten eine Verwaltungs- und Erhebungsvergütung von 10% erhalten sollen. Voraussetzung dieser Vergütung ist die Erledigung des Veranlagungsgeschäfts. Aus diesem Betrage von 10% haben dann die Bundesstaaten gemäß § 33 Absatz 2 den Gemeinden und Gemeindeverbänden, wenn sie diese an der Veranlagung beteiligen, ihrerseits einen Anteil zu gewähren.

In Absatz 2 wird dann den Gemeinden und Gemeindeverbänden außerdem noch ein weiterer Anteil von 10 v. H. überwiesen, und zwar ohne jede Rücksicht darauf, ob sie mit der Veranlagung und Erhebung der Steuer etwas zu tun haben. Damit soll den Gemeinden, die durch den Krieg und ihre Mithilfe, die sie der Reichsregierung gewährt haben, zum Teil in eine mißliche Finanzlage geraten sind, geholfen werden. Bei der Verteilung dieser Anteile sind daher in erster Linie die steuerlich belasteten Gemeinden und Gemeindeverbände zu berücksichtigen.

Absatz 3 trägt den besonderen Verhältnissen der hanseatischen Städte Rechnung.

Nach Absatz 4 erhalten die Gemeinden und Gemeindeverbände, die für die Lebensmittelversorgung Einrichtungen treffen, noch einen weiteren Betrag von 5 v. H.

Absatz 5 verfolgt den Zweck, der Bevölkerung die notwendigen Lebensmittel zu verbilligen. Es fallen vor allem darunter die Genossenschaften (Konsumvereine), nicht aber die Warenhäuser.[1])

§ 37.

Der Bundesrat kann zur Beseitigung besonderer Härten die Steuer ermäßigen oder erlassen, wie auch Steuerermäßigung oder Steuerbefreiung für bestimmte Fälle vorsehen.

4. Straf-, Übergangs- und Schlußbestimmungen.

§ 38.

Wer vorsätzlich die Umsatzsteuer hinterzieht oder einen ihm nicht gebührenden Steuervorteil erschleicht, wird mit einer Geldstrafe bis zum zwanzigfachen Betrage der gefährdeten oder hinterzogenen Steuer bestraft. Kann der Betrag der Steuer nicht festgestellt werden, so tritt Geldstrafe von einhundert bis einhunderttausend Mark ein. Der Versuch ist strafbar.

Ebenso wird bestraft, wer die in den §§ 20 Abs. 1, 25 Abs. 4 und § 26 Abs. 3 bezeichnete Bescheinigung vorlegt, obgleich er die Gegenstände nicht zur gewerblichen Wiederveräußerung zu benutzen beabsichtigt oder, wenn er die Gegenstände für fremde Rechnung erwarb, wußte oder den Umständen nach wissen mußte, daß die Gegenstände zur gewerblichen Weiterveräußerung nicht bestimmt waren.

Wer der Vorschrift des § 31 Abs. 5 zuwider Verschwiegenheit nicht beobachtet oder der Mitteilung oder Verwertung von Geschäfts- oder Betriebsgeheimnissen sich nicht enthält, wird mit Geldstrafe bis zu dreitausend Mark oder mit Gefängnis bis zu sechs Monaten bestraft; die Verfolgung tritt nur auf Antrag des Unternehmers ein.

Im übrigen können Zuwiderhandlungen gegen die Vorschriften dieses Gesetzes oder der in seiner Ausführung erlassenen Bestimmungen mit einer Ordnungsstrafe bis zu einhundertundfünfzig Mark belegt werden. Von einer Bestrafung ist abzusehen, wenn die Zuwiderhandlung entschuldbarer Art ist; insbesondere unterbleibt bei Unterlassung der Aufzeichnung, bei nicht ordnungsmäßiger Aufzeichnung und bei Verletzung der

[1]) KommB. S. 81.

Aufbewahrungspflicht im Falle des § 15 Abs. 1 die Bestrafung, wenn die Zuwiderhandlungen aus Gründen, die in der Person des Verpflichteten oder in der Art seines Geschäftsbetriebs liegen, entschuldbar erscheinen.

Abs. 1 stellt die Steuerhinterziehung und das Erschleichen eines nicht gebührenden Steuervorteils unter Strafe.

Nach Abs 2 wird bestraft, wer mit der behördlichen Bescheinigung aus § 20 Mißbrauch treibt

Abs 3 bestraft die Verletzung der Verschwiegenheitspflicht.

Abs 4 bedroht ganz allgemein jede Zuwiderhandlung mit einer Ordnungsstrafe, sofern sie nicht entschuldbarer Art ist. Letzteres soll dann angenommen werden, wenn die allgemeine Aufzeichnungspflicht aus Gründen, die in der Person des Verpflichteten oder in der Art seines Geschäftsbetriebes liege, verletzt wird. Das bezieht sich aber nicht auf die verschärfte Buchführungspflicht für Luxusbetriebe

§ 39.

Auf das Verwaltungsstrafverfahren, die Strafmilderung, den Erlaß der Strafe im Gnadenwege, die Strafvollstreckung und die Verjährung der Strafverfolgung sind die Vorschriften anzuwenden, nach denen sich das Verfahren wegen Zuwiderhandlungen gegen die Zollgesetze bestimmt. Dabei können die Landesregierungen die Befugnisse der Hauptzollämter und Zolldirektivbehörden anderen Behörden übertragen.

Im Falle des § 38 Abs. 3 findet die Strafverfolgung nur im gerichtlichen Verfahren statt.

Die Geldstrafen fallen dem Staate zu, von dessen Behörden die Strafentscheidung erlassen worden ist.

Anm. 1.

Das Verwaltungsstrafverfahren. Nach § 165 des Vereinszollgesetzes vom 1 Juli 1869 richtet sich das Verfahren nach den Bestimmungen der Landesgesetze. Diese sind nach § 6 Z. 3 des Einführungsgesetzes zur Strafprozeßordnung in Kraft geblieben, insoweit nicht die §§ 453, 454, 455 und 459—463 der Strafprozeßordnung abändernde Bestimmungen treffen.

In Preußen ist maßgebend das Gesetz betreffend das Verwaltungsstrafverfahren bei Zuwiderhandlungen gegen die Zollgesetze vom 26. Juli 1897.

Anm. 2.

Die Strafmilderung und der Erlaß der Strafe bilden einen Ausfluß des landesherrlichen Begnadigungsrechts.

In Preußen ist maßgebend der Allerhöchste Erlaß betr. die Übertragung von Strafniederschlagungs- usw. Befugnissen in Zoll- und Steuersachen vom 26. September 1897.

Anm. 3.

Die Strafvollstreckung ist gleichzeitig mit dem Verwaltungsstrafverfahren geregelt. Es gilt also das in Anm. 1 ausgeführte.

Anm. 4.

Die Verjährung der Strafverfolgung. Hier greift wieder das Vereinszollgesetz ein, wonach gemäß § 164 Vergehen in 3 Jahren, Ordnungswidrigkeiten in einem Jahr verjähren. Die Frist wird von dem Tag an gerechnet, an welchem die Vergehen oder Übertretungen begangen sind.

Für die Unterbrechung der Verjährung kommen in Betracht §§ 68, 69 StGB. und § 459 Abs. 3 StPO.

Anm. 5.

Die Landesregierungen sind befugt, die nach dem Verfahren wegen Zuwiderhandlungen gegen die Zollgesetze den Hauptzollämtern und Zolldirektivbehörden zustehenden Befugnisse anderen Behörden zu übertragen.

In Preußen erfolgen die durch das Verwaltungsstrafgesetz den Hauptzollämtern übertragenen Entscheidungen durch die Vorsitzenden der Kreisausschüsse sowie die Bürgermeister und Gemeindevorsteher derjenigen Stadt- und Landgemeinden, für deren Bezirke Umsatzsteuerämter gebildet sind.

Diese Beamten lassen die Straf- und Beschwerdebescheide zustellen, ihnen liegt die Strafvollstreckung ob.

In den übrigen Fällen entscheiden die Regierungspräsidenten bzw. für Berlin die Direktion für die Verwaltung der direkten Steuern. Diese sind auch Beschwerdeinstanz, sowie der Finanzminister.

In Bayern sind bei Zuwiderhandlungen gegen die Vorschriften über die Erhebung der Umsatzsteuer zur Feststellung des Tatbestandes im Verwaltungsstrafverfahren, zur Erlassung von Strafbescheiden in diesem Verfahren sowie zur Zwangsbeitreibung der in solchen Strafbescheiden festgesetzten Geldstrafen die Rentämter zuständig.

Die Erhebung von Anklagen, die Vertretung und Antragstellung vor Gericht, sowie die Einlegung von Rechtsmitteln kommt den Regierungsfinanzkammern zu.

§ 40.

Für die Dauer der Kriegswirtschaft gelten folgende besondere Befreiungsvorschriften.

Von der Besteuerung sind, abgesehen von den Fällen des § 2, ausgenommen Lieferungen von Goldsachen und Kostbarkeiten an die zur Verstärkung des Goldschatzes der Reichsbank eingerichteten Goldankaufsstellen.

Von der Steuer sind, abgesehen von den im § 3 genannten Personen, befreit: Bundesstaaten, Gemeinden oder Gemeindeverbände wegen der Lieferung von Gegenständen zur Versorgung der Bevölkerung mit Lebens- und Futtermitteln, sofern die Gegenstände nicht im eigenen Betrieb erzeugt worden sind oder nicht unmittelbar an den Verbraucher abgesetzt werden. Mit Zustimmung des Reichskanzlers können die obersten Landesfinanzbehörden den Gemeindeverbänden solche Lebensmittelversorgungsgesellschaften (Bezirkszentralen) gleichstellen, die unter Beteiligung von Gemeinden oder Gemeindeverbänden zur Versorgung ihrer Bevölkerung mit Lebens- und Futtermitteln errichtet sind; Gleichstellungen, die unter der Geltungsdauer des Gesetzes über einen Warenumsatzstempel erfolgt sind, gelten auch für die Umsatzsteuer.

Von der Steuer sind ferner nach näherer Bestimmung des Bundesrats militärische Verwaltungsstellen befreit, soweit die mit der Ermittlung der Steuer verbundene Arbeitsleistung außer Verhältnis zum Ertrage der Steuer stehen würde.

Der Reichskanzler bestimmt den Zeitpunkt, in dem die vorstehenden Bestimmungen außer Kraft treten.

Anm. 1. **Zu Abs. 2.**

Lieferungen von Goldsachen und Kostbarkeiten an die Goldankaufsstellen waren schon nach der Bundesratsverordnung vom 14. November 1916 vom Warenumsatzstempel befreit.

Anm. 2. **Zu Abs. 3.**

Die Befreiungsvorschrift findet keine Anwendung, es tritt also Steuerpflicht ein, in zwei Fällen:

1. wenn die Gemeinde die Gegenstände im eigenen Betriebe erzeugt,
2. wenn die Gemeinde die Gegenstände unmittelbar an die Verbraucher absetzt.

In dem zweiten Fall verlangt also das Gesetz, daß die Gemeinden, um die Befreiung zu erlangen, sich des Zwischenhandels bedienen sollen. Hierbei entsteht nun die Frage, ob der Zwischenhändler selbst, der für die Gemeinde die Lieferung von Nahrungs- und Futtermitteln an die Bevölkerung besorgt, die Steuerfreiheit genießt. Aus dem Wortlaut des Gesetzes ist für die Beantwortung dieser Frage nichts zu entnehmen. Es kommen also nur die allgemeinen Grundsätze zur Anwendung. Danach liegt in der Tätigkeit der sogenannten Lebensmittelverteiler eine Geschäftsbesorgung, und die Steuerpflicht der Lieferung hängt allein davon ab, ob sie hierbei im eigenen oder im fremden Namen auftreten. Gewöhnlich handeln sie dabei im eigenen Namen. Es liegen dann 2 Umsätze vor, nämlich 1. von der Gemeinde an die Lebensmittelverteiler und 2. von den Lebensmittelverteilern an die Bevölkerung oder die Unterverteiler. Für jedes dieser beiden Umsatzgeschäfte ist selbständig zu beurteilen, ob die objektiven und subjektiven Voraussetzungen der Steuerpflicht gegeben sind. Hieraus ergibt sich, daß eine Steuerfreiheit der Lebensmittelverteiler nicht gegeben ist. Die Frage ist auch Gegenstand der Erörterung bei den Kommissionsverhandlungen gewesen. Der Kommissionsbericht sagt hierüber folgendes:

Bei § 32[1]) kam die Frage der Höchstpreise zur Sprache; beim Bestehen von solchen sei eine Abwälzung begrifflich nicht möglich. In besonders schlimmer Lage würden sich diejenigen Gewerbetreibenden befinden, denen die Gemeinden bestimmte Waren zum Umsatz an die Verbraucher übergeben und dabei selbstverständlich die Kleinhandelspreise vorschreiben. § 32 Abs. 3[1]) nütze solchen Gewerbetreibenden nichts, da sich diese Bestimmung, die ja der Bundesratsbekanntmachung vom 14. November 1916 entspreche, nur auf die Fälle beziehe, wo die Gemeinden usw. selbst Lebens- und Futtermittel an die Verbraucher absetzten. Die Umsatzsteuer sei doch bestimmt, abgewälzt zu werden; bei vorgeschriebenen Preisen sei dies nicht möglich, also müsse den Gewerbetreibenden entweder der Zuschlag der Umsatzsteuer zu den vorgeschriebenen Preisen besonders erlaubt oder ihnen die Umsatzsteuer zurückerstattet werden.

Von seiten der Regierung wurde erwidert: Die Befreiungsvorschrift im § 32 Abs. 3[1]) greife nicht nur dann Platz, wenn die Gemeinden usw. die betreffenden Gegenstände unmittelbar an die Erzeuger absetzten, sondern auch dann, wenn die Gewerbetreibenden dies für die Gemeinden als Vermittler, Verteiler usw. besorgten. Dem behaupteten Übelstand könne also durch geeignete Organisation abgeholfen werden. Übrigens falle dieser Punkt zusammen mit der allgemeinen Frage, wie die Umsatzsteuer mit dem Bestehen von Höchstpreisen zu vereinbaren sei.

Die Antwort seitens des Regierungsvertreters beruht auf einem Irrtum. Zunächst bezog sich die Anfrage, wie die Bezugnahme auf den Kleinhandelspreis ergibt, gar nicht auf die Lebensmittelverteiler, sondern auf die Gewerbetreibenden, die die Ware an die Verbraucher absetzen. Dann aber geht hier aus der Bestimmung des § 40 klar hervor, daß die Befreiungsvorschrift gerade nicht dann Platz greift, wenn die Gemeinde die betreffenden Gegenstände unmittelbar an den Verbraucher absetzt. Es bleibt in diesem Falle vielmehr bei der Regel, wonach Steuerpflicht besteht. Es muß also auch für das Umsatzsteuergesetz genau wie für das Warenumsatzstempelgesetz daran festgehalten werden, daß sämtliche Lebensmittelverteiler steuerpflichtig sind. Eine Abhilfe kann nur durch geeignete Organisation geschehen. So haben z. B. in Berlin die Obst- und Gemüseverteiler jetzt eine Gesellschaft mit beschränkter Haftung gegründet unter Beteiligung der Stadt Berlin, und diese Gesellschaft hat nun ihrerseits die Gleichstellung mit den Gemeindeverbänden nach Satz 2 beantragt. Den Gemeinden können nämlich nach dieser Bestimmung solche Lebensmittelversorgungsgesellschaften gleichgestellt werden, die unter Beteiligung von Gemeinden oder Gemeindeverbänden zur Versorgung ihrer Bevölkerung mit Lebens- und Futtermitteln errichtet sind. Diese Bestimmung findet keine Anwendung, wenn die Errichtung unter Beteiligung von Bundesstaaten erfolgt. So kann z. B. die Reichskartoffelstelle nicht auf Grund dieser Bestimmung eine Steuerfreiheit für ihre Lieferungen erlangen, dies kann sie nur dadurch erreichen, daß sie als gemeinnütziges Unternehmen nach § 3 Z. 2 anerkannt wird.

---

[1]) § 32 entspricht dem § 40.

Anm. 3. **Zu Abs. 4.**

Die Befreiung der militärischen Verwaltungsstellen ist deshalb erfolgt, um von ihnen während des Krieges jede unnötige Belastung mit Arbeit fernzuhalten (das nähere vgl. § 91 AusfB.).

§ 41.

Der Bundesrat erläßt die zur Ausführung dieses Gesetzes erforderlichen Bestimmungen.

§ 42.

Dieses Gesetz tritt am 1. August 1918 einheitlich mit dem Gesetz über den Reichsfinanzhof in Kraft; als erstes Kalenderjahr gemäß § 16 Abs. 1 gelten die Monate August bis Dezember 1918. An Stelle des Kalenderjahrs 1918 im Sinne von § 76 des Reichsstempelgesetzes in der Fassung des Gesetzes über einen Warenumsatzstempel vom 26. Juni 1916 (RGBl. S. 639) tritt der Zeitraum vom 1. Januar bis 31. Juli 1918.

Soweit nach der Bekanntmachung des Reichskanzlers über die Sicherung einer Umsatzsteuer auf Luxusgegenstände vom 2. Mai 1918 (RGBl. S. 379) eine Rücklagepflicht eingeführt ist, gilt als erster Steuerabschnitt nach § 16 Abs. 2 die Zeit vom 5. Mai bis 31. Juli 1918; für diese Zeit entfällt die Verpflichtung zur Entrichtung des Warenumsatzstempels.

Mit Ablauf des 31. Juli 1918 treten die Art. II bis V des Gesetzes über einen Warenumsatzstempel vom 26. Juni 1916 und das Gesetz, betreffend die Abwälzung des Warenumsatzstempels, vom 30. Mai 1917 (RGBl. S. 441), außer Kraft, unbeschadet der Durchführung des Erhebungsverfahrens für die in der Zeit vom 1. Oktober 1916 bis 31. Juli 1918 bewirkten Zahlungen oder Lieferungen.

Hat der Steuerpflichtige bisher den Warenumsatzstempel nach § 81 des Reichsstempelgesetzes in der Fassung des Gesetzes über einen Warenumsatzstempel vom 26. Juni 1916 von den Lieferungen entrichtet und wird von der Befugnis des § 17 Abs. 7 kein Gebrauch gemacht, so ist dem Steuerpflichtigen auf die Umsatzsteuer der Betrag des Warenumsatzstempels insoweit anzurechnen, als das Entgelt für die versteuerten Lieferungen nach dem 31. Juli 1918 entrichtet wird.

Steuerbeträge, die bis zum 31. Juli 1918 gemäß § 77 Abs. 2 des Reichsstempelgesetzes in der Fassung des Gesetzes über einen Warenumsatzstempel vom 26. Juni 1916 für Warenumsätze entrichtet worden sind, werden auf die Umsatzsteuer angerechnet, soweit sie den Betrag des Warenumsatzstempels für die Zeit vom 1. Januar bis 31. Juli 1918 überschreiten.

Sind für Leistungen aus Verträgen, die vor dem Inkrafttreten des Gesetzes abgeschlossen sind, Entgelte nach diesem Zeitpunkt zu entrichten, so ist der Abnehmer mangels abweichender Vereinbarung verpflichtet, dem Lieferer einen Zuschlag zum Entgelt in Höhe der auf die Leistung entfallenden Steuer jedoch abzüglich des Betrags, der bei einer Weitergeltung des Gesetzes über einen Warenumsatzstempel auf das Entgelt entfallen wäre, zu leisten. Dieser Preiszuschlag bildet keinen Grund zur Vertragsaufhebung.

Anm. 1.

Das Umsatzsteuergesetz tritt am 1. August 1918 in Kraft. Zur Sicherung der Umsatzsteuer auf Luxusgegenstände hatte jedoch der Bundesrat eine Verordnung erlassen, die am 5. Mai in Kraft trat und nach der bei der Lieferung von den im Entwurf zum Umsatzsteuergesetz in § 7 Z. 1—4 genannten Gegenstände eine Rücklage in Höhe von 20 bzw. 10 v. H. zu machen war. Das Umsatzsteuergesetz hat sich insoweit rückwirkende Kraft beigelegt. Nun ist aber der Kreis der Gegenstände, die der Sicherungsverordnung unterlagen, teils beschränkter teils weiter als nach dem Umsatzsteuergesetz. So bezog sich die Sicherungsverordnung nicht auf die erst vom Reichstag bei der Beratung des Gesetzes in dem § 8 beschlossene Besteuerung der Halbedelsteine, versilberten, vergoldeten und platinierten Gegenstände, ferner Kunstwerke, ihrer Kopien und Vervielfältigungen im Werte von 200 bis 300 ℳ, sowie der Erzeugnisse des Buchdrucks auf besonderem Papier mit beschränkter Auflagezahl. Insoweit bleibt nach wie vor die Fassung der Sicherungsverordnung maßgebend. Die Lieferungen sind also steuerfrei geblieben. Soweit dagegen die Sicherungsverordnung weiter ist, z. B. Lieferung von goldenen Fassungen für Augengläser, ist umgekehrt das Umsatzsteuergesetz maßgebend. Diese Lieferungen sind also jetzt steuerfrei geworden. Das gleiche gilt von dem erhöhten Steuersatz zu 20 v. H. Hier wird die Rücklage in Höhe von 10 v. H. frei.

Es entsteht jetzt die privatrechtliche Frage, ob der Erwerber, der für die Gegenstände einen um die Rücklage erhöhten Preis gezahlt hat, einen Anspruch auf den freigewordenen Teil der Rücklage hat. Dies ist zu bejahen. Denn das Umsatzsteuergesetz geht davon aus, daß grundsätzlich die Steuer abgewälzt werden soll. In dem Entwurf, der für die Auslegung der Verordnung maßgebend ist, kam das noch besonders dadurch zum Ausdruck, daß im Gegensatz zum Warenumsatzstempelgesetz und dem jetzigen § 13 des Gesetzes die offene Abwälzung erlaubt war. Es wälzte also der Lieferer, indem er den Kaufpreis erhöhte, damit die ihm nach § 2 der Sicherungsverordnung dem Fiskus gegenüber obliegende Verpflichtung zur Rücklage im Innenverhältnis auf den Käufer ab. Fällt nun jetzt die Verpflichtung zur Rücklage weg, so ist der Verkäufer nach § 812 Abs. 1 S. 2 BGB. verpflichtet, dem Käufer die ungerechtfertigte Bereicherung herauszugeben. Voraussetzung ist jedoch, daß der Verkäufer dem Käufer den Aufschlag irgendwie zu erkennen gegeben hat. Dies ist aber in der Regel der Fall gewesen.

Anm. 2.

Mit dem Ablauf des 31. Juli 1918 tritt das Warenumsatzstempelgesetz außer Kraft. Hierdurch müssen viele Gewerbetreibende im Jahre 1918 eine doppelte Anmeldung ihres Warenumsatzes vornehmen, nämlich für die Zeit vom 1. Januar bis 31. Juli nach dem Warenumsatzstempelgesetz und für die Zeit vom 1. August bis 31. Dezember nach dem Umsatzsteuergesetz. Nach § 92 AusfB. können jedoch die obersten Landesfinanzbehörden gestatten, daß die Anmeldungen zur Entrichtung des Warenumsatzstempels erst nach Schluß des Kalenderjahrs 1918 gleichzeitig mit den Erklärungen über die umsatzsteuerpflichtigen Entgelte abgegeben werden. Preußen hat hiervon keinen Gebrauch gemacht, wohl aber Bayern.

Wird, wie in Preußen, eine zeitlich getrennte Anmeldung für den Warenumsatzstempel erforderlich, so kann es vorkommen, daß der Steuerbetrag geringer ist als die bereits geleisteten Abschlagzahlungen. In diesem Fall findet nach Abs. 5 keine Herauszahlung statt, sondern eine Anrechnung auf die Umsatzsteuer.

Anm. 3.

Abs 6, der die Frage der Abwälzung der Steuer für die Übergangszeit behandelt, ist bei § 13 erörtert.

§ 43.

Der § 7 dieses Gesetzes tritt erst mit dem Beginne des Kalenderjahrs in Kraft, das auf den Friedensschluß mit den Großmächten folgt.

§ 44.

Das Gesetz tritt mit dem 31. Dezember 1923 außer Kraft, unbeschadet der Durchführung des Erhebungsverfahrens für die bis zu diesem Tage bewirkten Zahlungen oder Lieferungen.

B. Ausführungsbestimmungen zum Umsatzsteuergesetze.

I. Ergänzungen und Erläuterungen zu den Vorschriften über die Umsatzsteuerpflicht.

1. Allgemeine Umsatzsteuer.

Einfuhr, Ausfuhr, Durchfuhr.

§ 1.

[1] Von der Besteuerung sind nach § 2 Nr. 1 des Gesetzes ausgenommen:

1. Umsätze aus dem Ausland (Einfuhr); Ausland im Sinne dieser Vorschrift ist staatsrechtlich, nicht zollrechtlich zu verstehen; es umfaßt also nicht die dem Zollausland gleichstehenden Gebietsteile des Deutschen Reichs (Zollausschlüsse, Freibezirke);

2. [1] Umsätze von eingeführten Gegenständen im Inland, wenn
a) es sich um den ersten Umsatz nach der Einfuhr (vgl. Nr. 1) handelt,
b) dieser Umsatz nicht im Kleinhandel stattfindet und
c) die Herkunft aus dem Ausland sichergestellt ist.

[2] Die Umsätze sind nicht steuerfrei, wenn der Gegenstand vor dem Umsatz im Inland eine Be- oder Verarbeitung erfahren hat, die über die Zwecke der Sortierung, Reinigung und Erhaltung hinausgeht. Als Inland im Sinne dieser Bestimmung gelten auch die dem Zollausland gleichstehenden Gebiete des Inlandes (Zollausschlüsse, Freibezirke).

[3] Die Umsätze erfolgen außerhalb des Kleinhandels, wenn die Gegenstände zur gewerblichen Weiterveräußerung, sei es in derselben Beschaffenheit, sei es nach vorheriger Be- oder Verarbeitung für eigene oder fremde Rechnung erworben werden; dabei kommt es auf die einzelne Lieferung an und es genügt nicht schon, daß das Unternehmen, welches den Umsatz ausführt, überwiegend im Großhandel veräußert.

[4] Der Unternehmer, der die Steuerfreiheit nach der vorstehenden Bestimmung in Anspruch nimmt, hat für die Entgelte, die er für Lieferungen von eingeführten Gegenständen vereinnahmt, getrennt von seinen sonstigen Leistungen laufend Buch zu führen. Das Buch muß den Gegenstand nach seiner handelsüblichen Bezeichnung, Namen (Firma) und Wohnort (Sitz) des ausländischen Lieferers, den Tag der Einfuhr, die Eingangszollstelle, den Tag der weiteren Lieferung im Inland, Namen (Firma) und Wohnort (Sitz) des Abnehmers, das vereinnahmte Entgelt und den Tag der Zahlung enthalten; in der Bemerkungsspalte ist kenntlich zu machen, daß die Veräußerung nicht im Kleinhandel erfolgt ist, wenn dies nicht schon aus der Angabe über den Abnehmer klar ersichtlich ist;

3. [1] Umsätze von eingeführten Rohstoffen außerhalb des Kleinhandels mit der Wirkung, daß die Umsätze bei der Entscheidung, ob ein erster Umsatz im Inland im Sinne der Bestimmung unter Nr. 2 vorliegt, nicht mit in Betracht gezogen werden, wenn sie erfolgen:

a) in und aus denjenigen Gebieten des Inlandes, die dem Zollausland gleichstehen (Zollausschlüsse, Freibezirke);
b) in und aus dem gebundenen Verkehre des Inlandes; hierher gehören auch Privatlager ohne amtlichen Mitverschluß oder fortlaufende Konten;
c) in und aus Seehafenplätzen, soweit es sich um zollfreie ausländische Rohstoffe handelt und die Einfuhr auf dem Seeweg erfolgt; dabei sind die Unterweserseehäfen und die Unterelbeseehäfen als ein Einfuhrseehafenplatz anzusehen;
d) in und aus inländischen Lagern anderer Art, sofern es sich um zollfreie ausländische Rohstoffe handelt und die Lager durch die oberste Landesfinanzbehörde zugelassen worden sind; die Zulassung erfolgt nur auf Antrag und unter der Bedingung, daß der Gegenstand ohne andere Zwischenlagerung als im Einfuhrseehafenplatze nach dem Inlandslager gebracht und die Festhaltung der ausländischen Eigenschaft des Rohstoffs bei der Aufnahme und während der Lagerung sichergestellt ist.

[2] Findet in den in den vorstehenden Absätzen bezeichneten Gebieten und Lagern eine Be- oder Verarbeitung statt, so ist der Umsatz des durch die Be- oder Verarbeitung entstandenen Gegenstandes steuerpflichtig.

[3] Auf den Begriff des Kleinhandels findet die Bestimmung unter Nr. 2 Abs. 3 Anwendung;

4. Umsätze in das Ausland (Ausfuhr), und zwar sowohl wenn die Ausfuhr durch den Hersteller wie auch wenn sie durch einen an der Herstellung nicht beteiligten Unternehmer erfolgt. Voraussetzung ist, daß der Ausführende durch seine Buchführung den Nachweis der Bestimmung der Gegenstände sicherstellt. Er hat zu diesem Zweck über die Entgelte, die er für Lieferungen von ausgeführten Gegenständen vereinnahmt, getrennt von den Entgelten für seine sonstigen Leistungen laufend Buch zu führen. Das Buch muß den Gegenstand nach seiner handelsüblichen Bezeichnung, Namen (Firma) und Wohnort (Sitz) des ausländischen Empfängers, den Tag der Lieferung ins Ausland, das vereinbarte Entgelt, den Betrag und den Tag der Zahlung enthalten;

5. Umsätze vom Ausland in das Ausland, auch wenn bei der Ausführung der Lieferung der Gegenstand durch Gebietsteile des Inlandes gelangt (Durchfuhr); unberührt hiervon bleibt die Entscheidung, ob Zwischenumsätze, die im Inland stattfinden, steuerpflichtig oder nach den Vorschriften des § 2 Nr. 1 des Gesetzes (vgl. insbesondere die vorstehenden Bestimmungen zu Nr. 2, 3 und 4) von der Steuer befreit sind.

Vgl. die Erläuterungen S. 40 ff.

Erstattung an Ausfuhrhändler. **§ 2.**

(Zu § 28 Abs. 1 des Gesetzes.)

[1] Unternehmer, die Gegenstände im Inland erwerben und dieselben Gegenstände ohne vorherige Be- oder Verarbeitung ins Ausland liefern, erhalten auf ihren Antrag einen Betrag in Höhe von fünf vom Tausend des von ihnen ihrem inländischen Lieferer entrichteten Entgelts erstattet. Der Antrag ist an das für den ausführenden Unternehmer zuständige Umsatzsteueramt zu richten.

[2] Der Antragsteller hat den Nachweis zu erbringen, daß

a) er die Gegenstände in das Ausland geliefert hat,
b) er dieselben Gegenstände im Inland erworben hat,
c) die Lieferung an ihn bei seinem Lieferer umsatzsteuerpflichtig, also nicht nach den §§ 2, 3 oder 4 des Gesetzes steuerfrei war, und
d) welches Entgelt er für die Lieferung entrichtet hat.

³Der Nachweis ist durch die Vorlegung von Büchern und Geschäftspapieren oder durch Auskünfte des Lieferers zu erbringen. Vermag der Antragsteller die erforderlichen Auskünfte des Lieferers nicht zu veranlassen, so ist sein Erstattungsantrag abzuweisen.

⁴Über das Erstattungsverfahren vgl. § 71.

Vgl. die Erläuterungen S. 130 ff.

Steuerfreiheit für Edelmetalle. **§ 3.**

¹Die Befreiungsvorschrift des § 2 Nr. 3 des Gesetzes umfaßt Edelmetalle und Edelmetallegierungen, es sei denn, daß sie im Kleinhandel erworben werden, d. h. daß der Erwerber kein Weiterveräußerer ist.

²Aus den Büchern des Lieferers muß hervorgehen, daß der Erwerber ein Weiterveräußerer ist.

³Edelmetalle sind Platin, Platinmetalle, Gold und Silber. Als deren Legierungen im Sinne dieser Bestimmungen gelten nur Gegenstände, die weder Fertigfabrikate noch solche Halbfabrikate sind, die ohne weitere wesentliche Veränderung ihrer Zusammensetzung oder Form dem Fertigfabrikat oder einem anderen Halbfabrikat eingefügt werden. Steuerfrei sind danach die Umsätze von Edelmetallerzen, Hüttenprodukten, Edelmetallen und Edelmetallegierungen in Zainen, Körnern, Barren, Blättchen und nicht fassonierten oder gemusterten Blechen, Drähten und Röhren (Scharnieren), weiter von Abfallmetall (Rückstände, Gekrätz, Schliffen, Kehrgold und ähnliches), Blattgold, Blattsilber sowie den zur Platinierung, Vergoldung und Versilberung erforderlichen Massen, endlich von Bruchmetall (zerbrochene, zerschnittene oder sonst unbrauchbar gemachte Edelmetallsachen). Nicht steuerfrei sind dagegen die Umsätze fertiger Schmucksachen und Edelmetallwaren sowie die zur Zusammensetzung und bei der Anfertigung von solchen verwendeten fertigen Teile, wie Châtons, Galerien, Karabinerhaken, Kitten, Brisuren und ähnliche Halbfabrikate.

Vgl. die Erläuterungen S. 48 ff.

Steuerfreiheit für gemeinnützige und wohltätige Unternehmen. **§ 4.**

¹Ob die Befreiungsvorschrift des § 3 Nr. 2 des Gesetzes gegeben ist, bestimmt die oberste Landesfinanzbehörde desjenigen Bundesstaats, in dessen Gebiet das für das Unternehmen zuständige Umsatzsteueramt liegt.

²Der Antrag auf Anerkennung als gemeinnütziges oder wohltätiges Unternehmen muß spätestens bei Abgabe der Steuererklärung oder einer von dem Umsatzsteueramt über die Steuerpflicht geforderten Auskunft erfolgen (§ 17 des Gesetzes). Die Anerkennung gilt auch für die folgenden Steuerabschnitte, solange nicht eine wesentliche Änderung der Geschäftsgebarung des Unternehmens eintritt. Das Umsatzsteueramt hat die oberste Landesfinanzbehörde in Kenntnis zu setzen, sobald es eine solche wesentliche Änderung wahrnimmt. Die Anerkennung schließt die Veranlagung einzelner Umsätze, die als auf Gewinnerzielung gerichtet anzusehen sind, nicht aus.

³Gemeinnützigkeit liegt nur vor, wenn das Unternehmen dem Interesse der Allgemeinheit und nicht nur bestimmter Personen oder eines engeren Kreises von solchen zu dienen bestimmt ist.

⁴Wohltätige Unternehmungen sind solche, die der Wohlfahrtspflege Minderbemittelter dienen. Hierzu gehören auch die Wohlfahrtseinrichtungen gewerblicher Unternehmungen, wenn das für ihre Benutzung erhobene Entgelt auch bei Berücksichtigung der sonstigen Arbeitsbedingungen außer Verhältnis zu den gebotenen Leistungen steht.

⁵Bei Gesellschaften und sonstigen Vereinigungen wird die Gemeinnützigkeit oder Wohltätigkeit nicht dadurch ausgeschlossen, daß ein Reingewinn verteilt wird; es muß dieser jedoch durch die Satzung auf eine höchstens fünfprozentige Verzinsung der Kapitaleinlagen beschränkt und ferner sichergestellt sein, daß die Gesellschafter und Mitglieder bei einer Auflösung nicht mehr als den Nennwert ihrer Anteile erhalten und der etwaige Rest des Vermögens für gemeinnützige oder wohltätige Zwecke verwendet wird.

Vgl. die Erläuterungen S. 54ff.

Umrechnung ausländischer Werte.

§ 5.

¹Ausländische Werte (§ 6 Abs. 3 des Gesetzes) sind nach dem Kurse umzurechnen, der am Tage der Vereinnahmung der Entgelte an der Berliner Börse amtlich festgestellt worden ist. Bei einer Versteuerung nach § 17 Abs. 7 des Gesetzes tritt an die Stelle des Tages der Vereinnahmung der Tag der Leistung.

²Ist an der Berliner oder einer anderen deutschen Börse kein Kurs für die Währung, in der das Entgelt vereinnahmt

wurde, amtlich festgestellt worden, so ist derjenige Kurs maßgebend, den der Reichskanzler, sei es allgemein durch eine für eine bestimmte Zeit geltende Bekanntmachung, sei es für den einzelnen Fall, festsetzt.

Vgl. die Erläuterungen S. 72 ff.

2. Umsatzsteuer auf Luxusgegenstände.

§ 6.

Die in den §§ 7 bis 17 enthaltenen Bestimmungen haben gemäß § 11 des Gesetzes, sowohl soweit sie eine nähere Abgrenzung der erhöht steuerpflichtigen Luxusgegenstände geben, als auch soweit sie die Steuer auf andere Luxusgegenstände ausdehnen, bindende Kraft, es sei denn, daß sich aus ihrer Fassung ergibt, daß sie lediglich als Anhalt für die Auslegung des Gesetzes dienen sollen.

Vgl. die Erläuterungen S. 80 ff

Edelmetallwaren.

§ 7.

(Zu § 8 Nr. 1 des Gesetzes.)

1 Die erhöhte Steuerpflicht nach § 8 Nr. 1 des Gesetzes bezieht sich nicht nur auf Schmucksachen, sondern auf Gegenstände aller Art, die aus den im § 8 Nr. 1 des Gesetzes genannten Stoffen oder unter Verwendung solcher Stoffe hergestellt sind (Haushaltsgeräte, Ausschmückungsgegenstände, Gold- und Silberstickereien, Rahmen und ähnliches) sowie auch auf einzelne Mengen unverarbeiteter Edelmetalle und Edelmetalllegierungen und auf einzelne ungefaßte Perlen, Edelsteine und Halbedelsteine.

2 Als Edelmetalle gelten Platin, Platinmetalle, Gold und Silber sowie alle Legierungen dieser Edelmetalle, auch wenn der Feingehalt an Edelmetall verhältnismäßig nur gering ist, also auch z. B. sechskaratiges Gold (sogenanntes Joujougold).

3 Bei unechten Gegenständen (Doublee, mit Platin, Gold oder Silber plattierten, platinierten, vergoldeten oder versilberten Gegenständen) ist es ohne Belang, aus welcher Masse der Gegenstand hauptsächlich besteht und wie dünn und von verhältnismäßig wie geringem Werte die verwendeten Edelmetallteile sind und auf welche Art die Edelmetalle aufgebracht sind (z. B. durch Aufschweißen, Auflegen von Blattgold oder Blattsilber, durch Amalgamierung oder auf galvanischem Wege). Es fallen also unter die erhöhte Steuer Gegenstände aus Neusilber,

Alpakka, Alfenide, Messing, Zink, Eisen, Bronze, sobald sie platiniert, vergoldet oder versilbert sind; dagegen unterliegen Gegenstände aus den genannten Stoffen der erhöhten Steuer nicht, wenn sie nur patiniert (gefärbt) oder wenn sie vernickelt oder mit Nickel plattiert sind.

4 Bedeckt die Platinierung, Vergoldung oder Versilberung nur einen verhältnismäßig geringen Teil der Fläche eines im übrigen aus unedlen Stoffen bestehenden Gegenstandes, wie z. B. bei einem mit vergoldetem Rande versehenen Porzellanstücke, so wird dadurch die erhöhte Steuerpflicht nicht herbeigeführt.

5 Der erhöhten Steuer unterliegen nur echte Perlen; als solche gelten auch die sogenannten Japanperlen, dagegen nicht Nachahmungen aus Glas, Fischschuppen oder Perlmutterstaub.

6 Den Edelsteinen sind gleichgestellt die synthetischen, d. h. durch künstliche Wiederholung des natürlichen Entstehungsganges hergestellten Edelsteine (besonders Saphire und Rubine), nicht jedoch die z. B. aus Glasflüssen, Glaspasten, Straß, Zinn- und Bleilegierungen hergestellten Nachahmungen. Es können jedoch nachgeahmte Edelsteine und Halbedelsteine insofern der erhöhten Steuer unterliegen, als die Nachahmung durch Verwendung anderer Edelsteine oder Halbedelsteine erfolgt ist (z. B. Diamanten aus Bergkristallen, Alexandrite aus Korundmasse, Rubinen und Smaragden aus Flußspat). Rekonstruierte Steine sind aus Fragmenten echter Steine zusammengesetzt und unterliegen daher der erhöhten Steuer, ebenso sogenannte Doubletten, wenn in ihrem Oberteile Teile von Edelsteinen oder Halbedelsteinen enthalten sind.

7 Es kommen insbesondere folgende der erhöhten Steuer unterliegende Steine in Betracht:

1. Edelsteine: Diamant, Korund (Saphir, Rubin und andere Abarten), Chrysoberyll (Alexandrit, Chrysoberyllkatzenauge), Spinell, Topas (Aquamarin-Topas), Beryll (Smaragd, Aquamarin, Aquamarin-Chrysolith, Goldberyll), Zirkon (Hyazinth), Opal, Granat (Pyrop), Turmalin, Chrysolith (Peridot, Olivin), Dichroit, Cyanit, Sapparé, Dioptas, Diopsid, Vesuvian, Türkis;

2. Halbedelsteine: Quarz (Amethyst, Bergkristall, Rauchtopas, Zitrin, Rosenquarz, Katzenauge), Jaspis, Chalcedon (Karneol, Plasma, Chrysopras, Achat), Feldspate (Adular, Mondstein, Amazonenstein, Labradorit), Lasurstein (Lapis

lazuli), Nephrit, Jadeït, Spodumen (Kunzit, Hiddenit, Lithiumsmaragd), Hämatit, Lepidolith, Obsidian, Lava, Flußspat, Malachit, Atlasspat, Aragonit, Numeait, Gagat (Jet), Bernstein.

8 Soweit die im Abs. 7 unter Nr. 1 und 2 genannten Steine nach abweichender wissenschaftlicher Ansicht oder Anschauung der beteiligten Geschäftskreise nicht zu den Edelsteinen oder Halbedelsteinen gerechnet werden, wird die erhöhte Steuerpflicht hierdurch auf sie ausdrücklich ausgedehnt.

9 Nicht zu den steuerpflichtigen Steinen gehören z. B. Serpentinsteine, Alabaster, Marmor; auch Gegenstände aus Perlmutter, Elfenbein, Meerschaum und ähnliche unterliegen nicht der erhöhten Steuer. Jedoch können Gegenstände unter Verwendung solcher Stoffe oder unter Verwendung von Nachahmungen erhöht steuerpflichtiger Stoffe der erhöhten Steuer unterliegen, wenn zu ihrer Fassung Gold oder Silber oder vergoldete oder versilberte Metalle benutzt sind und die im folgenden Absatz behandelten Voraussetzungen zutreffen.

10 Ist ein Gegenstand aus den im Abs. 7 Nr. 1 genannten Stoffen und anderen Stoffen zusammengesetzt, so entscheidet der wertvollere Bestandteil (§ 8 Nr. 1 Abs. 1 Satz 2 des Gesetzes). Bei Auslegung dieser Bestimmung ist zu beachten, daß zu den der erhöhten Steuer unterliegenden Stoffen auch platinierte, vergoldete und versilberte Stoffe ohne Rücksicht auf ihre sonstige Zusammensetzung gehören; Bestandteile aus diesen Stoffen sind also bei einem Vergleiche mit Bestandteilen aus sonstigen Stoffen, mit denen sie zusammengesetzt sind, nicht etwa nur mit dem Werte der zur Vergoldung oder Versilberung gebrauchten Edelmetallmengen, sondern mit ihrem vollen Werte einzusetzen. Bei den Wertvergleichungen kommt es nicht lediglich auf den Wert des Rohmaterials an, es ist vielmehr auch der Herstellungswert heranzuziehen. Eine Zusammensetzung aus verschiedenen Stoffen liegt nicht nur dann vor, wenn die Stoffe derart miteinander verbunden sind, daß ihre Trennung nur unter Zerstörung des Gesamtgegenstandes möglich ist, es ist eine Zusammensetzung im Sinne des Gesetzes vielmehr auch dann anzunehmen, wenn die einzelnen auseinandernehmbaren Teile für sich allein nicht brauchbar sind; danach macht z. B. eine goldene Feder den ganzen Füllfederhalter erhöht steuerpflichtig.

11 Fassungen von Augengläsern sind gemäß § 8 Nr. 1 Abs. 2 des Gesetzes auch dann von der erhöhten Steuer befreit, wenn sie aus Edelmetall sind und ihr Wert den Wert der Gläser

überwiegt. Als Fassungen von Augengläsern sind Gestelle zu Brillen und Klemmern, nicht jedoch Stiele von Lorgnetten anzusehen.

Taschenuhren.

§ 8.

(Zu § 8 Nr. 2 des Gesetzes.)

Die erhöhte Steuerpflicht bei Taschenuhren ist, ohne Rücksicht auf das im einzelnen Falle verwendete Metall, lediglich nach der Höhe des Entgelts zu beurteilen.

Kunstgegenstände.

§ 9.

(Zu § 8 Nr. 3 des Gesetzes.)

1 Werke der Plastik, Malerei und Graphik sowie Kopien und Vervielfältigungen solcher Werke unterliegen ohne Rücksicht auf die Technik ihrer Herstellung sowie unabhängig davon, ob sie einen Kunstwert haben oder nicht, der erhöhten Steuer.

2 Ein Werk der Plastik setzt ein über das flächenmäßige hinausgehende Gebilde voraus; es gehören hierher auch Reliefs, Plaketten, Medaillen und Gemmen. Ein erhöht steuerpflichtiger Gegenstand liegt auch bei plastischer Ausbildung dann nicht vor, wenn der Gegenstand überwiegend zum Gebrauche bestimmt ist (z. B. geschnitzte Möbel, verziertes Geschirr und ähnliches) und nicht in erster Linie der Ausschmückung dient. Im übrigen braucht ein Werk der Plastik nicht aus Bronze, Marmor oder sonst einem bei der Bildhauerei gewöhnlich üblichen Stoffe zu bestehen; auch Darstellungen aus Holz, Porzellan, Fayence, und zwar nicht nur Figuren, sondern auch sogenannte Dekorationsgegenstände, Vasen, Tafelaufsätze, Ziergläser u. ä. kommen in Betracht. Insbesondere fallen auch der Ausschmückung dienende plastisch ausgestaltete Baustücke, z. B. Gipskartuschen und ähnliches, solange sie noch nicht mit dem Bauwerk verbunden sind, unter die erhöhte Steuer.

3 Zur Malerei gehört auch die Herstellung von Miniaturbildwerken. Das gleiche gilt von Glasmalereien und Mosaikarbeiten.

4 Wird ein Kunstwerk mit Rahmen veräußert, so ist der gesamte Lieferungspreis für die Steuer maßgebend.

5 Zu den Originalwerken der Graphik im Sinne des § 8 Nr. 3 Abs. 2 des Gesetzes gehören auch Radierungen; dagegen gehören nicht zu den Originalwerken der Malerei übermalte Photographien.

6 Die Ausnahme von der erhöhten Steuer im § 8 Nr. 3 Abs. 2 des Gesetzes bezieht sich, soweit Verbände in Betracht kommen, nur auf solche Verkaufs- und Ausstellungsverbände, deren Mitglieder selbst ausübende Künstler sind, nicht also auf sogenannte Kunstvereine, die von Kunstfreunden gebildet werden. Durch den letzten Satz des Abs. 2 a. a. O. wird zum Ausdruck gebracht, daß die Bevorrechtigung der Künstlerverbände wegfällt, sobald sie neben Werken ihrer Mitglieder in gewerbsmäßiger Weise, also nicht nur gelegentlich, auch Werke von Nichtmitgliedern verkaufen.

Antiquitäten und Sammelgegenstände.

§ 10.

(Zu § 8 Nr. 4 des Gesetzes.)

1 Der Begriff der Antiquität setzt voraus, daß der Gegenstand nicht in der Gegenwart oder der jüngsten Vergangenheit hergestellt ist, und daß er neben seinem Material- oder Gebrauchswert einen Sammelwert hat. Ein weit zurückliegendes Alter ist nicht erforderlich, insbesondere gehören auch Gegenstände aus der Biedermaierzeit zu den Antiquitäten. In neuerer Zeit angebrachte Ergänzungen und Reparaturen ändern nichts an dem Charakter eines Gegenstandes als Antiquität. Der besondere Sammelwert scheidet die als Antiquitäten anzusehenden Gegenstände von solchen, die lediglich dem Trödelhandel unterliegen. Sind sich bei einem Gegenstande, der objektiv als Antiquität anzusehen ist, Veräußerer wie Erwerber des besonderen Sammelwerts des Gegenstandes nicht bewußt und prägt sich diese Unkenntnis im Preise aus, so kann eine nach § 8 Nr. 4 des Gesetzes erhöht steuerpflichtige Lieferung nicht angenommen werden.

2 Dem Gegenstande nach umfaßt der Begriff der Antiquität Gebrauchs- wie Ausschmückungsgegenstände aller Art. Es kommt auch nicht darauf an, ob der Gegenstand zum praktischen Gebrauch oder lediglich zur Ausschmückung erworben wird. Insbesondere kommen in Betracht Möbel, Hausgeräte (einschließlich von Wagen, Schlitten, Krippen), Handwerkszeug und Gewerbeabzeichen, kirchliche Gerätschaften, Keramiken aller Art (Porzellan, Fayence, Majolika, Terrakotta, Steingut, Steinzeug, Hafnergeschirr), Gläser, Gegenstände aus Schmiedeeisen, Gußeisen (z. B. Ofenplatten), Messing, Kupfer, Zinn, Bronze, Schmelzwerk, Emaille und Elfenbein, Bucheinbände, Leder-

arbeiten, Holzschnitzereien, Lackarbeiten, Textilien (Spitzen, Borten, Stickereien, Kostüme, Stoffe, liturgische Gewänder, Teppiche, Gobelins, Wandbespannungen und ähnliches).

3 Auch alte Drucke gehören zu den Antiquitäten. Ein höheres Alter des Druckes ist nicht erforderlich. Erstausgaben der Klassiker, der Romantiker, selbst noch lebender Schriftsteller, wenn sie ihres Sammelwertes wegen höher bezahlt werden, als es ihrem ursprünglichen Preise und der Güte ihrer Ausstattung entspricht, sind als alte Drucke oder jedenfalls als Sammelgegenstände im Sinne des § 8 Nr. 4 des Gesetzes erhöht steuerpflichtig.

4 Als sonstige Sammelgegenstände im Sinne des § 8 Nr. 4 des Gesetzes sind z. B. Münzen, Medaillen, Plaketten, Briefmarken, Siegel, Siegelstempel, Wappen, Autogramme, Erinnerungen an geschichtliche oder sonstige hervorragende Persönlichkeiten, Waffen, Trachten, ethnographische Gegenstände anzusehen. Die Befreiung von der erhöhten Steuer bei Sammelgegenständen, weil sie vorwiegend zu wissenschaftlichen Zwecken gesammelt zu werden pflegen, tritt nur ein, wenn nach der objektiven Beschaffenheit der Gegenstände die wissenschaftliche Verwendung die Regel bildet; es genügt also nicht die etwa im einzelnen Falle vorhandene Absicht wissenschaftlicher Verwendung, diese kann vielmehr lediglich zu einem Erstattungsantrage nach § 28 Abs. 2 des Gesetzes Anlaß geben. Da z. B. Münzen und Briefmarken überwiegend von Privatpersonen aus Liebhaberei gesammelt werden, unterliegen sie grundsätzlich der erhöhten Steuer. Das gleiche gilt von Sammlungen von Gehörnen, Fellen und ähnlichem. Dagegen liegt Sammlungen naturwissenschaftlicher Art, wie z. B. Gestein-, Mineralien-, Schmetterlings- und Käfersammlungen sowie Herbarien in der Regel ein wissenschaftlicher Zweck zugrunde; derartige Gegenstände sind daher grundsätzlich von der erhöhten Steuer befreit.

5 Erzeugnisse des Buchdrucks, die nicht zu den alten Drucken zählen, unterliegen der erhöhten Steuer dann, wenn der Druck auf besonderem Papier erfolgt ist und das Erzeugnis in beschränkter Auflage erscheint; beide Voraussetzungen müssen zusammentreffen. Besonderes Papier ist solches, dessen Wert über das üblicherweise bei Büchern der betreffenden Art verwendete erheblich hinausgeht (z. B. Büttenpapier, China- und Japanpapier). Eine beschränkte Auflage liegt vor, wenn die Zahl der gedruckten Exemplare erheblich hinter der bei Büchern der

betreffenden Art üblichen Zahl zurückbleibt; dabei steht der Annahme einer beschränkten Auflage im Sinne dieser Bestimmung nicht entgegen, wenn gleichzeitig Exemplare in einer der Üblichkeit entsprechenden Anzahl auf weniger gutem Papier ausgegeben werden.

Photographische Apparate.

§ 11.

(Zu § 8 Nr. 5 des Gesetzes.)

1 Nur photographische Handapparate unterliegen der erhöhten Steuer, nicht auch die großen Apparate der Berufsphotographen. Als Handapparate werden im allgemeinen solche mit einer Aufnahmefläche von höchstens 10 zu 15 cm (= 150 qcm) anzusehen sein.

2 Bestandteile von photographischen Apparaten sind insbesondere das Kameragehäuse, der Laufboden, der Kamerakörper, die Beschlagteile, das Objektiv, der Verschluß; Zubehörstücke insbesondere Sucher, Gelbscheiben, Kassetten, Visierscheiben, Taschen für den Apparat, Ergänzungsobjektive, Ständer (Stativs), Platten und Films.

3 Nicht als Zubehörstücke sind anzusehen und daher von der erhöhten Steuer befreit Vorrichtungen zum Entwickeln, Vergrößern und Vervielfältigen.

Musikinstrumente.

§ 12.

(Zu § 8 Nr. 6 des Gesetzes.)

1 Als Klavierspielapparate kommen in Betracht: Pianola Phonola, Ducanola, Estrella, Pianist, Virtuos und ähnliche Apparate; weiter selbsttätige elektrisch oder dynamisch in Betrieb gesetzte Klaviere mit oder ohne ebenso betriebene Begleitinstrumente (Geigen, Mandolinen und ähnliche).

2 Sprechapparate und Phonographen sind insoweit erhöht steuerpflichtig, als auf ihnen musikalische Darbietungen möglich sind. Hierher gehören z. B. die Grammophone, nicht dagegen Diktierapparate.

3 Sonstige mechanische Spielapparate sind z. B. Leierkasten, Spieldosen und Spieluhren.

4 Mechanische Spielapparate, die lediglich als Spielzeug dienen, wie z. B. Puppenklaviere oder in Puppen eingefügte kleine Spieldosen, fallen nicht unter die erhöhte Steuer.

5 Die erhöhte Steuerpflicht der Platten und Walzen wird auf solche ausgedehnt, die zur Wiedergabe deklamatorischer Vorträge dienen.

Billards.

§ 13.

(Zu § 8 Nr. 7 des Gesetzes.)

Als Zubehörstücke von Billards sind Billardbälle, Billardstöcke und für Billard bestimmte Kegel anzusehen.

Waffen.

§ 14.

(Zu § 8 Nr. 8 des Gesetzes.)

1 Zu den Handwaffen gehören insbesondere Gewehre, Flinten, Büchsen, Karabiner, Teschings, Revolver und Pistolen, einschließlich der Luftgewehre, Luftpistolen usw., Säbel, Degen, einschließlich der Stockdegen, Hirschfänger, Florette, Schläger, Saufedern, Dolche, Schlagringe, als Waffe hergerichtete Gummischläuche.

2 Die erhöhte Steuer wird nicht erhoben für die Lieferung von Seitengewehren und Offiziersäbeln in einfachster, den militärischen Vorschriften entsprechender Ausführung; bei vorschriftsmäßigen Schußwaffen kommt nur die Erstattung nach § 28 Abs. 2 des Gesetzes in Betracht.

3 Zu den steuerpflichtigen Bestandteilen gehören z. B. Klingen und Degengriffe, zu den Zubehörstücken Scheiden, Taschen und Kasten für die Aufnahme von Waffen, Tragevorrichtungen, Ansatzstücke und Reservemagazine für Revolver und Pistolen, Schalldämpfer, Zielstöcke, Zielstäbe, Zielfernrohre und Diopter. Gegenstände zum Reinigen der Waffen und Scheiben unterliegen nicht der erhöhten Steuer.

4 Zur Munition gehören auch Bolzen für Luftgewehre und die zur Herstellung von Munition bestimmten Bestandteile wie Hülsen, Zündhütchen, Pfropfen, Blättchen, Schrot, Kugeln und Pulver.

5 Nicht zu den Handwaffen gehört Kinderspielzeug.

Personenfahrzeuge.

§ 15.

(Zu § 8 Nr. 9 des Gesetzes.)

1 Personenfahrzeuge unterliegen stets der erhöhten Steuer, wenn sie mit motorischer Kraft betrieben werden (Automobile, Kraftfahrräder, Motorboote und ähnliche).

2 Sonstige Personenfahrzeuge unterliegen der erhöhten Steuer, wenn sie nach ihrer Beschaffenheit (Bauart, Ausstattung) für Vergnügungs- oder sportliche Zwecke bestimmt sind. Die Entscheidung, ob diese Voraussetzung gegeben ist, ist aus der objek-

tiven Beschaffenheit der gelieferten Gegenstände zu entnehmen, ohne daß es auf die Absicht des Erwerbers im einzelnen Falle ankommt.

[3] Kutschwagen, die mit einem Verdeck ausgestattet sind, sind stets als erhöht steuerpflichtig anzusehen (z. B. Koupees, Landauer, Berlinen, Viktorias). Von der erhöhten Steuer sind nur auszunehmen Breaks mit Längssitzen für nicht mehr als vier Personen und sogenannte Jagdwagen, die ihrer Ausstattung nach als gewöhnliche Land- und Gutswagen dienen. Eine Ausstattung, die bei sogenannten Jagdwagen und viersitzigen Breaks nicht zur erhöhten Steuer Anlaß gibt, wird anzunehmen sein, wenn es sich um Wagen handelt, deren Verkaufspreis vor Ausbruch des Krieges nicht mehr als achthundert Mark betrug.

[4] Bei Schlitten sind Bauart und Ausstattung im einzelnen Falle für die Entscheidung, ob sie der erhöhten Steuer unterliegen, maßgebend.

[5] Fahrräder sind nur dann erhöht steuerpflichtig, wenn sie gegenüber dem gewöhnlichen Gebrauchsfahrrad besondere Merkmale (z. B. Art der Lackierung oder Vernickelung) aufweisen.

[6] Wasserfahrzeuge, die der erhöhten Steuer unterliegen, sind insbesondere Jachten, solche Segelboote, die ihrer Bauart nach nicht zur Beförderung von Gütern bestimmt sind, Ruderboote, die ihrer Bauart nach nicht lediglich als Beiboote dienen, sowie Wasserfahrräder.

[7] Die erhöhte Steuerpflicht wird auf die Bestandteile und Zubehörstücke der im § 8 Nr. 9 des Gesetzes genannten Fahrzeuge (z. B. Deichseln, Räder, Bereifung, Büchsen, Hemmzeug, Spritzleder, Verdecke, Ortscheite, Spielwaagen, Vorhänge, Tritte, Scheiben, Karosserien, Sitze, Hupen, Beleuchtungsanlagen, Laternen, Segel, Ruder) ausgedehnt, wenn aus ihrer Ausstattung die Bestimmung für solche Fahrzeuge, die nach Abs. 1 bis 6 der erhöhten Steuer unterliegen, hervorgeht. Dies gilt nicht von den Teilen der Maschinerie von Kraftfahrzeugen (z. B. Motor, Zylinder, Ölpumpe, Ventilator, Wasserpumpe, Kupplung, Getriebe, Schaltung, Bremse, Kardanübertragung, Lenkung, Radachsen, Federn, Gehänge, Auspufftopf, Kreuzgelenk, Kurbeln, Ventile, Kühler, Benzinbehälter).

Teppiche.

§ 16.

(Zu § 8 Nr. 10 des Gesetzes.)

[1] Zu den Wandteppichen gehören insbesondere die Gobelins.

[2] Wandbespannungen, die in der Art von Tapeten verwendet werden, unterliegen nicht der erhöhten Steuer.

Felle und Pelze.

§ 17.

(Zu § 8 Nr. 11 des Gesetzes.)

[1] Zu den gewöhnlichen Schaffellen, die der erhöhten Steuer nicht unterliegen, gehören nur solche Felle von Schafen und Lämmern, die nicht aus Gründen des Schmuckbedürfnisses zur Herstellung von Pelzsachen verwendet werden. Erhöht steuerpflichtig sind insbesondere folgende Schaffell- und Lammfellsorten: Tibet-, Karakulfelle, Slinks, Persianer, Halbpersianer, Astrachanfelle, Krimmer, Füssel, Schmaschen, Mufflons und Angorafelle.

[2] Zu den Bekleidungsstücken, die bei Verwendung von Pelzwerk der erhöhten Steuer unterliegen, rechnen gefütterte und pelzbesetzte Mäntel, Unter- und Oberkleider, Schuhe, Muffs, Handschuhe und ähnliches. Gleichgestellt werden Fußsäcke und Decken. Bloßer Aufputz, der nicht zur erhöhten Steuerpflicht des aufgeputzten Gegenstandes führt, liegt nur vor, wenn es sich um die Verwendung von schmalen Pelzstücken zum Besatz von Kleidern, Kopfbedeckungen oder Stiefeln usw. handelt.

[3] Als Ausstattungsgegenstände aus Fellen kommen Vorleger, abgesehen von solchen aus gewöhnlichen Schaffellen, Zierfelle (Tigerfelle u. a.) in Betracht.

Ausfuhr von Kunstgegenständen und Antiquitäten.

§ 18.

[1] Die Steuerpflicht bei dem Verbringen ins Ausland (§ 10 Nr. 3 des Gesetzes) erstreckt sich nicht auf die Vervielfältigungen und Kopien von Werken der Plastik, Malerei und Graphik, umfaßt vielmehr nur Originalwerke dieser Art. § 9 Abs. 5 findet Anwendung.

[2] Die Steuerpflicht tritt bei diesen Gegenständen sowie bei den übrigen im § 10 Nr. 3 des Gesetzes aufgeführten Gegenständen (Antiquitäten sowie solchen Sammelgegenständen, die für die Geschichte, die Kulturgeschichte oder die Urgeschichte der Pflanzen- und Tierwelt von Bedeutung sind) nur dann ein, wenn die Gegenstände am Tage des Verbringens ins Ausland vor fünfzig oder mehr Jahren hergestellt sind. Die Werke der modernen Kunst unterliegen also der Steuer bei dem Verbringen ins Ausland nicht.

³ Die Steuer nach § 10 Nr. 3 des Gesetzes tritt im Gegensatze zu den für sonstige steuerpflichtige Leistungen geltenden Vorschriften des Gesetzes auch dann ein, wenn ein Lieferungsgeschäft nicht vorliegt. Es genügen also: die Versendung lediglich mit der Absicht, die Gegenstände im Ausland zum Verkaufe zu stellen, sowie zum Zwecke der Ausstellung, auch wenn von vornherein die Absicht besteht, den Gegenstand nach Schluß der Ausstellung wieder ins Inland zurückzuschaffen; die Mitnahme der Gegenstände bei der Übersiedelung ins Ausland; Schenkungen an im Ausland wohnende Personen sowie die Versendung ins Ausland infolge eines Erbfalls. In Fällen, in denen hiernach die erhöhte Steuerpflicht unbillig erscheint, kann der Bundesrat auf Antrag schon vor dem Verbringen ins Ausland die Befreiung von der Steuer aussprechen; der Antrag ist bei dem Umsatzsteueramt anzubringen.

⁴ Die Steuer muß nach § 28 Abs. 4 des Gesetzes erstattet werden, wenn die Gegenstände von der Person, die die Steuer entrichtet hat, wieder ins Inland gebracht werden. Der Antrag kann auch von den Erben dieser Person gestellt werden. Der Antragsteller hat nachzuweisen, daß es sich um denselben Gegenstand handelt, für den die Steuer entrichtet worden ist.

⁵ Über das Erstattungsverfahren vgl. § 71.

Erstattung der Steuer bei Luxusgegenständen.

§ 19.

¹ Eine Erstattung des Unterschieds zwischen der erhöhten Steuer und der allgemeinen Umsatzsteuer findet gemäß § 28 Abs. 2 des Gesetzes statt:

1. bei allen der erhöhten Steuer nach § 8 des Gesetzes unterliegenden Luxusgegenständen, wenn der Erwerb der Gegenstände im öffentlichen Interesse liegt. Ein öffentliches Interesse liegt insbesondere vor, wenn die Gegenstände zum öffentlichen Dienst oder Gebrauche bestimmt sind. Dies trifft z. B. zu bei Waffen, die von der Heeresverwaltung, den bundesstaatlichen und kommunalen Verwaltungen, bei Orden und Ehrenzeichen, die von den Verleihungsberechtigten zum Zwecke der Verleihung, bei Kunstgegenständen, die für öffentliche Sammlungen erworben werden. Ein öffentliches Interesse ist ferner nach der Vorschrift des § 28 Abs. 2 des Gesetzes anzunehmen beim Erwerbe für kirchliche Zwecke (Altargeräte, Harmonien). Diese Vorschrift ist auch auf Anschaffungen solcher Religionsgemeinschaften anzuwenden, die nicht zu den in dem betreffenden Bundesstaat anerkannten

Religionsgesellschaften gehören; das gleiche gilt für Anschaffungen von Harmonien durch solche Personen, bei denen eine überwiegende Verwendung zu Hausandachten sichergestellt ist. Ferner ist ein öffentliches Interesse als gegeben anzunehmen, wenn der Erwerber nachweist, daß er den Gegenstand innerhalb einer wissenschaftlichen Betätigung verwenden will. Das gleiche gilt für Grabdenkmäler in einfacher Ausstattung;

2. bei Flügeln, Klavieren, Harmonien, wenn der Erwerber nachweist, daß er entweder selbst berufsmäßig gegen Entgelt Musikunterricht erteilt oder Leiter einer Lehranstalt ist und die genannten Musikinstrumente zum berufsmäßigen Musikunterricht oder in der Lehranstalt verwendet werden;

3. bei Orchestrions, wenn der Erwerber nachweist, daß er das Orchestrion in seinem Gewerbe, insbesondere im Gastwirtsgewerbe, verwendet;

4. bei Edelmetallen, Gegenständen aus oder in Verbindung mit Edelmetallen und gefaßten Steinen, wenn der Erwerber nachweist, daß er sie zu technischen oder zu Heilzwecken, insbesondere im Betriebe der Zahnheilkunde, verwendet;

5. bei Personenfahrzeugen, wenn der Erwerber nachweist, daß das Personenfahrzeug ausschließlich oder überwiegend der Ausübung seines Gewerbes oder Berufs dient. Diese Voraussetzung ist insbesondere gegeben bei Fuhrunternehmern, die Droschken oder Omnibusse erwerben wollen, bei Landärzten oder Tierärzten, die nach der Art ihrer Praxis größere Wege zurückzulegen haben. Die Voraussetzung ist im allgemeinen nicht gegeben bei Gewerbetreibenden, die das Personenfahrzeug lediglich brauchen wollen, um von ihren Wohnungen zu ihren Geschäftsräumen zu gelangen.

[2] Für die Erstattung ist das Umsatzsteueramt des Wohnsitzes oder gewöhnlichen Aufenthalts des Erwerbers zuständig. Der Antragsteller hat nachzuweisen, daß er

a) den Gegenstand erworben hat und

b) ihn zu einem der im Abs. 1 unter 1 bis 5 angegebenen Zwecke verwendet.

[3] Der Nachweis zu a ist durch eine Erklärung des Unternehmers, der den Gegenstand geliefert hat, zu erbringen. Zur Nachprüfung der Erklärung zu b hat das Umsatzsteueramt erforderlichenfalls die Ortspolizeibehörde, die amtlichen Berufsvertretungen des Erwerbers oder sonstige sachkundige Stellen zu befragen.

[4] Das Umsatzsteueramt hat in geeigneten Fällen nachzuprüfen, ob der Veräußerer den Gegenstand tatsächlich zum erhöhten Satze versteuert hat und den Verpflichtungen des § 15 des Gesetzes nachgekommen ist; ist es nicht selbst für das Unternehmen des Veräußerers zuständig, so benachrichtigt es in geeigneten Fällen das zuständige Umsatzsteueramt.

[5] Das Umsatzsteueramt hat über die Erstattungsanträge ein nach den Anfangsbuchstaben der Namen geordnetes Verzeichnis zu führen und nach diesem bei jedem neuen Antrag festzustellen, inwieweit nach Maßgabe der früheren Anträge ein hinreichender Anlaß zu einer neuen Erstattung vorliegt oder die Befürchtung besteht, daß der Antragsteller für dritte Personen erwirbt. Auf Erstattungsanträge öffentlicher Behörden findet diese Bestimmung keine Anwendung.

[6] Über das Erstattungsverfahren vgl. § 71.

Vgl. die Erläuterungen S. 130 ff.

Genehmigung zur Lieferung von Luxusgegenständen nach dem Steuersatze von 5 v. T. gemäß § 28 Abs. 3 des Gesetzes. **§ 20.**

[1] Auf Antrag eines Kauflustigen kann nach § 28 Abs. 3 des Gesetzes an Stelle der Erstattung (§ 19) die vorherige Genehmigung zur Lieferung unter Ansatz lediglich der allgemeinen Umsatzsteuer treten. Der Antragsteller hat nachzuweisen, daß bei ihm die Voraussetzungen für eine Verwendung zu den im § 19 Abs. 1 Nr. 1 bis 5 angegebenen Zwecken vorliegen. § 19 Abs. 2 Satz 1 findet entsprechende Anwendung.

[2] Gibt das Umsatzsteueramt dem Antrag statt, so händigt es dem Antragsteller eine Bescheinigung aus, die Vor- und Zuname und Wohnort nebst Straße und Hausnummer des Antragstellers, genaue Bezeichnung des Gegenstandes, erforderlichenfalls unter Angabe einer Preisgrenze, Gültigkeitsdauer und laufende Nummer der Bescheinigung, Tag und Ort der Ausstellung und Unterschrift nebst Stempelabdruck des Umsatzsteueramts enthält. Die Gültigkeitsdauer ist im allgemeinen auf höchstens eine Woche zu bemessen. Die Nummernfolge ist so einzurichten, daß mit jedem neuen Kalenderjahr eine neue Nummernfolge beginnt. Das Umsatzsteueramt hat ein Verzeichnis zu führen, in das es die Ausstellung jeder Bescheinigung mit den für diese vorgeschriebenen Angaben einträgt, außerdem hat es den Namen des Antragstellers in das nach § 19 Abs. 5 vorgeschriebene Namenverzeichnis einzutragen.

[3] Der Unternehmer, der auf Grund der Bescheinigung für einen an sich luxussteuerpflichtigen Umsatz statt der erhöhten Steuer nur eine solche von 5 v. T. in Ansatz bringt, hat sich die Bescheinigung aushändigen zu lassen und sie bei seinen Geschäftspapieren aufzubewahren. Er hat ferner in dem Steuerbuche die im § 35 vorgeschriebenen Eintragungen zu machen, dabei den Steuerbetrag mit dem Satze von 5 v. T. zu berechnen und in der Bemerkungsspalte die Bescheinigung des Umsatzsteueramts genau zu bezeichnen.

Vgl. die Erläuterungen S. 133.

Behördliche Bescheinigung über gewerbliche Weiterveräußerung von Luxusgegenständen.

§ 21.

[1] Die oberste Landesfinanzbehörde bestimmt, welche Behörden zur Ausstellung der im § 20 des Gesetzes vorgesehenen Bescheinigung zuständig sind.

[2] Die Bescheinigung hat zu enthalten: Name (Firma) und Wohnort (Sitz) nebst Straße und Hausnummer des Inhabers, genaue Bezeichnung der Gegenstände, deren gewerbliche Weiterveräußerung betrieben wird, unter Hervorhebung der einzelnen Nummern des § 8 Abs. 1 des Gesetzes, Gültigkeitsdauer und laufende Nummer der Bescheinigung, Datum und Ort der Ausstellung und Unterschrift nebst Stempelabdruck der ausstellenden Behörde.

[3] Die Gültigkeitsdauer der Bescheinigung ist auf ein Jahr zu beschränken. Die Nummernfolge ist so einzurichten, daß mit jedem neuen Kalenderjahr eine neue Nummernfolge beginnt.

[4] Die ausstellende Behörde hat ein Verzeichnis zu führen, in das sie die Ausstellung jeder Bescheinigung mit den im Abs. 2 vorgeschriebenen Angaben einträgt.

[5] Ist der Erwerber nicht selbst Weiterveräußerer, sondern erwirbt er nur für einen solchen, so hat er außer der im Abs. 1 vorgeschriebenen Bescheinigung eine Erklärung seines Auftraggebers beizubringen, nach der er berechtigt ist, für den Weiterveräußerer die in der Erklärung nach Maßgabe des Abs. 2 bezeichneten Gegenstände zu erwerben. In der Erklärung ist der Auftraggeber wie der Beauftragte nach Vor- und Zuname, Wohnort nebst Straße und Hausnummer, und gegebenenfalls unter Bezeichnung der Firma aufzuführen. Die Erklärung ist von der nach Abs. 1 zuständigen Behörde zu beglaubigen, und

in dem Beglaubigungsvermerk ist auf die nach Abs. 2 auszustellende Bescheinigung Bezug zu nehmen.

6 Als Anleitung für die Bescheinigung nach Abs. 2 und die Erklärung nach Abs. 5 dienen die Muster 1 und 2.

Anm. 1.

In Preußen sind zur Ausstellung dieser Bescheinigung die Umsatzsteuerämter zuständig: Die Ausstellung erfolgt auf Grund der bei den Umsatzsteuerämtern geführten Umsatzsteuerrolle L, erforderlichenfalls nach vorherigen Ermittelungen bei den Ortspolizeibehörden. Die Vordrucke zu den Bescheinigungen haben sich die Umsatzsteuerämter selbst zu beschaffen.[1])

In Bayern sind zuständig die Handels- und Gewerbekammer.

Anm. 2.

Von Wichtigkeit ist, daß alle die Personen, denen eine Bescheinigung ausgestellt wird, sofort in die Umsatzsteuerrolle L aufgenommen werden. Darin liegt gerade die wirksame Bekämpfung des Schleichhandels. Denn nach Ablauf des Steuerabschnitts muß der Empfänger der Bescheinigung seine Umsatzsteuererklärung abgeben, deren rechtzeitiger Eingang durch die Umsatzsteuerrolle überwacht wird.

§ 22.

1 Der Steuerpflichtige hat im Falle der Veräußerung an einen gewerblichen Weiterveräußerer in dem Steuerbuche die im § 35 vorgeschriebenen Eintragungen zu machen, mit Ausnahme der Eintragung des Steuerbetrags. Außerdem hat er in der Bemerkungsspalte den Erwerber, die Nummer und das Kalenderjahr der Bescheinigung unter Angabe der ausstellenden Behörde, des Ortes und des Datums der Ausstellung einzutragen. Im Falle des § 21 Abs. 5 hat er unter Berücksichtigung der Erklärung des Auftraggebers sowohl diesen als auch den Beauftragten zu vermerken.

2 Im übrigen hat der Steuerpflichtige diese Lieferungen mit 5 v. T. zu versteuern und zu diesem Zwecke bei Abgabe der Erklärung nach § 16 Abs. 1 des Gesetzes zu berücksichtigen.

Anm.

Aus dieser Bestimmung ergibt sich, daß auch diejenigen, die Luxusgegenstände im Großhandel vertreiben, ein Steuerbuch führen müssen und auch dann nicht von dessen Führung entbunden werden können, wenn sie im übrigen ordnungsmäßige Bücher führen. Denn das Steuerbuch dient bei ihnen nicht zur Sicherung des Steueraufkommens, sondern zur Führung des Nachweises, daß sie an Wiederverkäufer liefern. Vgl. die Erläuterungen zu § 1.

---

[1]) UStVerf. v. 30. Juli 1918 Ziff. 4.

II. Bestimmungen über die Aufzeichnungs- und Buchführungspflicht.

Aufzeichnungen und Buchführung der Steuerpflichtigen.

§ 23.

a) Im allgemeinen.

1 Bei der Führung der Bücher und bei den sonst erforderlichen Aufzeichnungen hat sich der Steuerpflichtige einer lebenden Sprache und der Schriftzeichen einer solchen zu bedienen.

2 Die Bücher sollen gebunden und Blatt für Blatt oder Seite für Seite mit laufenden Zahlen versehen sein.

3 An Stellen, die nach der Regel zu beschreiben sind, sollen keine leeren Zwischenräume gelassen werden. Es ist zu vermeiden, den ursprünglichen Inhalt einer Eintragung durch Streichungen oder auf andere Weise unleserlich zu machen oder zu radieren, auch sollen solche Veränderungen nicht vorgenommen werden, deren Beschaffenheit es ungewiß läßt, ob sie bei der ursprünglichen Eintragung oder erst später gemacht worden sind.

4 Die Bücher und die übrigen Aufzeichnungen sollen bis zum Ablauf von sechs Jahren, von dem Tage der darin vorgenommenen letzten Eintragung an gerechnet, aufbewahrt werden.

Anm.

Es müssen gebundene Bücher geführt werden. Es genügt also nicht, wenn irgendwelche formlosen Aufzeichnungen in Verbindung mit Wirtschaftsnotizen an Scheunentoren usw. gemacht werden.[1])

§ 24.

1 Der Aufzeichnungspflicht ist genügt, wenn

1. sämtliche Entgelte, die der Steuerpflichtige für seine Leistungen erhält, fortlaufend in ein Buch eingetragen werden,
2. am Schlusse jedes Kalenderjahrs der Gesamtbetrag der Entgelte ermittelt wird und
3. weder bei der Eintragung der einzelnen Entgelte noch bei der Zusammenzählung am Schlusse des Kalenderjahrs die geschäftlichen oder häuslichen Ausgaben vorher abgezogen werden. Pflegt der Steuerpflichtige vor der Ermittlung des Betrags der vereinnahmten Entgelte aus der Kasse Beträge zur Bestreitung von Ausgaben zu entnehmen, so hat er über diese Ausgaben Aufzeichnungen

---

1) KommBer. S. 76.

zu führen, die ihm und dem nachprüfenden Umsatzsteueramte die Ermittlung der vereinnahmten Entgelte ohne Abzug der Ausgaben gestatten.

[2] Die Eintragungen haben sich auch auf den Eigenverbrauch (§ 1 Abs. 2 des Gesetzes) vorbehaltlich der in den §§ 25, 26 vorgesehenen Ausnahmen zu erstrecken.

Anm.

Die Aufzeichnungspflicht lehnt sich an die Kassarechnung der einfachen Buchführung an. Während aber die Kassarechnung die Aufgabe hat, Einnahmen und Ausgaben an barem Gelde darzustellen, beschränken sich hier die Aufzeichnungen nur auf die Einnahmen, denn steuerpflichtig ist nach § 17 der Gesamtbetrag der vereinnahmten Entgelte. Die Ausgaben, die der Steuerpflichtige hat, interessieren nicht, weil sie grundsätzlich nicht von den Roheinnahmen abgezogen werden dürfen. Vgl. Anm. 9 zu § 3.

§ 25.

[1] Die Eintragung der vereinnahmten Entgelte hat grundsächlich mindestens täglich zu erfolgen.

[2] In Unternehmen, bei denen die Gesamtheit der vereinnahmten Entgelte im vorhergehenden Kalenderjahre nicht mehr als 30 000 ℳ betragen hat und kein Anlaß zu der Annahme besteht, daß die Entgelte im laufenden Kalenderjahre diesen Betrag übersteigen werden, ist eine nur am Schlusse jeder Woche erfolgende Eintragung der vereinnahmten Entgelte nicht als Verletzung der Aufzeichnungspflicht zu betrachten. In solchen Unternehmen kann der Eigenverbrauch (§ 1 Abs. 2 des Gesetzes) von der laufenden Eintragung in das Buch ausgenommen werden und am Schlusse jedes Kalenderjahrs in einem geschätzten Betrage der Gesamtheit der Entgelte hinzugerechnet werden.

Anm.

Aus Abs. 2 ergibt sich, daß die Aufzeichnungen noch sehr weit selbst hinter der einfachen Buchführung zurückstehen. Denn es genügt, daß ein Steuerpflichtiger in ein gebundenes Buch 52 Zahlen als Betrag der wöchentlichen Einnahmen untereinander schreibt.

b) Bei kleinen ländlichen Betrieben. **§ 26.**

[1] Die oberste Landesfinanzbehörde oder die von ihr bezeichnete Behörde kann für ländliche Unternehmen, bei denen die Gesamtheit der vereinnahmten Entgelte im vorhergehenden Kalenderjahre nicht mehr als 15 000 ℳ betragen hat und kein Anlaß zu der Annahme besteht, daß die Entgelte im laufenden

Kalenderjahre diesen Betrag übersteigen werden, soweit bisher gewohnheitsmäßig bei Unternehmen dieser Art Aufzeichnungen nicht gemacht zu werden pflegten, anordnen, daß die Umsatzsteuerämter den Mangel von Aufzeichnungen als nicht auf einem Verschulden des Steuerpflichtigen beruhend anzusehen haben.

2 Die Anordnung ist auf höchstens fünf Kalenderjahre, mit Einschluß des Kalenderjahrs 1918, zu beschränken; sie kann nach Ablauf dieser Frist nur mit Genehmigung des Reichskanzlers verlängert werden.

3 Die Anordnung ist in ortsüblicher Weise bekanntzugeben, wobei darauf hinzuweisen ist, daß mit Ablauf der Gültigkeit der Anordnung auf die Vorlegung von Büchern bestanden werden kann.

Anm.

Die Bestimmung läuft auf eine völlige Befreiung der kleinen ländlichen Betriebe von der Aufzeichnungspflicht hinaus.

§ 27.

Die Landeszentralbehörden werden Bestimmungen darüber erlassen, in welcher Weise unter den Steuerpflichtigen durch öffentliche Bekanntmachungen, belehrende Vorträge, Einwirkung seitens der Berufsverbände und Interessenvertretungen, Unterrichtserteilung in den öffentlichen Schulen und den Fortbildungsschulen auf eine gute Buchführung hinzuwirken ist. Insbesondere wird es zweckmäßig sein, Muster für eine einfache Buchführung zum Ankauf zu empfehlen und bei den Umsatzsteuerämtern bereitzuhalten.

c) Bei bereits nach anderen Gesetzen usw. verpflichteten Betrieben.

§ 28.

1 Die Buchführungspflicht solcher Steuerpflichtiger, die bereits nach anderen Gesetzen oder Rechtsverordnungen zur Buchführung verpflichtet sind, richtet sich nach diesen Vorschriften, wenn sie über die Bestimmungen der §§ 23 bis 27 hinausgehen. Insbesondere kommt hier die Verpflichtung der Führung von Handelsbüchern nach §§ 38 ff. HGB. und die Verpflichtung der Buchführung auf Grund gewerberechtlicher Bestimmungen in Betracht.

2 Die Umsatzsteuerämter haben auf die Erfüllung der weitergehenden Buchführungspflicht nur insoweit durch Anordnungen oder Straffestsetzungen hinzuwirken, als die Erfüllung der

weitergehenden Vorschriften für eine ordnungsmäßige Nachweisung und Feststellung der Umsatzsteuer von Bedeutung ist.

Anm. 1.

Nach § 38 HGB. ist jeder Kaufmann mit Ausnahme der Handwerker und derjenigen Personen, deren Gewerbebetrieb nicht über den Umfang des Kleingewerbes hinausgeht, verpflichtet, Bücher zu führen. Die Art der Bücher ist nicht vorgeschrieben, die Anforderungen können nach Gegenstand, Art und Umfang des Geschäfts verschieden sein. Aktiengesellschaften müssen doppelte Buchführung haben, größere Firmen kommen ohne sie nicht aus, kleinere Geschäfte werden sich mit der einfachen Buchführung begnügen.

Anm. 2.

Bei der kaufmännischen Buchführung kann die Ermittelung des steuerpflichtigen Gesamtbetrages oft Schwierigkeiten verursachen. Bei den einfachen Aufzeichnungen ist die Ermittelung des steuerpflichtigen Gesamtbetrages einfach. Es brauchen nur die einzelnen Beträge zusammengezählt zu werden. Nicht so liegt es bei der kaufmännischen Buchführung. Hier kommen, je nachdem, ob nach Zahlungen oder Lieferungen versteuert wird, vornehmlich in Betracht das Kassakonto und das Warenkonto. Wollte ein Kaufmann bei der Abgabe der Steuererklärung z. B. einfach alle Beträge des Kassabuches zusammenzählen, so würde dies nicht immer zutreffend sein. Denn einmal sind nicht alle Zahlungen, die ein Kaufmann erhält, umsatzsteuerpflichtig, dann aber gilt als Bezahlung im Sinne des Gesetzes nicht nur die Barzahlung, sondern auch Banküberweisung und Aufrechnung. Diese werden aber in anderen Büchern geführt. Wenn es auch dem Steuerpflichtigen überlassen bleiben muß, wie er am Jahresschluß bei der Abgabe der Steuererklärung sich die steuerpflichtigen Entgelte zusammensucht, so liegt es doch sehr in seinem Interesse, wenn er von vornherein seine Buchführung dem Umsatzsteuergesetz entsprechend einrichtet. Denn niemals kann er mit dem in der Praxis wiederholt vorgebrachten Einwand gehört werden, die Zusammenrechnung der steuerpflichtigen Entgelte sei zu schwierig, nehme zu viel Zeit in Anspruch oder sei überhaupt unmöglich. In derartigen Fällen müssen dann sämtliche Entgelte versteuert werden. Darüber kann jetzt um so weniger ein Zweifel sein, als der Steuerpflichtige nach § 46 AusfB. verpflichtet ist, in der Steuererklärung im einzelnen gesondert anzugeben, welches Entgelt er für steuerfrei ansieht.

Wie im einzelnen die Buchführung dem Umsatzsteuergesetz anzupassen ist, richtet sich ganz nach der Art des Unternehmens. Es können die steuerpflichtigen Beträge entweder in einer besonderen Spalte ausgeworfen oder in ein besonderes Buch übertragen werden. Überwiegen die steuerpflichtigen Beträge weitaus, so kann es zweckmäßig sein, die wenigen steuerfreien Beträge auszusondern. Bei der Versteuerung nach Lieferungen kann es sich empfehlen, für Lieferungen über Lager und Lieferungen ab Werk je ein gesondertes Warenkonto zu führen, denn die nach § 4 steuerfreien Lieferungen müssen in der Steuererklärung gesondert angegeben werden usw.

d) Bei öffentlichen Behörden, Notaren und Gerichtsvollziehern.

§ 29.

Bei Unternehmen, die von öffentlichen Behörden geleitet werden, bei Notaren und bei Gerichtsvollziehern bestimmt sich der Umfang der Buchführungspflicht nach den von den zuständigen Behörden erlassenen Bestimmungen.

Buchführungspflicht der Luxuswarengeschäfte.

a) Im allgemeinen.

§ 30.

[1] Für Steuerpflichtige, die Lieferungen der im § 8 des Gesetzes genannten Luxusgegenstände im Kleinhandel ausführen, besteht die weitergehende Buchführungspflicht des § 15 Abs. 2 des Gesetzes. Diese Verpflichtung trifft auch Steuerpflichtige, welche die im § 8 des Gesetzes genannten Luxusgegenstände im Großhandel vertreiben (vgl. § 20 des Gesetzes).

[2] Die im § 15 Abs. 2 des Gesetzes vorgeschriebenen besonderen Bücher (Lagerbuch und Steuerbuch) sind im Gegensatze zu der allgemeinen Buchführungspflicht des § 15 Abs. 1 des Gesetzes bei jeder Niederlassung des steuerpflichtigen Unternehmens zu führen. Durch die Verpflichtung zu ihrer Führung wird das Unternehmen von der allgemeinen Buchführungspflicht des § 15 Abs. 1 des Gesetzes nicht entbunden.

Anm. 1.

Bei dem Einkauf und Verkauf von Waren fallen wesentlich zwei Dinge in Betracht, nämlich

1. die Warenmenge und
2. der in Münzeinheiten ausgedrückte Wert derselben.

Zur Darstellung dieser beiden Verrechnungen hat der Kaufmann zwei verschiedene Bücher, nämlich:

1. das *Warenskontro* für die Mengenverrechnung,
2. das *Warenkonto* für die Wertrechnung.

Ähnlich verhält es sich hier mit dem in § 15 Abs. 2 für Luxuswaren vorgeschriebenen Lagerbuch und dem Steuerbuch.

Aus dem *Lagerbuch* muß der Bestand der Gegenstände bei Beginn eines jeden Steuerabschnitts und der tägliche Ein- und Ausgang zu entnehmen sein. Es entspricht also dem Warenskontro.

Das *Steuerbuch* dagegen gibt an, welchen Wert die einzelnen verkauften Gegenstände haben und ermöglicht so die Berechnung der Steuer. Es entspricht somit dem Warenkonto, insbesondere dessen Hilfsbuch, dem Verkaufsbuch (Fakturenbuch).

Anm. 2.

Nach § 15 Abs. 2 haben Steuerpflichtige, die Luxuswaren führen, für diese *gesondert ein Lagerbuch und ein Steuerbuch* zu führen. In den beteiligten Kreisen hat diese Bestimmung zu der mißverständlichen Auffassung geführt, daß ein Steuerpflichtiger sich unbedingt neben seinen vorhandenen Büchern zwei neue „besondere" Bücher anschaffen muß. Dies schreibt jedoch das Gesetz nicht vor, vielmehr steht nichts im Wege, daß ein Steuerpflichtiger, wenn er bisher schon derartige Bücher geführt hat, diese von nun ab so einrichtet, daß er „für die Luxusgegenstände gesondert" Buch führt. In Betracht kommen aus der gewöhnlichen Buchhaltung 2 Bücher:

1. Das Lagerbuch (Warenskontro).

Hier wird einfach das Buch, wenn das Geschäft z. B. nur Luxusartikel führt, weiterbenutzt und als „das besondere Lagerbuch" geführt. Es sind dann nur die Bestimmungen der §§ 33, 34 AusfB. zu beachten, insbesondere sind die einzelnen Gegenstände nach den im § 8 Nr. 1—11 des Gesetzes bezeichneten Gruppen aufzuführen.

2. Das Verkaufsbuch (Fakturenbuch).

Das Verkaufsbuch wird gewöhnlich nur im Großhandel geführt und enthält hier alle die Spalten, die für das Steuerbuch vorgeschrieben sind, mit Ausnahme der Spalte für Bemerkungen. Diese Spalte ist also nur einzurichten und dann kann das bisherige Verkaufsbuch als das „besondere Steuerbuch" weitergeführt werden. Daher bedeutet für den Großhändler die Führung des Steuerbuchs, von der er, wie in Anm. 4 zu § 20 ausgeführt ist, nicht befreit werden kann, keine allzu große Belästigung. Er hat nur in der Bemerkungsspalte seines Verkaufsbuches die in § 22 AusfB. vorgeschriebenen Eintragungen zu machen.

b) Befreiungen hiervon.

§ 31.

Will ein Unternehmer von der Führung des besonderen Lagerbuchs für die Lieferung von Luxusgegenständen entbunden werden, so hat er einen Antrag bei dem Umsatzsteueramte zu stellen. Dem Antrag ist nur stattzugeben, wenn der Unternehmer als zuverlässig bekannt ist und im übrigen ordnungsmäßige Bücher im Sinne der §§ 23 bis 25 und 28 führt. Im allgemeinen wird von der Führung des Lagerbuchs nur entbunden werden können, wenn das Unternehmen lediglich vom Unternehmer allein oder unter Zuziehung von Familienangehörigen geführt wird. Außerdem muß der Betrieb des Unternehmers im wesentlichen auf die Lieferung der im § 8 des Gesetzes genannten Luxusgegenstände beschränkt sein, oder es muß nach den sonstigen Geschäftsbüchern die gesonderte Übersicht über den Bestand dieser Gegenstände gewährleistet sein. Diese Voraussetzung kann vornehmlich bei Spezialgeschäften, insbesondere bei Juwelieren, Kunsthändlern usw, oder bei gemischten Geschäften, welche die Luxusgegenstände in besonderen Abteilungen mit getrennter Buchführung veräußern, gegeben sein. Auch Unternehmen, welche die im § 8 des Gesetzes genannten Luxusgegenstände regelmäßig im Großhandel vertreiben

(§ 20 des Gesetzes), werden auf Grund dieser Bestimmung bei sonst ordnungsmäßiger Buchführung von der Führung des besonderen Lagerbuchs entbunden werden können.

Anm. 1.

Die Befreiung von der Führung des besonderen Lagerbuchs setzt voraus, daß der Unternehmer als zuverlässig bekannt ist und im übrigen ordnungsmäßige Bücher führt. Im einzelnen wird man zu unterscheiden haben:

A. Vertrieb im Großhandel.

Hier wird bei sonst regelmäßiger Buchführung Befreiung gewährt werden können.

B. Vertrieb im Kleinhandel.

a) Es werden im wesentlichen nur Luxuswaren geführt.

Hier wird bei sonst regelmäßiger Buchführung Befreiung gewährt werden können.

b) Es werden neben den Luxuswaren noch sonstige Waren geführt.

Hier wird Befreiung nur gewährt werden können, wenn die Waren in besonderen Abteilungen mit getrennter Buchführung veräußert werden.

Anm. 2.

Ein weiterer Befreiungsgrund von der Führung des Lagerbuches ergibt sich aus § 33 Abs. 3 AusfB. Nach dieser Vorschrift soll das Lagerbuch jederzeit einen Abschluß und die Feststellung, welche Gegenstände am Lager vorhanden sein müssen, ermöglichen. Dies läßt sich aber in vielen Geschäften nicht durchführen, so z. B. vor allem nicht in Briefmarkenhandlungen. Denn es werden die einzelnen Briefmarken vielfach nicht nach Stückzahl wieder verkauft, sondern sie werden in schon vorhandene Bestände einsortiert und teils als Bestandteile von ganzen Albums, teils als solche von einzelnen Sätzen weiterveräußert. Damit ist aber jede Kontrolle darüber verloren, welche Marken noch am Lager sind. Es liegt also hier eine tatsächliche Unmöglichkeit vor, das Lagerbuch in der vorgeschriebenen Weise zu führen. Daraus ergibt sich zugleich, daß auf Antrag eine Befreiung von der Führung des Lagerbuches ausgesprochen werden muß, denn ultra posse nemo obligatur. Vgl. jedoch Anm. zu § 34 AusfB.

§ 32.

Will der Unternehmer auch von der Führung des Steuerbuchs entbunden werden, so hat er in seinem dahingehenden Antrag an das Umsatzsteueramt nachzuweisen, daß seine sonstigen Geschäftsbücher die einzelnen Lieferungen und Zahlungen in einer die Berechnung der Steuer sicherstellenden Weise ergeben. Die Entbindung von der Verpflichtung, ein Steuerbuch zu führen, hat nur zu erfolgen, wenn keinerlei Gefahr besteht, daß dadurch die Feststellung der steuerpflichtigen Beträge verdunkelt werden kann. Bei Unternehmen, die neben den im § 8 des Gesetzes genannten Luxusgegenständen noch sonstige Gegenstände führen, oder bei denen neben dem Vertrieb im Kleinhandel auch der Vertrieb im Großhandel erfolgt, wird im allgemeinen die Führung des Steuerbuchs nicht nachgelassen werden können.

Anm.

Bei der Befreiung von der Führung des Steuerbuchs sind die Voraussetzungen für die Befreiungen strenger. Der Eingang der Steuer muß in jedem Fall sichergestellt sein. Im einzelnen wird man zu unterscheiden haben:

I. Vertrieb im Großhandel.

Im allgemeinen würde vom steuerfiskalischen Standpunkt kein Bedenken bestehen, derartige Unternehmen von der Führung der Steuerbücher zu befreien, denn die Umsätze unterliegen nur der allgemeinen Umsatzsteuer in Höhe von 5 v. T. Die Eintragungen in das Steuerbuch haben aber hier noch die weitere Bedeutung, daß sie die Voraussetzung für die Befreiung von der erhöhten Steuerpflicht gemäß § 20 Abs. 2 bilden. Daher kann die Entbindung von der Führung des Steuerbuches nicht erfolgen. Der Steuerpflichtige kann sich aber so helfen, daß er in seinem Verkaufsbuch (Fakturenbuch) eine Bemerkungsspalte führt, in der er den ihm gemäß § 20 des Gesetzes geführten Nachweis, daß der Erwerber tatsächlich ein gewerblicher Weiterveräußerer ist, einträgt. Er hat also in die Bemerkungsspalte genau die gleichen Eintragungen zu machen, die in § 22 der Ausführungsbestimmungen für das Steuerbuch vorgeschrieben sind. Vgl. hierüber Anm. 2 zu § 30 AusfB., ferner aber § 15 Abs. 3 des Ges.

II. Vertrieb im Kleinhandel.

a) Es werden nur Luxuswaren geführt.

Hier wird bei sonstiger geordneter Buchführung die Führung des Steuerbuchs nachgelassen werden können.

b) Es werden neben den Luxuswaren noch sonstige Gegenstände geführt.

Hier soll im allgemeinen die Führung des Steuerbuchs nicht nachgelassen werden. Man wird jedoch dann eine Ausnahme zu machen haben, wenn der Unternehmer sich damit einverstanden erklärt, daß alle Umsätze des Unternehmens, ohne Rücksicht darauf, ob es sich um Luxuswaren handelt oder nicht, nach dem erhöhten Satze des § 8 versteuert werden (vgl. § 16 des Ges.).

III. Vertrieb im Kleinhandel und im Großhandel.

Hier soll im allgemeinen die Führung des Steuerbuchs nicht nachgelassen werden. Man wird jedoch eine Ausnahme machen können, wenn es sich um zwei völlig getrennte Betriebe handelt.

§ 33.

Lagerbuch.

[1] Die Einrichtung des Lagerbuchs hat mit der Aufnahme und Vortragung des Lagerbestandes zu beginnen. Bei Beginn eines Unternehmens muß der Lagerbestand feststehen und im Lagerbuch am Tage des Beginns vorgetragen werden. Bei Unternehmen, die bei dem Inkrafttreten des Gesetzes bereits

bestehen, hat die Aufnahme des Lagerbestandes zum 1. August 1918 zu erfolgen. Ist das Unternehmen nicht imstande, an diesem Tage die Aufnahme des Lagerbestandes zu beendigen, so hat es bis zur Beendigung der Aufnahme die Ein- und Ausgänge gesondert zu vermerken, und bei Fertigstellung der Lageraufnahme in das Lagerbuch zu übertragen. Die Aufnahme des Lagerbestandes muß spätestens am 15. August beendet sein; Unternehmen, die nachweislich wegen Mangel an Personal, insbesondere wenn der Inhaber im Felde steht, am 15. August mit der Lageraufnahme nicht fertig werden, kann das Umsatzsteueramt auf Antrag die Frist bis zum 1. Oktober verlängern.

2 Die Bestandsaufnahme ist zum Beginn jedes Kalenderjahrs zu wiederholen. Die Bestimmungen des Abs. 1 Sätze 3 bis 5 finden mit der Maßgabe Anwendung, daß an Stelle des 1. und 15. August und des 1. Oktober der 1. und 15. Januar und der 1. März treten.

3 Nach Eintragung des Lagerbestandes ist täglich der Eingang und Ausgang an Luxusgegenständen derart einzutragen, daß jederzeit ein Abschluß und die Feststellung der Gegenstände, Muster 3. die im Lager vorhanden sein müssen, möglich ist. Das Muster 3 dient als Anleitung.

Anm.

Aus dem Lagerbuch muß der Bestand der Gegenstände bei Beginn eines jeden Steuerabschnitts und der tägliche Ein- und Ausgang zu entnehmen sein. Läßt sich dies im einzelnen Fall wegen der Art der gehandelten Gegenstände z. B bei Briefmarken nicht durchführen, so muß auf Antrag Befreiung von der Führung des Lagerbuches erfolgen. Vgl. Anm. 2 zu § 31 AusfB., ferner aber auch Anm. zu § 34 AusfB.

§ 34.

Bei der Eintragung des Lagerbestandes und den täglichen Eintragungen der Ab- und Zugänge sind die einzelnen Gegenstände, nach den im § 8 Nr. 1 bis 11 des Gesetzes bezeichneten Gruppen und innerhalb dieser Gruppen nach handelsüblichen Bezeichnungen gegliedert, aufzuführen. Die Gegenstände sind im allgemeinen so zu bezeichnen, daß ein Identitätsnachweis möglich ist. Bei Gegenständen, die keinen erheblicheren Wert haben und in größerer Anzahl veräußert zu werden pflegen, ist eine zusammenfassende Aufführung zulässig.

Anm.

Hervorzuheben ist, daß bei Gegenständen, die keinen erheblichen Wert haben und in größerer Zahl veräußert zu werden pflegen, eine zusammenfassende Aufführung zulässig ist. Diese Bestimmung ermöglicht in vielen Fällen überhaupt erst die Führung eines Lagerbuchs. Daher können Anträge auf Befreiung von der Führung des Lagerbuchs nicht berücksichtigt werden, die darauf gestützt sind, daß wegen der vielen einzelnen kleinen Gegenstände eine Führung des Lagerbuchs nicht möglich sei. Vgl. jedoch Anm. 2 zu § 31 AusfB.

Steuerbuch.

§ 35.

1 Das Steuerbuch ist für jeden Steuerabschnitt, also für jeden Kalendermonat, gesondert zu führen. Die Eintragung hat für jeden Gegenstand, für den das Entgelt vereinnahmt wird, gesondert zu erfolgen; dabei findet § 34 Satz 3 Anwendung. Die Eintragung ist am Tage der Vereinnahmung des Entgelts, spätestens bei Geschäftsschluß, vorzunehmen.

2 Das Steuerbuch hat Spalten für die Bezeichnung des Gegenstandes, für den Tag der Lieferung, den Betrag des bei der Lieferung vereinbarten Entgelts, den Tag und den Betrag der Zahlung, den Steuerbetrag und für Bemerkungen zu enthalten. Als Anleitung dient das Muster 4. Muster 4.

3 Bei Teilzahlungen ist die Eintragung bei der ersten Teilzahlung vorzunehmen; die folgenden Teilzahlungen können, wenn sie in denselben Steuerabschnitt (Kalendermonat) wie die erste Zahlung fallen, unter der Nummer der ersten Eintragung durch Ausfüllung der Spalten über den Tag und den Betrag der Zahlung und den Steuerbetrag nachgetragen werden; soweit sie in einem späteren Steuerabschnitt erfolgen, bedarf es einer vollständigen Neueintragung unter entsprechenden Vermerken in den Bemerkungsspalten der ersten und jeder späteren Eintragung.

4 Am Schlusse jedes Steuerabschnitts (Kalendermonats) sind die Spalten des Steuerbuchs über die vereinnahmten Entgelte und die Steuerbeträge aufzurechnen.

Anm. 1.

Die Bestimmung des § 34 S. 3 AusfB. gilt auch hier. Es ist also bei Gegenständen, die keinen erheblicheren Wert haben und in größerer Anzahl veräußert zu werden pflegen, eine zusammenfassende Aufführung zulässig.

Anm. 2.

Die Eintragung soll am Tage der Vereinnahmung des Entgelts, spätestens bei Geschäftsschluß vorgenommen werden. Dies läßt sich in größeren Geschäften, namentlich in den Warenhäusern, nicht ermöglichen. Dort geschieht die Eintragung erst am nächsten Tage auf Grund der Kassenzettel und Verkaufslisten in der Buchhaltereiabteilung. Gegen dieses Verfahren dürften kaum Bedenken bestehen.

§ 36.

[1] Wird eine bereits bezahlte Lieferung rückgängig gemacht, so ist dies in der Bemerkungsspalte bei der Eintragung über die rückgängig gemachte Lieferung unter Angabe des Tages zu bemerken und das zurückgewährte Entgelt unter Bezugnahme auf die Eintragung über die rückgängig gemachte Lieferung am Schlusse des Steuerabschnitts, in dem die Rückzahlung des Entgelts erfolgt ist, von der Gesamtheit der in dem Steuerabschnitte vereinnahmten Entgelte abzusetzen.

[2] Findet ein Umtausch statt, so sind für den in Umtausch gegebenen Gegenstand die vorgeschriebenen Eintragungen (§ 35) zu machen, bei der Eintragung über den zurückgenommenen Gegenstand der Umtausch zu vermerken und das für diesen vereinnahmte und eingetragene Entgelt unter entsprechender Anwendung des Abs. 1 abzusetzen.

[3] In der Bemerkungsspalte sind außerdem in den Fällen, in denen die Steuer nur 5 v. T. des vereinnahmten Entgelts beträgt, die im § 22 angeordneten Vermerke zu machen.

III. Verfahrensvorschriften.

Steuerstellen und Oberbehörden.

§ 37.

[1] Die für die Feststellung und Erhebung der Umsatzsteuer zuständigen Stellen (Umsatzsteuerämter), ihre Geschäftsbezirke und ihre Oberbehörden werden von den Landesregierungen bestimmt. Diese haben auch die zur Regelung des Geschäftsverkehrs zwischen den Gemeindebehörden und den Steuerbehörden erforderlichen besonderen Anordnungen zu treffen.

[2] Die Landesregierungen werden die Umsatzsteuerämter und die Oberbehörden öffentlich bekanntmachen und mit den weiteren Anordnungen über die Veranlagung dem Reichskanzler (Reichsschatzamt) mitteilen.

Örtliche Zuständigkeit.

§ 38.

[1] Die örtliche Zuständigkeit der Umsatzsteuerämter bestimmt sich nach § 34 des Gesetzes. Danach hat auch bei mehreren Niederlassungen oder Geschäftsstellen eines rechtlich in einer Hand befindlichen Unternehmens die Veranlagung für das gesamte Unternehmen einheitlich durch das Umsatzsteueramt des Sitzes der Leitung des Unternehmens zu erfolgen, und zwar auch bei der Umsatzsteuer auf Luxusgegenstände. Maßgebend für die Zuständigkeit sind die Verhältnisse am Schlusse des Steuerabschnitts.

[2] Für staatliche Betriebe wird das zuständige Umsatzsteueramt durch die oberste Landesfinanzbehörde des Bundesstaats, der den Betrieb führt, für Reichsbetriebe im Einvernehmen mit dem Reichskanzler (Reichsschatzamt) durch die oberste Landesfinanzbehörde des Bundesstaats, in dem der Betrieb geführt wird, bestimmt.

[3] In den Fällen des § 12 Abs. 3 des Gesetzes, sofern der Versteigerer nicht zu den im § 1 Abs. 1 des Gesetzes genannten Personen gehört, des § 25 Abs. 3 und des § 27 Abs. 1 Satz 3 des Gesetzes findet § 34 Abs. 2 des Gesetzes Anwendung.

[4] Wird vor Beendigung des Veranlagungsverfahrens ein Unternehmen aus dem Bezirk eines Umsatzsteueramts in den eines anderen verlegt, so hat das erstere die Veranlagung zu Ende zu führen und sodann dem nunmehr zuständigen Umsatzsteueramt unter Übersendung der Akten (§ 83) Mitteilung zu machen. Erfolgt die Verlegung in einer Zeit, in der kein Veranlagungsverfahren schwebt, so hat das erste Umsatzsteueramt dem durch die Verlegung zuständig werdenden Umsatzsteueramt von der Verlegung unverzüglich Mitteilung zu machen.

[5] Hat ein Umsatzsteueramt, ohne zuständig zu sein, das Veranlagungsverfahren begonnen, aber noch nicht abgeschlossen, so hat es, sobald es von seiner Unzuständigkeit Kenntnis erhält, die Sache an das zuständige Umsatzsteueramt abzugeben.

Anm.

Für Bayern bestimmt Z. 3 der Bek. vom 17. August 1918 folgendes:

In den Fällen, in denen die Umsatzsteuer bar einzuzahlen ist, sind zur Feststellung und Erhebung der Steuer die Rentämter zuständig (§ 1 Abs. 1 der Verordnung vom 9. August 1918). Befinden sich am Orte der Steuerpflicht (§ 34 des Gesetzes, § 38 der Ausführungsbestimmungen) mehrere Rentämter, so ist das Rentamt zuständig, dem die Erhebung der Einkommensteuer obliegt. Befinden sich an einem Orte mehrere Rentämter, denen die Erhebung der Einkommensteuer obliegt, so ist das Rentamt zuständig, das die Einkommensteuer des zur Entrichtung der Umsatzsteuer Verpflichteten zu erheben hat oder zu erheben hätte, wenn dieser am Orte der Steuerpflicht einkommensteuerpflichtig wäre.

Für die Betriebe der Verwaltung der K. B. Berg-, Hütten- und Salzwerke wird die Umsatzsteuer beim Stadtrentamt München II entrichtet.

Die K. B. Staatsforstverwaltung wird die Umsatzsteuer bei den einzelnen Rentämtern aus den dort anfallenden Entgelten entrichten.

Für die übrigen Betriebe des bayerischen Staates (K. Hofbräuhaus, K. Weingut, Staatsbrauerei Weihenstephan, Strafanstalten, Unterrichtsanstalten usw.) wird die Umsatzsteuer bei dem nach dem Orte des Betriebs zuständigen Rentamt entrichtet.

Anzeigen und Mitteilungen über das Bestehen und die Art des Unternehmens.

§ 39.

[1] Die Anzeigen und Mitteilungen nach § 14 des Gesetzes sind an das für das Unternehmen örtlich zuständige Umsatzsteueramt zu richten. Werden sie einem Umsatzsteueramt erstattet, in dessen Bezirk sich zwar eine Niederlassung oder Geschäftsstelle des Unternehmens, aber nicht der Sitz seiner Leitung befindet, so hat dieses Umsatzsteueramt sie unverzüglich an das zuständige Umsatzsteueramt weiterzugeben. In solchen Fällen soll, auch wenn durch die Einreichung bei dem nicht zuständigen Umsatzsteueramte die Anzeige oder die Mitteilung dem zuständigen Umsatzsteueramte nicht fristgemäß zugeht, von einer Bestrafung abgesehen werden.

[2] Die obersten Landesfinanzbehörden oder die von ihnen bezeichneten Behörden haben die ihnen nach § 14 des Gesetzes obliegende Bestimmung der Anzeigefrist mit möglichster Beschleunigung vorzunehmen. Die Anordnung über die Fristbestimmung ist in den für amtliche Bekanntmachungen der unteren Verwaltungsbehörden bestimmten Tageszeitungen öffentlich bekanntzumachen. Das gleiche gilt von den Anordnungen der obersten Landesfinanzbehörde über die Fälle, in denen es einer Anzeige nicht bedarf.

[3] Die Anzeigen und Mitteilungen sind schriftlich oder mündlich bei dem Umsatzsteueramte zu erstatten. Sie haben zu enthalten: Name (Firma) und Wohnort (Sitz der Leitung) nebst Straße und Hausnummer des Unternehmers, Art des Unternehmens und Angabe der Gegenstände, die das Unternehmen umsetzt, oder der Leistungen, die es ausführt, nach ihrer handelsüblichen Bezeichnung. Werden Luxusgegenstände der im § 8 des Gesetzes bezeichneten Art umgesetzt, so sind sie in der Anzeige oder Mitteilung nach der Reihenfolge und den Bezeichnungen des § 8 aufzuführen.

Umsatzsteuerrolle.

§ 40.

Bei jedem Umsatzsteueramt ist über die Unternehmen, für die es zuständig ist, soweit sie nach Art und Umfang für die Entrichtung der Umsatzsteuer in Betracht kommen, ein Personen- und Firmenverzeichnis (Umsatzsteuerrolle) zu führen. Die Umsatzsteuerrolle ist auf Grund der dem Umsatzsteueramte zugehenden Anzeigen und Mitteilungen (§ 39), der Anzeigen anderer Behörden und der selbständigen Ermittlungen anzufertigen und dient zur Überwachung der rechtzeitigen Abgabe der Erklärungen über den Gesamtbetrag der Entgelte. Mit der Anlegung ist unmittelbar nach dem Inkrafttreten des Gesetzes zu beginnen und dabei auf eine vollständige Erfassung der Unternehmen, die Luxusgegenstände vertreiben, zunächst besonders hinzuwirken.

Vgl. die Anm. zu § 42 AusfB.

§ 41.

1 Die Landeszentralbehörden werden die Behörden, bei welchen der Beginn der für die Entrichtung der Umsatzsteuer vermutlich in Betracht kommenden Unternehmen (Einzelpersonen, Gesellschaften und sonstige Vereinigungen) bereits nach den Vorschriften anderer Gesetze angezeigt oder angemeldet wird, unter Hinweis auf § 14 des Gesetzes anweisen, den für ihren Bezirk zuständigen Umsatzsteuerämtern Verzeichnisse dieser Unternehmen (Einzelpersonen, Gesellschaften und sonstige Vereinigungen), und zwar, soweit sie Lieferungen von Luxusgegenständen ausführen, bis spätestens Ende jedes Monats, erstmalig bis Ende August 1918, im übrigen bis Ende November jedes Jahres, erstmalig Ende November 1918 zu übersenden. Für die folgenden Monate und Jahre brauchen sich diese Verzeichnisse nur auf Zu- und Abgänge an solchen Unternehmen (Einzelpersonen, Gesellschaften und sonstige Vereinigungen) gegen den Vormonat und das Vorjahr zu erstrecken.

2 Die Landeszentralbehörden bestimmen, inwieweit durch die Gemeinden und Polizeibehörden, abgesehen von der Bestimmung des Abs. 1, Ermittlungen zur Feststellung steuerpflichtiger Unternehmen vorzunehmen und örtliche Verzeichnisse von solchen aufzustellen und den Steuerstellen einzureichen sind.

3 Außerdem haben die Umsatzsteuerämter selbständige Ermittlungen nach steuerpflichtigen Unternehmen anzustellen.

§ 42.

1 Die Umsatzsteuerrolle ist in zwei selbständigen Abteilungen zu führen und zwar als Umsatzsteuerrolle U für die Unternehmen, die der allgemeinen Umsatzsteuer unterliegen, und als Umsatzsteuerrolle L für solche, die der Umsatzsteuer auf Luxusgegenstände unterliegen. Unterliegt ein Unternehmen sowohl der allgemeinen Umsatzsteuer als auch der Umsatzsteuer auf

Luxusgegenstände, so ist es in beiden Abteilungen einzutragen; dabei ist in jeder Abteilung auf die Eintragung in der anderen hinzuweisen.

[2] Die Umsatzsteuerrolle ist nach der Buchstabenfolge der Namen, nach örtlichen Bezirken, Erwerbsgruppen oder nach anderen zweckmäßigen Gesichtspunkten zu ordnen. Sie kann in Form einer Liste oder in Form einer Sammlung von Einzelblättern (-karten) für jeden Steuerpflichtigen geführt werden. Die Rolle ist in einer auf eine Reihe von Jahren ausreichenden Weise anzulegen.

[3] In der Rolle erhält jeder Steuerpflichtige eine Ordnungsnummer. Die Rolle muß die für die Umsatzsteuerentrichtung wichtigen Tatsachen, soweit sie der Steuerstelle bekannt werden, enthalten, insbesondere also: Name, Vorname und Wohnort nebst Straße und Hausnummer des Steuerpflichtigen, Angabe der Firma und des Sitzes der Leitung der Firma, gegebenenfalls unter Angabe der im Inland vorhandenen Zweiggeschäfte, Art des Gewerbebetriebs, tunlichst unter Hervorhebung der Gegenstände, um deren Besteuerung es sich handelt; weiter soll sie besondere Spalten enthalten, welche für eine Reihe von Jahren die Eintragung ermöglichen für Steuerjahr, Tag der Abgabe der Erklärung, etwaige Verlängerung der Frist für Abgabe der Erklärung, für Tag der Erinnerung (§ 49), Tag der Ausfertigung des Umsatzsteuerbescheids, Nummer der Umsatzsteuerliste usw. In der Bemerkungsspalte sind die Fälle, in denen ein Großbetrieb die Versteuerung der Entgelte für die bewirkten Lieferungen gewählt hat (§ 17 Abs. 2 des Gesetzes) und besondere für die Gewinnung eines Urteils über den Umsatz des Steuerpflichtigen wichtige Umstände (Geschäftsberichtsangaben, Gutachten von Sachverständigen usw.) festzuhalten.

[4] Zur schnellen und leichten Ermittlung der Steuerpflichtigen in der Steuerrolle ist erforderlichenfalls eine nach der Folge der Anfangsbuchstaben der Namen geordnete Namensliste, welche die Ordnungsnummer jedes Steuerpflichtigen ergibt, anzulegen und laufend zu führen.

[5] Abweichungen von den Bestimmungen der Abs. 2 bis 4 können von der obersten Landesfinanzbehörde zugelassen werden.

Anm.

Für das Umsatzsteueramt sind vorgeschrieben

1. eine Umsatzsteuerrolle in Form einer Liste oder Kartensammlung,
2. erforderlichenfalls eine Steuerliste zur leichteren Auffindung der Steuerpflichtigen

Jedes größere Umsatzsteueramt wird Umsatzsteuerrolle und Namensliste führen und zwar zweckmäßigerweise wohl die Umsatzsteuerrolle in Form einer Kartensammlung. Hier vollzieht sich dann das Auffinden der Steuerpflichtigen in sehr leichter Weise, jeder Eingang kann sofort untergebracht werden. Daher empfiehlt es sich, diese einzelnen Kartenblätter gleichzeitig als Journal einzurichten, in dem der Verbleib der Akten kontrolliert wird. Daneben muß dann auch die Namensliste geführt werden. Diese dient aber lediglich Kontrollzwecken. Denn andernfalls könnte es vorkommen, daß ein Steuerrollenblatt absichtlich oder unabsichtlich verschwindet. Gleichzeitig wird dann in der Namensliste auch der rechtzeitige Eingang der Steuererklärung auf sehr übersichtliche Weise überwacht.

In Bayern sind die Umsatzsteuerrollen K und L in Listenform zu führen.

§ 43.

Die Steuerrolle ist unter Berücksichtigung der später eingehenden Betriebsanzeigen und der Zu- und Abgänge richtigzustellen und durch fortgesetzte Nachtragung der in ihr nachzuweisenden Angaben laufend zu erhalten. Die Nachtragungen sind vorzunehmen, sobald die einzutragenden Ergebnisse feststehen.

Wechsel in der Art der Versteuerung.

§ 44.

¹ Will ein Steuerpflichtiger statt der Steuerentrichtung nach den im Steuerabschnitte vereinnahmten Entgelten die Besteuerung nach den im Steuerabschnitte bewirkten Leistungen (§ 17 Abs. 7 des Gesetzes) vornehmen, so hat er unter Darlegung der Gründe für die Abweichung von der Regel des Gesetzes und unter Angabe, ob die Änderung dauernd oder nur für einen bestimmten Zeitraum begehrt wird, die Genehmigung der Oberbehörde zu beantragen. Die Genehmigung ist nur zu erteilen, wenn es sich um ein Unternehmen handelt, in dem ausschließlich oder doch überwiegend Umsätze außerhalb des Kleinhandels ausgeführt und Bücher nach kaufmännischen Grundsätzen geführt werden. Hat der Steuerpflichtige bisher nach den vereinnahmten Entgelten versteuert, so ist die Genehmigung an die Bedingung zu knüpfen, daß er Entgelte, die für in früheren Steuerabschnitten bewirkte Leistungen noch eingehen, in dem Steuerabschnitte des Einganges versteuert.

² Die Genehmigung zum Übergang von der Versteuerung nach Leistungen zu derjenigen nach den vereinnahmten Entgelten ist nur unter der Bedingung zu erteilen, daß der Steuerpflichtige diejenigen Entgelte, die in früheren Steuerabschnitten

vereinnahmt sind, während der Leistung erst in einem Steuerabschnitte nach dem Wechsel der Besteuerungsart erfolgt, in dem ersten Steuerabschnitt nach dem Wechsel zur Versteuerung bringt.

[3] Der Betrag der nachträglich zu versteuernden Entgelte ist in den Erklärungen außer dem Gesamtbetrage der sonstigen zu versteuernden, auf die Leistungen entfallenden Entgelte besonders aufzuführen.

Umsatzsteuererklärung.

§ 45.

[1] Bei den im § 17 des Gesetzes vorgeschriebenen Erklärungen der Steuerpflichtigen über die Gesamtheit der vereinnahmten Entgelte sind, abgesehen von den Fällen der §§ 62 bis 65, folgende Arten zu unterscheiden:

1. a) die Erklärung für ein Kalenderjahr bei der allgemeinen Umsatzsteuer oder im Falle des § 16 Abs. 2 Satz 2 des Gesetzes ausnahmsweise auch bei der Steuer von Luxusgegenständen,
   b) die Erklärung für einen kürzeren Zeitraum als ein Kalenderjahr im Falle der Einstellung eines der allgemeinen Umsatzsteuer unterliegenden Unternehmens und die Ergänzungen dieser Erklärung nach näherer Anordnung des Umsatzsteueramts (§ 17 Abs. 2 des Gesetzes);
2. a) die Erklärung für ein Kalendermonat bei der Steuer auf Luxusgegenstände,
   b) die Erklärung für einen kürzeren Zeitraum als einen Kalendermonat im Falle der Einstellung eines der Umsatzsteuer auf Luxusgegenstände unterliegenden Unternehmens.

[2] Die Erklärungen sind zur Vermeidung eines Steuerzuschlags (§ 17 Abs. 5 des Gesetzes) innerhalb der gesetzlichen Fristen abzugeben; somit sind die Erklärungen zu 1 a im Monat Januar des auf den Steuerabschnitt folgenden Kalenderjahrs abzugeben, diejenigen zu 1 b und 2 b innerhalb eines Monats, vom Tage der Einstellung des Unternehmens an gerechnet, diejenigen zu 2 a in dem auf jeden den Steuerabschnitt bildenden Monat folgenden Kalendermonat. Bei einem nicht zuständigen Umsatzsteueramt eingegangene Erklärungen sind an das zuständige Umsatzsteueramt abzugeben.

3 Unternehmen, die sowohl der allgemeinen Umsatzsteuer als auch der Umsatzsteuer auf Luxusgegenstände unterliegen, haben Erklärungen sowohl nach Nr. 1 als auch nach Nr. 2 abzugeben.

4 Das Umsatzsteueramt kann einem Steuerpflichtigen, der glaubhaft macht, daß ihm die Abgabe der Erklärung innerhalb der vorgeschriebenen Frist nicht möglich ist, die Frist zur Abgabe der Erklärung, gegebenenfalls gegen Sicherheitsleistung, angemessen verlängern. Dabei hat es bei einer Verlängerung um mehr als einen Monat die Einwilligung der Oberbehörde einzuholen.

5 Die Erklärungen zu Nr. 1 a und b sind erstmalig für die Zeit vom 1. August 1918 oder vom späteren Beginne des Unternehmens ab bis zum Jahresschlusse oder dem Zeitpunkt der früheren Einstellung, die zu Nr. 2 a und b für den Monat August 1918 oder dessen Teil und, soweit es sich um Entgelte für Lieferungen der in der Bekanntmachung des Reichskanzlers über die Sicherung einer Umsatzsteuer auf Luxusgegenstände vom 2. Mai 1918 (RGBl. S. 379) genannten Art handelt, für die Zeit vom 5. Mai oder dem späteren Beginne des Unternehmens bis Ende Juli oder bis zur vorherigen Einstellung des Unternehmens abzugeben.

§ 46.

Die Erklärung muß im Falle des § 45 Abs. 1 Nr. 1 a und b folgende Angaben enthalten:

1. die Gesamtheit der in dem Steuerabschnitte vereinnahmten Entgelte einschließlich der nachstehend unter 2 bis 5 genannten; im Falle des § 17 Abs. 7 des Gesetzes tritt an die Stelle der vereinnahmten Entgelte die Gesamtheit der Entgelte, die für die im Steuerabschnitte bewirkten Leistungen entrichtet worden sind oder geschuldet werden;
2. diejenigen Entgelte, die bereits nach § 16 Abs. 2 des Gesetzes, als auf Kleinhandel mit Luxusgegenständen entfallend, nach monatlichen Steuerabschnitten angemeldet sind;
3. diejenigen Entgelte, die nach § 2 Nr. 1 des Gesetzes wegen der Herkunft oder der Bestimmung der Gegenstände von der allgemeinen Umsatzsteuer befreit sind;
4. Entgelte für Umsätze, die der Steuerpflichtige sonst für steuerfrei erachtet (§§ 2, 3 des Gesetzes);

5. Entgelte für Umsätze, bei denen der unmittelbare Besitz nicht übertragen worden ist (§ 4 des Gesetzes);
6. die Gesamtheit der hiernach für den Steuerabschnitt verbleibenden steuerpflichtigen Entgelte; dieser Betrag ergibt sich, indem von dem Betrage zu 1 die Beträge zu 2 bis 5 abgezogen werden;
7. die zurückgezahlten, in einem früheren Steuerabschnitte versteuerten Entgelte.

Anm.

Die Steuererklärung muß den Gesamtbetrag aller Entgelte enthalten, die der Steuerpflichtige vereinnahmt hat, ohne Rücksicht darauf, ob die Entgelte steuerpflichtig sind oder nicht. Insofern steht hier die Steuererklärung in einem wesentlichen Gegensatz z. B. zur preußischen Einkommensteuer. Da verlangt das amtliche Formular nur die Angaben der Zahlen für den Reinertrag einer jeden Quelle und erst auf ergangene Beanstandung muß die Angabe der Zahlen für die Roherträge und die Werbungskosten erfolgen

§ 47.

[1] Die Erklärung muß im Falle des § 45 Abs. 1 Nr. 2a und b folgende Angaben enthalten:

1. die Gesamtheit der in dem Steuerabschnitte für die Lieferung von Luxusgegenständen vereinnahmten Entgelte einschließlich der nachstehend unter 2 bis 5 genannten;
2. diejenigen Entgelte, die nach § 2 Nr. 1 des Gesetzes wegen der Bestimmung der Gegenstände zur Ausfuhr steuerfrei sind;
3. die Entgelte für Umsätze, die der Steuerpflichtige sonst für steuerfrei erachtet (§§ 2, 3 des Gesetzes);
4. die Entgelte für Umsätze an gewerbliche Weiterveräußerer (§ 20 des Gesetzes);
5. die zurückgezahlten, in einem früheren Steuerabschnitte versteuerten Entgelte;
6. die Gesamtheit der hiernach für den Steuerabschnitt verbleibenden steuerpflichtigen Entgelte. Hierbei ist anzugeben, wieviel Entgelte auf Gegenstände entfallen,
   a) deren Lieferung dem Steuersatze von 10 v. H. unterliegt,
   b) für die gemäß § 28 Abs. 3 des Gesetzes nach der vom Erwerber vorgelegten Bescheinigung des Umsatzsteueramts (§ 20) lediglich der Satz von 5 v. T. anzuwenden ist.

[2] Im Falle des § 27 Abs. 1 Satz 2 des Gesetzes hat die Erklärung außerdem die Entgelte für das Verbringen von Luxusgegenständen der im § 10 Nr. 3 des Gesetzes bezeichneten Art in das Ausland zu enthalten.

§ 48.

[1] Die Erklärung ist im Falle des § 45 Abs. 1 Nr. 1 a und b nach Anleitung des Musters 5, im Falle des § 45 Abs. 1 Nr. 2 a und b nach Anleitung des Musters 6 zu gestalten. Die oberste Landesfinanzbehörde kann bestimmen, daß für Unternehmen, bei denen einzelne der in den §§ 46 und 47 geforderten Angaben entbehrlich erscheinen, von diesen abgesehen wird; die Muster können in solchen Fällen entsprechend vereinfacht werden.

[2] Vordrucke für die Erklärung sind dem Steuerpflichtigen kostenlos zu verabfolgen. Die oberste Landesfinanzbehörde kann bestimmen, daß den in die Steuerrolle eingetragenen Steuerpflichtigen ein Vordruck kostenlos zuzustellen ist.

[3] Die oberste Landesfinanzbehörde kann bestimmen, daß die Erklärung auch mündlich bei dem Umsatzsteueramt erfolgen kann. In diesem Falle ist der Vordruck von diesem den Angaben des Steuerpflichtigen entsprechend auszufüllen und von dem Steuerpflichtigen und dem Beamten des Amtes zu unterschreiben.

§ 49.

[1] Der rechtzeitige Eingang der Erklärungen oder einer Mitteilung, daß Entgelte in steuerpflichtiger Höhe nicht vorliegen, ist von dem Umsatzsteueramte nach der Umsatzsteuerrolle (§§ 40ff.) zu überwachen.

[2] Ist innerhalb der Abgabefrist eine Erklärung oder Mitteilung nicht eingegangen, so ist das für eine Steuerpflicht in Betracht kommende Unternehmen unter Hinweis auf § 38 des Gesetzes an die Einreichung der Erklärung binnen einer Frist von zwei Wochen mit dem Ersuchen zu erinnern, für den Fall, daß eine Verpflichtung zur Einreichung einer Erklärung nicht für gegeben erachtet wird, die Gründe hierfür in derselben Frist mitzuteilen.

Vgl die Erklärungen zu § 40 AusfB.

§ 50.

[1] Die Abgabe der Erklärung ist nötigenfalls durch Geldstrafen (§ 38 Abs. 4 des Gesetzes) zu erzwingen; die Festsetzung soll vorher angedroht werden.

²Gleichzeitig mit der Straffestsetzung ist dem Säumigen eine angemessene weitere Frist zur Abgabe der Erklärung zu setzen.

³Die Geldstrafe kann so lange wiederholt werden, bis der Steuerpflichtige der Verpflichtung zur Abgabe der Erklärung nachgekommen ist.

⁴Durch die fortgesetzte Weigerung des Steuerpflichtigen, eine Erklärung abzugeben, wird seine Veranlagung auf Grund schätzungsweiser Ermittlungen nicht gehindert.

⁵Ein Zuschlag nach § 17 Abs. 5 des Gesetzes wegen nicht rechtzeitiger Abgabe der Erklärung soll dann nicht festgesetzt werden, wenn die Umstände des Einzelfalls die Versäumnis entschuldbar erscheinen lassen. Wird die Steuer im Rechtsmittel- oder Nachveranlagungsverfahren anderweit festgesetzt, so erhöht oder ermäßigt sich auch der Zuschlag entsprechend.

Öffentliche Aufforderung zur Abgabe der Erklärungen.

§ 51.

¹Zwischen dem 20. und 31. Dezember jedes Jahres haben die Umsatzsteuerämter oder ihre Oberbehörde die Steuerpflichtigen zur Abgabe der Erklärung über die allgemeine Umsatzsteuer in den für amtliche Bekanntmachungen der unteren Verwaltungsbehörden bestimmten Tagesblättern öffentlich aufzufordern. Die oberste Landesfinanzbehörde kann anordnen, daß die Aufforderung außerdem in sonst üblicher Weise bekanntgemacht wird. In der Aufforderung sind die Steuerpflichtigen über ihre Pflicht zur Abgabe der Erklärung unter Hinweis auf die Strafvorschriften des Gesetzes zu belehren, und es ist ihnen hierbei bekanntzugeben, wo Vordrucke für die Erklärungen zur Abgabe an die Steuerpflichtigen bereitgehalten werden.

²Die Umsatzsteuerämter haben nach Anweisung der Oberbehörde den monatlichen rechtzeitigen Eingang der Erklärungen über die Umsatzsteuer auf Luxusgegenstände zu überwachen.

³Als Anleitung für die öffentliche Aufforderung dient das Muster 7.

Prüfung der Erklärungen.

§ 52.

¹Das Umsatzsteueramt hat die Angaben in der Erklärung an der Hand der Umsatzsteuerrolle und unter Berücksichtigung aller anderen ihr bekannten Tatsachen auf ihre Richtigkeit und Vollständigkeit zu prüfen und dabei auch das Vorhandensein der Unterschrift des Steuerpflichtigen festzustellen.

[2] Für die Prüfung kommen insbesondere folgende Maßnahmen in Betracht:

1. die Einholung weiterer Auskünfte von dem Steuerpflichtigen; hierbei wird insbesondere nach der Zusammensetzung derjenigen Entgelte gefragt werden können, die der Steuerpflichtige als steuerfrei ansieht oder auf die nach seiner Auffassung § 4 des Gesetzes zur Anwendung kommt;
2. die Einsichtnahme der auf die steuerpflichtigen Leistungen bezüglichen Bücher und Geschäftspapiere;
3. die Aufforderung an dritte Personen, die auf bestimmt zu bezeichnende Rechtsvorgänge bezüglichen Schriftstücke vorzulegen (§ 31 Abs. 2 des Gesetzes);
4. die Vornahme einer Prüfung der Geschäftsgebarung des Steuerpflichtigen innerhalb seiner Geschäftsräume (§ 31 Abs. 3 des Gesetzes);
5. die Einholung von Auskünften von Reichs-, Staats- und Gemeindebehörden (§ 32 des Gesetzes); hierbei kommen neben den Ortsbehörden insbesondere die staatlichen und gemeindlichen Steuerbehörden in Betracht. Vor allem werden die Akten über die Einkommensteuer und die Gewerbesteuer des Steuerpflichtigen einzusehen sein;
6. die uneidliche Anhörung von Zeugen und Sachverständigen, insbesondere auch von Angestellten.

[3] Die Maßnahmen zu 1 bis 4 können durch Androhung von Ordnungsstrafen erzwungen werden. Wird die Auskunftserteilung (Nr. 6) verweigert, so ist sie in geeigneten Fällen durch Einleitung eines Strafverfahrens gegen den Steuerpflichtigen herbeizuführen. Die Maßnahme zu Nr. 3 kann nur durch die Oberbehörde selbst vorgenommen werden.

[4] Bei der Prüfung ist auch besonders darauf zu achten, ob Unternehmen, die Luxusgegenstände umsetzen, Lieferungen an Erwerber, die sich als Weiterveräußerer (§ 21) ausgewiesen haben, und Umsätze von Gegenständen der im § 8 des Gesetzes unter Nr. 2, 3 und 10 bezeichneten Art, deren Entgelt unter den dort angegebenen Mindestgrenzen bleibt und die daher nicht als steuerpflichtige Luxusgegenstände anzusehen sind, in der nach § 16 Abs. 1 des Gesetzes abzugebenden Erklärung über der allgemeinen Umsatzsteuer unterliegende Entgelte nachgewiesen haben.

[5] Bei der Anhörung von Sachverständigen sind in erster Linie die im § 31 Abs. 4 des Gesetzes bezeichneten Personen heranzuziehen.

[6] Eine Mitteilung, daß der Gesamtbetrag der Entgelte die steuerpflichtige Höhe nicht erreicht, ist nach Abs. 1 zu prüfen. Ist anzunehmen, daß für das Unternehmen voraussichtlich dauernd ein steuerpflichtiger Umsatz nicht in Frage kommt, so kann die Eintragung in der Steuerrolle auf Anordnung des Vorstandes des Umsatzsteueramts gelöscht werden.

[7] Auf jeder Erklärung über den Gesamtbetrag der Entgelte ist von dem mit der Führung der Steuerrolle beauftragten Beamten zu vermerken, unter welcher Nummer das steuerpflichtige Unternehmen in die Steuerrolle eingetragen ist.

Schätzung.

§ 53.

[1] Die Schätzung des steuerpflichtigen Gesamtbetrags der Entgelte nach § 22 Abs. 2 des Gesetzes kann erst erfolgen, wenn der Steuerpflichtige entweder keine Erklärung abgibt oder Auskünfte über seine Angaben in der Erklärung verweigert oder diese Auskünfte den Sachverhalt nicht ausreichend klären. Vor Einleitung des Schätzungsverfahrens wird nach dem Ermessen des Umsatzsteueramts zu versuchen sein, die Höhe der steuerpflichtigen Entgelte vermittels der Maßnahmen des § 52 festzustellen. Die Schätzung muß sich auf sachlichen Unterlagen aufbauen und soll mit einer Begründung versehen werden. Es steht im Ermessen der Steuerstelle, ob sie die Schätzungen auf Grund eigener Erfahrungen und Ermittlungen oder nach Anhörung von Sachverständigen (vgl. § 52 Abs. 3) vornehmen will.

[2] Die Schätzung nebst ihrer Begründung ist, bevor die Steuer selbst festgestellt wird, dem Steuerpflichtigen unter Angabe einer angemessenen Frist zur Äußerung mitzuteilen.

[3] Die Entscheidung, ob die Kosten der Schätzung nach § 22 Abs. 3 des Gesetzes dem Steuerpflichtigen zur Last zu legen sind, ist erst zu erlassen, nachdem die Steuer auf Grund der Schätzung festgestellt worden ist. Gegen diese Entscheidung ist innerhalb zweier Wochen die Beschwerde an die Oberbehörde gegeben, die endgültig entscheidet.

[4] Unterliegt der Steuerpflichtige der Steuer auf die Umsätze von Luxusgegenständen im Kleinhandel (§§ 8 bis 11 des Gesetzes), so kann sich das Schätzungsverfahren sowohl auf den einzelnen Steuerabschnitt (den Kalendermonat oder dessen Teil

im Falle des § 17 Abs. 2 des Gesetzes) als auch auf ein aus solchen Steuerabschnitten zusammengesetztes Kalenderjahr beziehen. In vielen Fällen wird erst nach Ablauf des Kalenderjahrs die Möglichkeit vorliegen, Unterlagen für eine ordnungsmäßige Schätzung durch den Vergleich des Ergebnisses der einzelnen Steuerabschnitte und des Ergebnisses bei ähnlichen Betrieben zu gewinnen.

5 Die Prüfung, ob das Schätzungsverfahren für ein Kalenderjahr einzuleiten ist, soll möglichst innerhalb dreier Monate nach Schluß des Kalenderjahrs abgeschlossen werden.

6 Nach dem Ergebnis des gesamten Ermittlungsverfahrens ist über die Einleitung des Strafverfahrens Entschließung zu fassen. Ein solches kommt insbesondere in Betracht, wenn ein Steuerpflichtiger eine Erklärung gar nicht abgibt oder in ihr oder bei den später von ihm geforderten Auskünften unrichtige Angaben macht oder schuldhafterweise Aufzeichnungen oder Bücher nicht oder unvollständig geführt hat.

§ 54.

Rechtshilfe.

Die Umsatzsteuerämter haben sich bei der Veranlagung gegenseitig Rechtshilfe zu leisten. Das gilt insbesondere bei der Durchführung der in den §§ 52, 53 bezeichneten Ermittlungsmaßnahmen.

§ 55.

Prüfung der Unternehmen und Aufsicht über sie.

1 Die Prüfung und Aufsicht der Steuerpflichtigen (§ 31 des Gesetzes) können sowohl im Rahmen der Ermittlungen bei Nachprüfung einer Steuererklärung (§§ 21, 22 des Gesetzes) oder im Nachveranlagungsverfahren als auch, unabhängig von einer einzelnen Steuerforderung, im Laufe eines Steuerabschnitts ausgeführt werden.

2 Die Prüfung und Aufsicht erstrecken sich auf die gesamte Geschäftsgebarung des Steuerpflichtigen, soweit sie für die Entrichtung der Steuer von Bedeutung ist.

3 Die oberste Landesfinanzbehörde kann anordnen, daß innerhalb des Bezirkes eines Umsatzsteueramts im Kalenderjahr eine bestimmte Anzahl von Unternehmen der Prüfung zu unterwerfen ist.

§ 56.

1 Bei der Prüfung und Aufsicht kommen folgende Maßnahmen in Betracht:

1. die planmäßige Durchsicht der Schriftstücke des Steuerpflichtigen, die sich auf die steuerpflichtigen Leistungen beziehen, also der Geschäftsbücher, insbesondere der im § 15 des Gesetzes vorgeschriebenen Aufzeichnungen und Bücher, des Schriftwechsels mit den Kunden des Steuerpflichtigen und mit denjenigen, von denen er Ware bezieht. Das Umsatzsteueramt entscheidet nach seinem Ermessen, ob es die Schriftstücke in den Geschäftsräumen des Steuerpflichtigen (vgl. nachstehend Nr. 3) einsehen oder deren Vorlegung bei der Amtsstelle verlangen will. Es darf die Vorlegung solcher Bücher bei der Amtsstelle nicht verlangen, die der Steuerpflichtige zur Aufrechterhaltung des laufenden ordnungsmäßigen Betriebs seines Unternehmens nicht entbehren kann. Zur Vorlegung der Bücher usw. sind die Steuerpflichtigen und diejenigen Angestellten verpflichtet, die mit deren Verwahrung oder deren Bearbeitung betraut sind; das Verlangen der Vorlegung bei der Amtsstelle darf stets nur an den Steuerpflichtigen selbst gerichtet werden.

2. die Einsichtnahme von Schriftstücken anderer Personen als der Steuerpflichtigen oder ihrer Angestellten; die Einreichung solcher Schriftstücke kann nur verlangt werden unter bestimmter Bezeichnung der Rechtsvorgänge, auf die sie sich beziehen. In Betracht kommen Schriftstücke, die sich im Besitze von Lieferanten oder von Kunden des Steuerpflichtigen befinden und sich auf den Geschäftsverkehr mit diesem beziehen (z. B. Quittungen, Bestellungen und ähnliche). Die Vorlegung kann in diesem Falle nur durch Verfügung der Oberbehörde verlangt werden.

3. das Betreten der Geschäftsräume des Steuerpflichtigen. Es darf nur zu dem Zwecke geschehen, um entweder die Schriftstücke (Nr. 1) einzusehen, oder um nachzuprüfen, ob die Lagerbestände sich in Übereinstimmung mit den Büchern befinden, oder um zu beobachten, ob der Steuerpflichtige im laufenden Geschäftsverkehre die Vorschriften der §§ 15 und 20 des Gesetzes innehält. Der Aufenthalt in den Geschäftsräumen soll sich auf die hierzu erforderliche Zeit beschränken. Das Betreten der Geschäftsräume ist ohne Einwilligung des Steuerpflichtigen nur zulässig in den Stunden, in denen die Räume entweder dem Publikum zugänglich sind oder, insbesondere soweit es sich um Lagerräume und Fabrikationsstätten handelt, in ihnen der Steuerpflichtige oder seine Angestellten tätig sind. Während des Aufenthalts in den Geschäftsräumen ist, soweit möglich, zu

vermeiden, daß das Publikum auf die Vornahme der Prüfung aufmerksam wird, oder eine Unterbrechung oder Störung des laufenden Geschäftsbetriebs eintritt. Dem Ermessen des Umsatzsteueramts bleibt es überlassen, ob es seinen Beauftragten vorher anmelden will. Der Beauftragte hat sich dem Steuerpflichtigen oder seinen Angestellten gegenüber auf Verlangen über seinen Auftrag durch eine mit Amtsstempel oder Siegelabdruck versehene Ausfertigung des ihm erteilten allgemeinen oder besonderen Auftrags auszuweisen. Beamte des äußeren Dienstes in Dienstkleidung bedürfen des Ausweises nicht. Der Steuerpflichtige hat dem Beauftragten einen angemessenen Raum oder Arbeitsplatz zur Erledigung seiner Obliegenheiten zur Verfügung zu stellen.

2 Die Maßnahmen zu Abs. 1 Nr. 1 bis 3 können durch Androhung und Festsetzung von Ordnungsstrafen durchgeführt werden. Auskünfte des Steuerpflichtigen oder der Angestellten können nur erzwungen werden, wenn es sich um Ermittlungen in einem Veranlagungs- oder Nachveranlagungsverfahren (§§ 21, 22 des Gesetzes) handelt.

§ 57.

1 Das Umsatzsteueramt kann sich sowohl bei den Ermittlungen im Veranlagungsverfahren (§§ 21 ff. des Gesetzes), wie auch bei der Prüfung und Aufsicht (§ 31 des Gesetzes) der Hilfe von Vertretern und Angestellten von Verbänden und Interessevertretungen des Betriebs- und Berufszweigs, dem der Steuerpflichtige angehört, bedienen. Diese Mithilfe wird insbesondere bei Prüfungen in den Geschäftsräumen des Steuerpflichtigen in möglichst weitem Umfang in Anspruch zu nehmen sein.

2 Die Umsatzsteuerämter oder ihre Oberbehörden haben sich mit den Verbänden und Interessevertretungen ihres Bezirkes in Verbindung zu setzen und mit ihnen zu vereinbaren, in welcher Form die Mithilfe geschehen soll, und welche Personen die Verbände und Vertretungen zur Verfügung stellen. Als Verbände und Interessevertretungen kommen nicht nur die amtlichen Vertretungen des betreffenden Berufsstandes (Landwirtschaftskammern, Handelskammern und Handwerkerkammern) in Betracht, sondern auch die auf freier Selbstverwaltung beruhenden sonstigen Verbände. Vor allem wird auf die Mithilfe von Fachverbänden Wert zu legen sein. Organisationen, die in

erster Linie dem wirtschaftlichen Kampfe dienen, Kartelle, Trusts usw. sind nicht zu beteiligen.

³ Bei der Erteilung eines einzelnen Auftrags hat das Umsatzsteueramt zu erwägen, ob der Besuch der von ihm für die Prüfung in Aussicht genommenen Person mit Rücksicht auf den Verband, den sie vertritt, oder auf deren eigene geschäftliche Betätigung nicht dem Steuerpflichtigen wirtschaftlichen Schaden bereiten kann. Soweit tunlich hat das Umsatzsteueramt dem Steuerpflichtigen von der Person, die es beauftragen will, unter Bezeichnung des Verbandes, dem jene angehört, vor dem Besuche Mitteilung zu machen.

⁴ Hat der Steuerpflichtige gegen die Persönlichkeit oder gegen den Verband Einwendungen zu erheben, so hat er diese unverzüglich unter Angabe von Gründen dem Umsatzsteueramte vorzutragen. Bleibt das Umsatzsteueramt bei dem in Aussicht genommenen Auftrag, so steht dem Steuerpflichtigen die Beschwerde an die Oberbehörde zu. Das Umsatzsteueramt soll die Ausführung seiner Anordnung bis zur Entscheidung der Beschwerde aussetzen, es sei denn, daß nach Lage des Einzelfalls der Aufschub zu einer Gefährdung der Steuer führen kann.

⁵ Das Umsatzsteueramt hat den Beauftragten vor jedem einzelnen Auftrag auf seine Verpflichtung zur Verschwiegenheit und zur Wahrung des Geschäfts- und Berufsgeheimnisses (§ 31 Abs. 5 in Verbindung mit § 38 Abs. 3 des Gesetzes) hinzuweisen.

Umsatzsteuerliste.

§ 58.

¹ Nach Abschluß der Ermittlungen ist die Steuer zu berechnen, der Inhalt der Erklärung in die Umsatzsteuerliste zu übertragen und die Nummer, unter der die Eintragung erfolgt ist, auf der Steuerberechnung zu vermerken. Sodann ist der Umsatzsteuerbescheid (§ 67) auszufertigen.

² Es wird sich empfehlen, die Steuerberechnung auf den Vordruck der Erklärung hinter diese zu setzen.

§ 59.

¹ Die Umsatzsteuerliste ist nach Anleitung der Muster 8 und 9 zu führen. Sie ist in zwei selbständigen Abteilungen, und zwar als Umsatzsteuerliste U für die Unternehmen, die der allgemeinen Umsatzsteuer unterliegen, und als Umsatzsteuerliste L für solche, die der Umsatzsteuer auf Luxusgegenstände unterliegen, anzulegen. Unterliegt ein Unternehmen sowohl der

allgemeinen Umsatzsteuer wie der Umsatzsteuer auf Luxusgegenstände, so ist es auf Grund seiner Erklärungen in beiden Abteilungen einzutragen; dabei ist in jeder Abteilung auf die Eintragung in der anderen hinzuweisen. In die Abteilung L sind auch die Unternehmen einzutragen, denen die Besteuerung nach § 16 Abs. 2 Satz 2 des Gesetzes gestattet ist.

2 In der Abteilung L sind die Entgelte getrennt einzutragen, je nachdem sie mit 10 v. H. oder gemäß § 28 Abs. 2 Satz 2 des Gesetzes mit 5 v. T. zu besteuern sind.

3 Die Umsatzsteuerliste ist in beiden Abteilungen für das Kalenderjahr zu führen, das in den Fällen der Besteuerung nach § 16 Abs. 1 und § 16 Abs. 2 Satz 2 des Gesetzes einen Steuerabschnitt bildet oder sich im Falle der Besteuerung nach § 16 Abs. 2 Satz 1 aus zwölf Steuerabschnitten zusammensetzt. In Abteilung L ist bei jedem Steuerpflichtigen soviel Raum zu lassen, daß Eintragungen für zwölf Monate untereinander möglich sind.

4 Im übrigen ist bei Anlegung der Umsatzsteuerlisten tunlichst nach den gleichen Gesichtspunkten zu verfahren, die bei Aufstellung der entsprechenden Umsatzsteuerrolle maßgebend gewesen sind (§§ 40 bis 42).

5 Erforderlichenfalls kann für jede Kassenstelle eine besondere Umsatzsteuerliste angefertigt werden.

Anm.

Während in der Umsatzsteuerrolle alle die Personen und Firmen geführt werden, die überhaupt nach Art und Umfang ihres Betriebes für die Entrichtung der Umsatzsteuer in Betracht kommen, werden in die Umsatzsteuerliste nur die Personen und Firmen aufgenommen, die mittels Steuerbescheides zur Umsatzsteuer veranlagt sind. Die Umsatzsteuerliste dient also als Hebeliste und bietet der Kasse das Soll, das sie einzuziehen hat. Daher kann erforderlichenfalls für jede Kassenstelle eine besondere Umsatzsteuerliste angefertigt werden. Auf Grund der Umsatzsteuerliste wird dann der rechtzeitige Eingang der Steuer überwacht (vgl § 60). Außerdem hat dann die Kasse ein besonderes Einnahmebuch zu führen (vgl. § 70).

§ 60.

1 Die Umsatzsteuerliste dient zur Überwachung des rechtzeitigen Einganges der Steuerbeträge und der Einhaltung der bewilligten Zahlungsfristen; in ihr sind ferner die Veränderungen, die sich im Rechtsmittelverfahren, durch Nachveranlagungen, Erstattungen und Rückzahlungen (vgl. §§ 71, 72 und 74) gegenüber der Steuerfestsetzung ergeben, zu vermerken;

außerdem bildet sie die Grundlage für statistische Erhebungen über die Höhe der Umsätze in einem Kalenderjahre (§ 90). Sie ist solange offen zu halten, bis sämtliche Zahlungen für das Kalenderjahr, für das sie geführt wird, erfolgt, die Steuerfestsetzungen unanfechtbar geworden und Nachveranlagungen, Erstattungen und Rückzahlungen nicht mehr zu erwarten sind; sie ist daher frühestens am Ende des sechsten auf das Kalenderjahr, für das sie geführt wird (§ 59 Abs. 3), folgenden Kalenderjahrs wegzulegen.

2 Die Veränderungen (durch Rechtsmittel, Nachveranlagungen, Erstattungen und Rückzahlungen) sind bei der Ordnungsnummer des Steuerpflichtigen, sofern sie bis zum 1. Oktober des auf das Kalenderjahr, für das die Liste geführt wird (§ 59 Abs. 3), folgenden Kalenderjahrs eintreten, durch Berichtigung der ursprünglichen Angaben mit roter Tinte unter oder über diesen, sofern sie später erfolgen, in den dafür zur Erleichterung der im Abs. 3 vorgeschriebenen Aufrechnungen vorgesehenen besonderen Spalten 24 bis 31 in Liste U, 22 bis 29 in Liste L und 20 bis 27 in Liste E (§ 64) einzutragen. Für die Eintragung ist der Zeitpunkt maßgebend, in der die Veränderung unanfechtbar wird; die Eintragungen haben sich auf die Höhe der Gesamtheit der Entgelte und Steuerbeträge zu erstrecken; haben sie in den besonderen Spalten zu erfolgen, so muß der Betrag angegeben werden, um den sich die Entgelte und die Steuerbeträge gegenüber dem Steuerbescheide vermindert oder erhöht haben.

3 Am 1. Oktober jedes Jahres, erstmalig am 1. Oktober des auf das Kalenderjahr, für das die Liste geführt wird, folgenden Kalenderjahrs und entsprechend in jedem weiteren Jahre, bis die Liste weggelegt wird, sind die Eintragungen in den besonderen Spalten über die Höhe der der Besteuerung zugrunde gelegten Entgelte und über die Steuerbeträge aufzurechnen und das Ergebnis unter den bis dahin erfolgten Eintragungen zu vermerken. Dabei ist so zu verfahren, daß sich bei der ersten Aufrechnung die Entgelte und Steuerbeträge nach den bis dahin eingetragenen Steuerfestsetzungen unter Berücksichtigung der mit roter Tinte vermerkten Berichtigungen wegen bis dahin erfolgter Veränderungen, bei den nächsten Aufrechnungen die gegenüber der ersten Aufrechnung eingetretenen Erhöhungen oder Veränderungen sich ergeben. Die Richtigkeit der Aufrechnungen ist tunlichst von einem mit der Führung der Liste

nicht befaßten Beamten unter der Aufrechnung zu bescheinigen. Soweit nach einer Aufrechnung weitere Steuerfestsetzungen auf Grund nachträglich abgegebener Erklärungen usw. für das Kalenderjahr, für das die Liste geführt wird, erfolgen, sind die Eintragungen in den Spalten 1 ff. im Anschluß an die letzte Aufrechnung zu machen und die sich hiernach ergebenden neuen Entgelt- und Steuerbeträge bei der nächsten Aufrechnung nach dem Stande am Tage der Aufrechnung zu berücksichtigen.

4 Auf Grund der Aufrechnungen sind die im § 90 vorgeschriebenen statistischen Zusammenstellungen anzufertigen.

Abschlagszahlungen.

§ 61.

Die Abschlagszahlungen, die alle nach § 16 Abs. 1 des Gesetzes einschließlich Abs. 2 Satz 2 daselbst versteuernden Unternehmungen zu leisten haben, bei denen in einem Kalenderjahre der Gesamtbetrag der Entgelte (§ 16 des Gesetzes) nach dem Ergebnis zur Steuerfestsetzung 200000 ℳ überstiegen hat, sind auf 60 v. H. der für das vorhergehende Jahr festgesetzten Steuer auf volle Mark nach unten abgerundet zu bemessen. Sie sind auf die Steuer für das folgende Kalenderjahr nach Ablauf des ersten, zweiten und dritten Viertels des Jahres während der ersten zehn Tage der Monate April, Juli und Oktober je in Höhe eines Drittels unaufgefordert zu entrichten. Ist das Unternehmen nicht während des ganzen Vorjahrs betrieben worden, so gilt der Umsatz während der Betriebszeit als Jahresumsatz. Für das Steuerjahr 1919 ist für die Verpflichtung zur Entrichtung der Abschlagszahlungen und deren Bemessung der Gesamtbetrag der Entgelte im ganzen Kalenderjahr 1918 maßgebend. Die Abschlagszahlungen sind in der Erklärung zur Festsetzung der mit dem Schlusse des Jahres fälligen Steuer aufzuführen und bei der Festsetzung der Steuerschuld auf diese anzurechnen. Ein hiernach etwa zuviel gezahlter Betrag ist einschließlich 5 v. H. Zinsen vom Tage der Entrichtung ab zurückzuzahlen.

2 Während der Dauer des Krieges kann die Höhe der Abschlagszahlungen auf Grund vierteljährlicher Erklärungen der Steuerpflichtigen nach dem tatsächlichen Umsatz bemessen werden.

3 Im übrigen vgl. § 69.

Vgl. die Erläuterungen S. 125.

Sonderbestimmungen für Versteigerer, Notare usw.

§ 62.

¹Bei Versteigerungen ist die Erklärung vom Versteigerer innerhalb zweier Wochen nach jeder Versteigerung bei dem für den Versteigerer zuständigen Umsatzsteueramt einzureichen. Sie hat die Gesamtheit der in der Versteigerung vereinnahmten Entgelte in entsprechender Anwendung der Bestimmungen der §§ 46 und 47 zu enthalten. Sind Luxusgegenstände versteigert worden, so sind die Angaben für diese getrennt von den Angaben für die der allgemeinen Umsatzsteuer unterliegenden Gegenstände zu machen. Die Steuer ist gleichzeitig mit der Abgabe der Erklärung zu entrichten.

²Das Umsatzsteueramt kann gewerbsmäßigen Versteigerern auf ihren Antrag die Versteuerung in Anwendung des § 16 des Gesetzes, also in Jahresabschnitten bei den der allgemeinen Umsatzsteuer unterliegenden Gegenständen und in Monatsabschnitten bei Luxusgegenständen gestatten. Derartige Versteigerer sind in die Umsatzsteuerrolle (§ 40) aufzunehmen. Das gleiche kann die oberste Landesfinanzbehörde für Gerichte, Notare, Gerichtsvollzieher und sonstige Versteigerungsbeamte bestimmen.

§ 63.

¹Die Erklärungen, die nach jeder Einzelversteigerung abgegeben werden (§ 62 Abs. 1), sind je nach den Gegenständen, die im Wege der Versteigerung umgesetzt worden sind, in eine Zwischenliste einzutragen, die für ein Kalenderjahr anzulegen und in zwei Abteilungen nach Art der Umsatzsteuerhauptlisten U und L (§ 59) zu führen ist. Betrifft die Erklärung sowohl Gegenstände, die der allgemeinen Umsatzsteuer unterliegen, als auch nach dem erhöhten Satze steuerpflichtige Luxusgegenstände, so hat die Eintragung in beiden Abteilungen zu erfolgen unter Aufnahme eines Hinweises auf Liste L in der Liste U.

²Die Erklärung über die vereinnahmten Entgelte ist nach Anleitung des Musters 10 in zweifacher Ausfertigung abzugeben. Nach Berechnung des Steuerbetrags, die zweckmäßigerweise in der Erklärung zu erfolgen haben wird, erhält der Versteigerer eine Ausfertigung mit der von dem Umsatzsteueramt oder der Kassenstelle unter Beidrückung des Amtssiegels unterschriftlich vollzogenen Berechnung unter Vorbehalt der Nachprüfung als Empfangsbekenntnis über den eingezahlten Betrag zurück.

³ Vordrucke sind bei dem Umsatzsteueramte kostenlos erhältlich; die Erklärung kann an Amtsstelle auch mündlich abgegeben werden.

⁴ Das Umsatzsteueramt erteilt dem Versteigerer einen Bescheid (§ 67) nur dann, wenn die Prüfung der Erklärung, für die § 52 als Anhalt zu dienen hat, zu einer Nachveranlagung führt.

⁵ Die Zwischenliste ist aufzurechnen und abzuschließen, sobald Erklärungen über Versteigerungen aus dem betreffenden Kalenderjahre nicht mehr zu erwarten sind. Die Ergebnisse sind am 1. Oktober des auf das Jahr der Führung folgenden Kalenderjahrs unter je einer Ordnungsnummer in die aufgerechnete Hauptliste summarisch zu übernehmen.

⁶ Im Falle des § 62 Abs. 2 greift das in den §§ 48 bis 50 und 52 vorgeschriebene Verfahren Platz.

⁷ Hat die Lieferung von Luxusgegenständen im Wege der Versteigerung als nicht im Kleinhandel erfolgt zu gelten (§ 9 Abs. 1 des Gesetzes), so ist nach den §§ 21, 22 zu verfahren.

Lieferung von Luxusgegenständen in oder aus dem Ausland.

§ 64.

¹ Die bei den Umsatzsteuerämtern eingehenden Mitteilungen der Zollstellen über die Abfertigung der aus dem Ausland eingegangenen Luxusgegenstände in den freien Verkehr sowie die Anmeldungen der Steuerpflichtigen über das Einbringen von Luxusgegenständen in das Inland sind in einer Umsatzsteuerliste E nach Anleitung des Musters 11 einzutragen.

² Gibt der Erwerber die im § 26 des Gesetzes vorgeschriebene Erklärung, für die Vordrucke nach dem Muster 12 zu verwenden sind und die zweckmäßigerweise in doppelter Ausfertigung zu verlangen sein wird, bei dem Umsatzsteueramte nicht innerhalb zweier Wochen nach der zollamtlichen Abfertigung ab, so ist er an die Verpflichtung hierzu und an die Einzahlung der Steuer zu erinnern. Vordrucke für die Erklärung werden bei den Umsatzsteuerämtern kostenlos abgegeben. Die Erklärung kann an Amtsstelle mündlich erfolgen. Auf die Erinnerung finden die in den §§ 49 und 50 getroffenen Bestimmungen entsprechende Anwendung.

³ Die Abgabe und der Inhalt der Erklärung sowie die Einzahlung der in der Erklärung zu berechnenden Steuer sind, soweit nicht Steuerfreiheit mit Rücksicht auf die nach § 20 Abs 1

des Gesetzes beigebrachte Bescheinigung eintritt, in der Umsatzsteuerliste zu vermerken, der Steuerbetrag überdies im Einnahmebuche zu vereinnahmen. Über den Steuerbetrag ist nach Maßgabe der Steuerfestsetzung in der Erklärung, gegebenenfalls unter Rückgabe der einen, mit unterschriftlich vollzogener Steuerberechnung versehenen Ausfertigung der Erklärung, ein Empfangsbekenntnis zu erteilen, in dem etwaige Nachforderungen vorzubehalten sind.

4 Ergibt die Nachprüfung der Erklärung, daß die Angaben nicht glaubhaft und das Entgelt zu niedrig angegeben sind, so ist der dem höheren gemeinen Werte entsprechende Steuerbetrag mittels eines Steuerbescheids (§ 67) mit der Bemerkung nachzufordern, daß hiergegen nur die Verwaltungsbeschwerde gegeben ist. Die Nachforderungen und deren Eingang sind gleichfalls in der Liste zu vermerken und zu überwachen, die Einzahlung selbst ist im Einnahmebuche nachzuweisen. Im übrigen gilt wegen der Aufrechnung usw. das im § 60 hinsichtlich der Umsatzsteuerlisten U und L Gesagte.

5 Die obersten Landesfinanzbehörden bestimmen, wann und unter welchen Voraussetzungen die Zollstellen vom Einbringer des Gegenstandes für den Steuerbetrag Sicherheit zu verlangen haben.

Vgl die Erläuterungen S. 101.

Sonderbestimmungen für das Verbringen von Luxusgegenständen der im § 10 Nr. 3 des Gesetzes genannten Art ins Ausland.

§ 65.

1 Bei dem Verbringen von Luxusgegenständen der im § 10 Nr. 3 des Gesetzes bezeichneten Art ins Ausland findet die Erklärung, wenn der Verbringer zu den im § 1 Abs. 1 des Gesetzes bezeichneten Personen gehört, gleichzeitig mit der Erklärung nach § 17 des Gesetzes statt; dabei ist das Entgelt für den Gegenstand oder, wenn ein solches nicht vereinbart ist, der gemeine Wert des Gegenstandes in dem Steuerabschnitte des Verbringens ins Ausland einzusetzen, ohne Rücksicht darauf, ob das Entgelt in diesem Steuerabschnitte vereinnahmt ist oder nicht.

2 Gehört der Verbringer nicht zu diesen Personen, so hat er innerhalb zweier Wochen nach dem Verbringen eine Anmeldung über das Verbringen an die Steuerstelle zu richten. Die zweckmäßigerweise in doppelter Ausfertigung abzugebende

Anmeldung hat die genaue Bezeichnung des ausgeführten Gegenstandes, das dafür vereinnahmte Entgelt und, sofern ein Entgelt nicht vereinbart ist, die Schätzung des gemeinen Wertes des Gegenstandes zu enthalten. Die von dem Umsatzsteueramte kostenlos auszuhändigenden Vordrucke nach Muster 12 können verwendet werden; auch ist mündliche Erklärung an Amtsstelle zulässig. Die Steuer ist gleichzeitig gegen Empfangsbekenntnis einzuzahlen, und zwar ohne Rücksicht darauf, ob das Entgelt bereits vereinnahmt ist oder nicht. Als Empfangsbekenntnis hat gegebenenfalls die mit der unterschriftlich vollzogenen Steuerberechnung versehene zweite Ausfertigung der Erklärung zu dienen.

3 Auf die Schätzung des gemeinen Wertes finden die Bestimmungen der §§ 53 und 54 entsprechende Anwendung.

Vgl. die Erläuterungen S. 129.

§ 66.

1 Wird einer Zollstelle die Ausfuhr von Gegenständen der im § 10 Nr. 3 des Gesetzes bezeichneten Art bekannt, so hat sie dem Umsatzsteueramte, das für den Verbringer ins Ausland zuständig ist, eine Mitteilung zu übersenden, aus der, soweit angängig, der Tag der Ausfuhr, der Vor- und Zuname nebst Wohnort und Straße des Steuerpflichtigen, Bezeichnung der Firma, die Benennung des Gegenstandes und der Bestimmungsort ersichtlich sein müssen.

2 Bei dem Umsatzsteueramte eingehende Mitteilungen über die von nicht nach § 1 Abs. 1 des Gesetzes steuerpflichtigen Personen bewirkten Versendungen sowie Anmeldungen von Steuerpflichtigen über das Verbringen der in Betracht kommenden Gegenstände in das Ausland (§ 65) sind in die im § 64 vorgeschriebene Umsatzsteuerliste (Muster 11) über die aus dem Ausland eingebrachten Luxusgegenstände in einer besonderen Unterabteilung einzutragen.

3 § 64 findet auch im übrigen entsprechende Anwendung.

§ 67.

Umsatzsteuerbescheid.

1 Über das Ergebnis der Veranlagung in den Fällen der § 58, § 63 Abs. 4, § 64 Abs. 4 und § 66 Abs. 3 ist dem Steuerpflichtigen je nach der Art seines Unternehmens ein Umsatzsteuerbescheid nach Anleitung der Muster 13 und 14 zu erteilen. Der Bescheid hat zu enthalten:

den Betrag der Umsatzsteuer, gegebenenfalls unter Berücksichtigung der abschlägig geleisteten Zahlungen und mit einem Hinweis auf die Verpflichtung zur Leistung von Abschlagszahlungen für den folgenden Steuerabschnitt,
die Berechnungsgrundlagen der angeforderten Steuer,
eine Belehrung über die Rechtsmittel unter Angabe der Rechtsmittelfristen und Bezeichnung der Behörden, bei denen die Rechtsmittel einzulegen sind,
die Anweisung zur Entrichtung der Umsatzsteuer innerhalb der vorgeschriebenen Zahlungsfrist,
bei Steuerbeträgen über 1000 ℳ einen Hinweis auf die bei der allgemeinen Umsatzsteuer drei Monate, bei der Luxussteuer einen Monat nach Schluß des Steuerabschnitts beginnende Verzinsung zu 5 v. H.,
die Mitteilung über den von den Abschlagszahlungen zur Erstattung kommenden Betrag,
die Bezeichnung der zur Empfangnahme der Zahlung zuständigen Kassenstelle.

² In dem Steuerbescheid ist anzugeben, in welchen Punkten bei der Festsetzung der steuerpflichtigen Gesamtentgelte von der Umsatzsteuererklärung abgewichen worden ist. Eine Begründung der Abweichung ist nicht erforderlich.

³ Die Angaben des Bescheids sind von seiner Zustellung an den Steuerpflichtigen in die entsprechende Umsatzsteuerliste zu übernehmen.

§ 68.

¹ Der Umsatzsteuerbescheid ist dem Steuerpflichtigen oder seinem gesetzlichen oder bevollmächtigten Vertreter zuzustellen. Ist der Steuerpflichtige vor der Zustellung des Steuerbescheids gestorben, so ist der Bescheid, wenn das steuerpflichtige Unternehmen zum Gesamtgut einer fortgesetzten Gütergemeinschaft gehört, dem überlebenden Ehegatten, im übrigen den Erben oder dem Testamentsvollstrecker oder Nachlaßpfleger zuzustellen.

² Die Zustellung hat nach den in dem betreffenden Bundesstaate für amtliche Zustellung in Landessteuersachen maßgebenden Vorschriften zu erfolgen.

§ 69.

¹ Der Steuerpflichtige ist auf die Verpflichtung zur Leistung von Abschlagszahlungen unter Angabe des Betrags der Ab-

schlagszahlung und der Zahlungsfristen im Umsatzsteuerbescheide hinzuweisen.

[2] Der rechtzeitige Eingang der Abschlagszahlungen ist durch eine nach Anleitung des Musters 15 von dem Umsatzsteueramte für jedes Kalenderjahr zu führende Überwachungsliste sicherzustellen. Diese ist mit der Umsatzsteuerliste zur Buchprüfung einzureichen.

[3] Die Spalten 1 bis 6 der Überwachungsliste sind gleichzeitig mit dem im § 67 Abs. 1 angeordneten Hinweis an den Zahlungspflichtigen, die Spalten 7 bis 9 bei der Zahlung der Abschlagssummen und die Spalten 10 bis 13 vor Erteilung des Umsatzsteuerbescheids oder nach Eingang der Restzahlung auszufüllen.

[4] Geht eine Abschlagszahlung nicht rechtzeitig ein, so ist das zu ihrer Einziehung Veranlaßte in der Bemerkungsspalte der Überwachungsliste zu vermerken.

[5] Die Entrichtung der Abschlagszahlungen ist in der Umsatzsteuerliste zu vermerken und die Vereinnahmung im Einnahmebuche nachzuweisen. Rückzahlungen, deren Höhe einschließlich Zinsen in der Überwachungsliste zu berechnen und dem Steuerpflichtigen in dem Steuerbescheide bekanntzugeben ist, sind als Erstattungen zu behandeln (vgl. § 73).

Einnahmebuch. **§ 70.**

Über die Erhebung der Umsatzsteuer ist neben der Umsatzsteuerliste für je ein Kalenderjahr (§ 59) ein Einnahmebuch für je ein Rechnungsjahr nach Anleitung des Musters 16 zu führen. Abweichungen in der Führung des Einnahmebuchs sind mit Zustimmung des Reichskanzlers (Reichsschatzamt) zulässig.

Erstattungen (§ 28 des Gesetzes). **§ 71.**

[1] In einem Anhang zum Einnahmebuche, der nach Maßgabe des Musters 17 anzulegen ist, sind die Beträge nachzuweisen, die gemäß § 28 des Gesetzes erstattet werden.

[2] Die Erstattung erfolgt nur auf schriftlichen Antrag. Dem Antrag ist nur zu entsprechen, wenn er innerhalb eines Jahres nach dem Erwerb, im Falle des § 28 Abs. 1 des Gesetzes nach der Ausfuhr und im Falle des § 28 Abs. 4 des Gesetzes nach der Wiedereinfuhr des Gegenstandes gestellt worden ist. Gegen einen ablehnenden Bescheid ist die Verwaltungsbeschwerde gegeben.

³ Die vom Antragsteller beigebrachten Nachweise sind ihm nach erfolgter Prüfung zurückzugeben. Der Antrag und eine über die Höhe des zu erstattenden Betrags aufzustellende Berechnung werden Belege zum Anhang.

⁴ Im übrigen sind die Bestimmungen der §§ 2, 18 und 19 maßgebend.

⁵ Die berechneten Beträge sind gegen Empfangsbekenntnis zurückzuzahlen und im Einnahmebuche mit roter Tinte abzusetzen. Zugleich sind sie in der Umsatzsteuerliste des Steuerabschnitts, für den die Steuer vereinnahmt worden war, bei der Ordnungsnummer des Steuerpflichtigen einzutragen (§ 60). Die näheren Bestimmungen über das Verfahren trifft die oberste Landesfinanzbehörde.

⁶ Die Landesregierungen bestimmen, ob der von der Kasse eines Umsatzsteueramts erstattete Betrag von der Kasse desjenigen Umsatzsteueramts zu ersetzen ist, das im Falle des § 28 Abs. 2 des Gesetzes für das Unternehmen, im Falle des § 28 Abs. 1 des Gesetzes für den Lieferer und im Falle des § 28 Abs. 4 des Gesetzes für den Verbringer ins Ausland zuständig ist. Liegen die Umsatzsteuerämter in verschiedenen Bundesstaaten, so hat ein solcher Ersatz zu erfolgen; die Ersatzanträge sind gesammelt für ein ganzes Kalenderjahr bei Beginn des darauf folgenden Kalenderjahrs unter den Bundesstaaten auszutauschen.

Anderweite Veranlagung und Rückzahlung von Umsatzsteuer.

§ 72.

¹ Wenn innerhalb der Verjährungsfrist neue Tatsachen und Beweismittel bekannt werden, die eine Erhöhung der Umsatzsteuerforderung rechtfertigen, sowie im Falle des § 22 Abs. 4 des Gesetzes, hat Nachveranlagung zu erfolgen.

² Die Nachveranlagung ist nicht mehr zulässig, wenn seit dem Schlusse des Kalenderjahrs, in dem die bereits veranlagte Steuer fällig geworden ist, fünf Jahre verstrichen sind (§ 29 des Gesetzes). Der Bescheid über eine Nachveranlagung muß bis zu diesem Zeitpunkt erlassen sein.

³ Gegen den Bescheid über eine Nachveranlagung stehen dem Steuerpflichtigen dieselben Rechtsmittel zu wie gegen den Umsatzsteuerbescheid. Von der Nachveranlagung kann abgesehen werden, wenn der nachzufordernde Mehrbetrag an Umsatzsteuer den Betrag von 20 ℳ nicht übersteigt.

⁴ Soweit die Umsatzsteuer infolge eines Rechenfehlers oder eines anderen offenbaren Versehens zu Unrecht bezahlt worden ist, hat eine Rückzahlung auf Antrag des Steuerpflichtigen und, wenn die Überhebung mindestens 5 ℳ beträgt, auch von Amts wegen durch das Steueramt zu erfolgen.

⁵ Einem Antrag auf Rückzahlung von Umsatzsteuer ist nur zu entsprechen, wenn er innerhalb eines Jahres nach Ablauf des Steuerabschnitts, für den die Steuer entrichtet worden ist, gestellt wird.

⁶ Im übrigen kann eine rechtskräftige Veranlagung nur im Wege des Billigkeitserlasses durch den Bundesrat zugunsten des Steuerpflichtigen geändert werden.

§ 73.

Die nach § 23 Abs. 3 und § 24 Abs. 3 des Gesetzes zu vergütenden Zinsen für Beträge, die auf Grund rechtskräftiger Entscheidung zu erstatten sind, und die zurückzuzahlenden Teilbeträge der Abschlagszahlungen sind als Erstattungen an Umsatzsteuer zu Lasten der Reichskasse zu verrechnen. Sie sind im Anhang zum Einnahmebuche (§ 71) nachzuweisen.

§ 74.

Wird im Rechtsmittel- oder Nachveranlagungsverfahren (§ 22 Abs. 4, § 38 Abs. 1 des Gesetzes, § 72) die Umsatzsteuer anderweit festgesetzt oder infolge eines offenbaren Versehens zu Unrecht gezahlte Umsatzsteuer zurückgezahlt oder Umsatzsteuer vom Bundesrat aus Billigkeitsgründen erlassen, so sind entsprechende Eintragungen in der Umsatzsteuerliste nach Maßgabe des § 60 vorzunehmen.

Niederschlagung.

§ 75.

¹ Zur Niederschlagung von Umsatzsteuerbeträgen wegen Uneinbringlichkeit sind die Oberbehörden zuständig. Die oberste Landesfinanzbehörde bestimmt, inwieweit die Übertragung dieser Befugnis an einzelne große Umsatzsteuerämter zulässig ist. Die Niederschlagung darf nur dann erfolgen, wenn keine Aussicht zur Einziehung der geschuldeten Beträge mehr besteht. Die Niederschlagung ist in der Umsatzsteuerliste zu vermerken.

Stundung.

[2] Die Umsatzsteuerämter können, erforderlichenfalls gegen Sicherheitsleistung, Stundung der Steuer unter Berechnung von Zinsen (§ 24 Abs. 2 des Gesetzes) gewähren.

Entrichtung der Umsatzsteuer durch Markenverwendung.

§ 76.

[1] Die Steuer aus § 25 des Gesetzes wird durch Verwendung von Stempelmarken entrichtet.[1])

[2] Die Mitteilung, die derjenige, der das Entgelt entrichtet hat, nach § 25 Abs. 3 Satz 2 des Gesetzes bei Nichtausstellung eines Empfangsbekenntnisses unter Angabe des Namens des Lieferers, der handelsüblichen Bezeichnung des Gegenstandes, des Betrags des Entgelts, des Tages der Zahlung zu machen hat, ist bei dem für ihn zuständigen Umsatzsteueramt einzureichen. Der Steuerbetrag ist hierbei in Marken zu entrichten.

---

[1]) Die nach § 25 Abs. 6 des Gesetzes für die Entrichtung usw. in Betracht kommenden Vorschriften des Reichsstempelgesetzes lauten:

§ 107.

Der Bundesrat erläßt die Anordnungen wegen der Anfertigung und des Vertriebs der nach Maßgabe dieses Gesetzes zu verwendenden Stempelmarken und gestempelten Formulare sowie die Vorschriften über die Form der Schlußnoten und über die Art der Verwendung der Marken. Er stellt die Bedingungen fest, unter welchen für verdorbene Marken und gestempelte Vordrucke sowie für Stempel auf verdorbenen Wertpapieren Erstattung zulässig ist.

§ 108.

Stempelmarken, welche nicht in der vorgeschriebenen Weise verwendet worden sind, werden als nichtverwendet angesehen.

§ 110.

In Beziehung auf die Verpflichtung zur Entrichtung der in diesem Gesetze festgestellten Abgaben ist der Rechtsweg zulässig. Die Klage ist bei Verlust des Klagerechts binnen sechs Monaten nach erfolgter Beitreibung oder mit Vorbehalt geleisteter Zahlung zu erheben. Für die Berechnung dieser Frist sind die Bestimmungen der Zivilprozeßordnung maßgebend. Zuständig sind ohne Rücksicht auf den Wert des Streitgegenstandes die Landgerichte. Soweit bei denselben Kammern für Handelssachen bestehen, gehört der Rechtsstreit vor diese. Die Revision sowie die Beschwerde gegen Entscheidungen der Oberlandesgerichte geht an das Reichsgericht.

Anm.

Diese Bestimmung ist durch die §§ 7, 25 Abs. 2 des Gesetzes über die Errichtung eines Reichsfinanzhofes am 1. Oktober außer Kraft gesetzt. Gemäß § 8 dieses Gesetzes werden die Rechtsmittel durch die Landesgesetzgebung geregelt; dabei ist jedoch der ordentliche Rechtsweg ausgeschlossen.

§ 116.

Die in den einzelnen Bundesstaaten mit der Beaufsichtigung des Stempelwesens beauftragten Behörden und Beamten haben die ihnen

[3] Amtlich gestempelte Vordrucke zu Empfangsbekenntnissen oder Vordrucke zu Mitteilungen werden nicht angefertigt.

§ 77.

[1] Die Stempelmarken sind auf der Vorder- oder Rückseite des vom Lieferer zu erteilenden Empfangsbekenntnisses oder der Mitteilung, die bei Nichterteilung eines solchen der Erwerber dem Umsatzsteueramte zu machen hat, an einer beliebigen freien Stelle aufzukleben und zu entwerten.

[2] Die Entwertung der Stempelmarken ist in der Art vorzunehmen, daß Tag, Monat und Jahr der Verwendung der Marke auf dieser an der im Vordruck dafür vorgesehenen Stelle in deutlichen Schriftzeichen ohne jede Auskratzung, Durchstreichung oder Überschreibung mit Tinte niedergeschrieben oder aufgedruckt werden. Allgemein übliche und verständliche Abkürzungen sind zulässig. Im Falle der Entwertung durch Aufdruck braucht der Vermerk nicht an der im Vordruck bezeichneten Stelle zu stehen, muß aber vollständig auf jede einzelne Marke gesetzt werden. Die Hinzufügung des Namens oder der Firma des Verwendenden ist zulässig.

---

obliegenden Verpflichtungen mit den gleichen Befugnissen, wie sie ihnen hinsichtlich der nach den Landesgesetzen zu entrichtenden Stempelabgaben zustehen, auch hinsichtlich der in diesem Gesetze bestimmten Abgaben wahrzunehmen.

Der Prüfung in bezug auf die Abgabenentrichtung unterliegen die in Tarifnummer 1 bezeichneten Gesellschaften usw. und alle diejenigen, welche abgabepflichtige Geschäfte der in Nummer 4 des Tarifs bezeichneten Art oder die Beförderung von Gütern oder Personen (Nummer 6 und 7 des Tarifs) gewerbsmäßig betreiben oder vermitteln oder Versicherungen (Nummer 12 des Tarifs) übernehmen oder vermitteln oder ermächtigt sind, für den Versicherer Zahlungen entgegenzunehmen. Inwieweit die im § 76 bezeichneten Personen und Gesellschaften der Prüfung in bezug auf die Abgabenentrichtung nach Tarifnummer 10 und nach §§ 76 ff. unterliegen, bestimmt der Bundesrat.

Den revidierenden Beamten sind alle bezüglichen Schriftstücke und erforderlichenfalls auch die Geschäftsbücher zur Einsicht vorzulegen.

Von anderen als den im Abs. 2 bezeichneten Personen kann die Steuerdirektivbehörde die Einreichung der auf bestimmt zu bezeichnende abgabepflichtige Rechtsvorgänge bezüglichen Schriftstücke verlangen.

§ 117.

Außerdem haben die Reichsbehörden, die Behörden und Beamten der Bundesstaaten und Kommunen, die von Handelsvorständen eingesetzten Sachverständigenkommissionen und Schiedsgerichte sowie die Notare die Verpflichtung, die Besteuerung der ihnen vorkommenden Urkunden zu prüfen und die zu ihrer Kenntnis gelangenden Zuwiderhandlungen gegen dieses Gesetz bei der zuständigen Behörde zur Anzeige zu bringen.

§ 78.

[1] Die eingehenden Mitteilungen sind von dem Umsatzsteueramte daraufhin zu prüfen, ob die erforderlichen Marken vorschriftsmäßig verwendet und entwertet sind, in alphabetischer Ordnung der Namen der Lieferer in eine Liste einzutragen und bis zum Ablauf der Verjährungsfrist (§ 29 des Gesetzes) aufzubewahren. Ist die Steuer zu niedrig berechnet, so sind die erforderlichen Marken nachzufordern und zu den Akten zu entwerten.

[2] Wegen der Nichtausstellung des Empfangsbekenntnisses durch den Lieferer ist das Strafverfahren einzuleiten, wenn der Lieferer im Bezirke des Umsatzsteueramts wohnt, oder dem für den Lieferer zuständigen Umsatzsteueramte zur Veranlassung des Weiteren Anzeige zu machen.

Stempelzeichen.

§ 79.

[1] Die Stempelmarken werden zum Nennwert von 10, 20, 50 Pf., 1, 2 und 10 ℳ ausgegeben.

[2] Die Marken sind 18,5 mm hoch und 22,5 mm breit. Das obere Feld der Pfennigwerte enthält auf dunklem Grunde in weiß hervortretender deutscher Schrift die Bezeichnung „Umsatzstempel". Von den drei mittleren Feldern tragen die beiden äußeren die Wertbezeichnung ebenfalls weiß auf dunklem Grunde, das Mittelfeld zeigt den Reichsadler. Das untere Feld mit guillochiertem Grunde enthält den Vordruck für die Entwertung durch Eintragung von Tag, Monat und Jahr auf der dazu vorgezeichneten Linie. Die Markwerte unterscheiden sich von den Pfennigwerten dadurch, daß unter Anwendung einer zweiten Farbe auch das obere Feld mit einer Guilloche unterdruckt ist, so daß hier sowie im untersten Felde die Schrift dunkel auf hellem Grunde steht. Die Marken zu 10 Pf. sind hellkarmin, diejenigen zu 20 Pf. hellblau, zu 50 Pf. grauviolett, zu 1 ℳ grün mit rotbraunem Unterdrucke, zu 2 ℳ gelbbraun mit grünem Unterdrucke, zu 10 ℳ rotbraun mit grünem Unterdrucke.

[3] Der Vertrieb der Stempelmarken erfolgt durch die Postanstalten. Stempelmarken zum Werte von 10, 20 und 50 Pf. werden bei allen Postämtern und bei denjenigen sonstigen Poststellen, bei welchen sich ein Bedürfnis hierfür herausstellt, verkauft. Die Verkaufsstellen für Stempelmarken von höherem Werte werden nach den örtlichen Verhältnissen bestimmt und zur öffentlichen Kenntnis gebracht.

4 Der Reichskanzler (Reichsschatzamt) kann anordnen, daß zunächst die vorhandenen Bestände an Warenumsatzstempel- und Quittungsstempelmarken verwendet werden. Auch können, soweit höhere Steuerbeträge als 10 ℳ in Frage kommen, Grundstücksstempelmarken verwendet werden, die bei den von den Landesregierungen auf Grund des § 1 Abs. 1 der Ausführungsbestimmungen zum Reichsstempelgesetze bestimmten Amtsstellen zu beziehen sind. Die Quittungsstempelmarken werden gleichfalls bei allen Postämtern und sonst bekanntgegebenen Poststellen verkauft.

Umtausch von Stempelzeichen. **§ 80.**

1 Stempelmarken können, wenn sie unbeschädigt sind, bei den Verkaufsstellen gegen Marken zu anderen Wertbeträgen umgetauscht werden. Eine bare Herauszahlung findet nur in besonderen Ausnahmefällen mit Genehmigung der Oberbehörde statt. Die zum Umtausch zurückgegebenen Stempelmarken sind, bevor sie vereinnahmt werden, auf ihre Echtheit und Unversehrtheit zu prüfen.

Ersatz verdorbener Stempelmarken.

2 Der Ersatz verdorbener Stempelmarken zur Entrichtung der Umsatzsteuer nach § 25 des Gesetzes findet bei den mit deren Vertriebe beauftragten Postanstalten nach Maßgabe der Bestimmungen in den §§ 12 bis 14 der Ausführungsbestimmungen zum Wechselstempelgesetze vom 15. Juni 1909 statt.[1]) Das

---

1) Die angezogenen Bestimmungen lauten:

§ 12.

Für verdorbene Stempelmarken oder Vordrucke und für Marken, mit welchen demnächst verdorbene Schriftstücke versehen sind, kann Erstattung beansprucht werden, wenn der Schaden mindestens eine Mark beträgt und wenn von den Stempelzeichen oder den Schriftstücken, zu welchen sie verwendet sind, noch kein oder doch kein solcher Gebrauch gemacht worden ist, demgegenüber durch die Erstattung das Steuerinteresse gefährdet erscheint. Es genügt, wenn der Wert der gleichzeitig zur Erstattung vorgelegten Stempelzeichen zusammen eine Mark beträgt, und es kommt nicht darauf an, ob die Beschädigung der einzelnen Stempelzeichen durch ein und dasselbe Ereignis veranlaßt oder auf verschiedene, voneinander unabhängige Versehen oder Zufälle zurückzuführen ist.

§ 13.

1 Der Erstattungsanspruch ist bei der Postanstalt des Bezirkes innerhalb eines Monats, nachdem der Schaden dem Berechtigten bekannt geworden ist, unter Beifügung der verdorbenen Stempelzeichen und Schriftstücke anzumelden. Über die Anträge entscheidet, falls sie einem

gleiche gilt für Quittungsstempelmarken, während hinsichtlich der Grundstücksstempelmarken das im § 210 der Ausführungsbestimmungen zum Reichsstempelgesetze vorgeschriebene Verfahren Anwendung zu finden hat.*)

Postamt erster oder zweiter Klasse unterbreitet sind, der Postamtsvorsteher. In zweifelhaften Fällen sowie allgemein seitens der übrigen Postanstalten ist die Entscheidung der der Postanstalt vorgesetzten Behörde (im Reichs-Postgebiet und in Bayern der Ober-Postdirektionen, in Württemberg der Generaldirektion der Posten und Telegraphen) einzuholen.

[2] Die Frist zur Geltendmachung des Erstattungsanspruchs ist auch dann als gewahrt anzusehen, wenn die Erstattung bei einer nicht zuständigen Postanstalt oder einer Steuerstelle beantragt worden ist. Die Amtsstellen haben in diesem Falle den Antrag der zuständigen Behörde (Abs. 1 Satz 1) zur Entscheidung vorzulegen.

§ 14.

[1] Eine bare Zurückzahlung der entrichteten Abgabe findet in den Fällen des § 12 nicht statt, die Erstattung erfolgt vielmehr im Wege des Umtausches, und zwar werden in der Regel für verdorbene Vordrucke Vordrucke, für verdorbene Marken Marken abgabefrei verabfolgt. Den Wünschen des Antragstellers hinsichtlich des Betrags der einzelnen Stücke ist tunlichst Rechnung zu tragen.

[2] Die verdorbenen Stempelzeichen sind in Gegenwart von zwei Beamten zu vernichten.

*) § 210 der Ausführungsbestimmungen zum Reichsstempelgesetze lautet:

§ 210.

[1] Verdorbene Stempelzeichen sowie Stempelmarken, mit denen demnächst verdorbene Schriftstücke versehen sind, werden von den Amtsstellen unentgeltlich ersetzt, wenn von den Stempelzeichen oder Schriftstücken noch kein oder doch kein solcher Gebrauch gemacht worden ist, daß demgegenüber durch den Ersatz das Stempelinteresse gefährdet ist. Eine bare Herauszahlung findet nicht statt.

[2] Der Ersatz ist bei der Amtsstelle des Bezirkes oder bei der Eisenbahndienststelle schriftlich oder mündlich zu beantragen. Die verdorbenen Stempelzeichen und Schriftstücke sind mit vorzulegen.

[3] Der Ersatz kann abgelehnt werden, wenn verdorbene gestempelte Frachturkundenvordrucke im Werte von zusammen weniger als einer Mark, sonstige verdorbene Stempelzeichen im Werte von zusammen weniger als drei Mark vorgelegt werden oder wenn seit dem Zeitpunkt, zu welchem der Schaden dem Berechtigten bekannt geworden ist, mehr als drei Monate verflossen sind.

[4] In der Regel werden für verdorbene Marken nur Marken, für verdorbene Stempelbogen nur Stempelbogen, für verdorbene Vordrucke nur Vordrucke unentgeltlich verabfolgt. Bei der Verabfolgung von Frachturkundenvordrucken kann ein Entgelt entsprechend dem § 92c Abs. 1 Satz 3 gefordert werden. Statt der Verabfolgung gestempelter Vordrucke können Vordrucke auch unentgeltlich abgestempelt werden. Die einzelnen Stücke sind möglichst in den vom Antragsteller gewünschten

§ 81.

Die Bestimmung des § 108 des Reichsstempelgesetzes, wonach nicht in der vorgeschriebenen Weise verwendete Stempelmarken als nichtverwendet anzusehen sind, soll nicht eine Doppelversteuerung zur Folge haben, sondern es soll dadurch nur der Tatbestand einer nach dem Gesetze mit Strafe bedrohten Zuwiderhandlung festgestellt werden. Abgesehen von der etwa erforderlich werdenden Einleitung des Strafverfahrens, bedarf es daher nur einer nachträglichen Entwertung der Stempelmarke durch Aufdruck des Amtsstempels der Steuerbehörde, falls die Urkunde vorliegt oder ohne weiteres zu erlangen ist. Die Beibringung neuer Stempelmarken ist nur dann zu fordern, wenn eine Entwertung überhaupt unterblieben und die Urkunde nicht ohne weiteres zu erlangen ist, oder wenn aus der unrichtigen Art der Entwertung der Stempelmarken, z. B. aus der unrichtigen Zeitangabe, die Möglichkeit sich ergibt, daß die Marken schon früher zu einer anderen Urkunde gebraucht worden sind. Doch steht es in jedem Falle der unrichtigen Entwertung einer Marke dem späteren Inhaber der Urkunde frei, um sich und seine Nachmänner vor den Folgen dieser Entwertung zu schützen, eine neue Marke vorschriftsmäßig zu verwenden.

Herstellung der Stempelzeichen. § 82.

1 Die Stempelmarken werden durch die Reichsdruckerei hergestellt und zu einem vom Reichskanzler (Reichsschatzamt) festgesetzten Preise abgegeben. Die Reichsdruckerei verabfolgt nur denjenigen Amtsstellen Stempelzeichen, welche ihr von den obersten Landesfinanzbehörden oder obersten Postbehörden als zum unmittelbaren Bezuge berechtigt bezeichnet werden.

2 Die Rechnungen über die bezogenen Stempelmarken sind mit den quittierten Lieferscheinen zu belegen und von der Reichsdruckerei den obersten Landesfinanzbehörden oder auf deren An-

---

Wertbeträgen zu gewähren. Für gestempelte Schlußnotenvordrucke in größeren Mengen kann nach der Bestimmung der obersten Landesfinanzbehörde Ersatz der Herstellungskosten gefordert werden.

5 Ein Ersatz des Stempels auf verdorbenen Wertpapieren und verdorbenen Gewinnanteilschein- und Zinsbogen erfolgt im Wege des steuerfreien Umtausches nach § 34.

6 Etwaige Portokosten trägt der Antragsteller.

7 Die Stempelzeichen, für die Ersatz gewährt ist, werden bei einer von der Direktivbehörde zu bestimmenden Amtsstelle in Gegenwart zweier Beamter vernichtet.

trag den von ihnen bezeichneten Oberbehörden einzureichen. Letztere lassen den Betrag der Rechnung an die Reichsdruckereikasse entweder unmittelbar oder durch Vermittlung der Reichshauptkasse zahlen.

3 Die Herstellungskosten für die nach Bayern und Württemberg gelieferten Stempelmarken zur Entrichtung der Umsatzsteuer werden nach den Vorschriften im Abs. 2 angefordert und beglichen. Die Herstellungskosten für die den Bezugstellen der Reichs-Postverwaltung gelieferten Umsatzsteuermarken kommen auf die den übrigen Bundesstaaten nach § 36 Abs. 1 des Gesetzes zustehende Vergütung für die Erhebungs- und Verwaltungskosten in Anrechnung und werden am Schlusse jedes Rechnungsjahrs vom Ausschuß des Bundesrats für Rechnungswesen auf die einzelnen Staaten nach dem Verhältnis der in ihrem Gebiete im Laufe des Rechnungsjahrs abgesetzten Mengen verteilt. Zu diesem Zwecke sind dem Ausschuß des Bundesrats für Rechnungswesen (zu Händen des Kaiserlichen Zoll- und Steuer-Rechnungsbureaus) bis spätestens zum 1. Mai jedes Jahres von der Reichsdruckerei die mit den quittierten Lieferscheinen belegte Rechnung über die Herstellungskosten der im abgelaufenen Rechnungsjahre den Bezugstellen der Reichs-Postverwaltung gelieferten Umsatzsteuermarken und von der Reichs-Postverwaltung eine Nachweisung der in den Gebieten der einzelnen Staaten im abgelaufenen Rechnungsjahr abgesetzten Markenmengen einzureichen.

4 Privatpersonen erhalten von der Reichsdruckerei keine Stempelzeichen.

Aktenanlegung.

§ 83.

Über die in die Umsatzsteuerliste aufgenommenen Steuerpflichtigen sind Akten anzulegen, in welche alle auf die Steuerfestsetzung bezüglichen Mitteilungen, Umsatzsteuererklärungen, Anträge und sonstigen Schriftstücke, nach der Zeitfolge geordnet, aufzunehmen sind. Warenumsatzstempelakten können als Umsatzsteuerakten weitergeführt werden. Die Akten sind derart zu führen, daß die Ermittlungen, die der Veranlagung vorhergegangen sind, nach ihrem Inhalt nachgeprüft werden können.

Aufbewahrungsfristen.

§ 84.

Die Umsatzsteuerlisten, die Überwachungslisten und die Einnahmebücher nebst Anhang sind nach Abschluß des Feststellungs- und Erhebungsverfahrens noch sechs Jahre aufzubewahren. Die

Umsatzsteuerakten der natürlichen Personen können nach Ablauf des sechsten auf den Tod des Steuerpflichtigen folgenden Jahres ausgeschieden und vernichtet werden.

Aufsicht über das Veranlagungs- und Erhebungsverfahren.

§ 85.

¹ Die Umsatzsteuerlisten, die Überwachungslisten und die Umsatzsteuereinnahmebücher nebst Anhang und den dazugehörigen Belegen sind durch die Oberbehörden nachzuprüfen.

² Die oberste Landesfinanzbehörde kann anordnen, daß die Oberbehörden die Führung der Umsatzsteuerlisten und das sonstige Geschäftsgebaren der Umsatzsteuerämter von Zeit zu Zeit am Sitze der Amtsstelle durch abgeordnete Beamte nachzuprüfen haben. Inwieweit sich die Prüfung der Oberbehörden zu erstrecken hat, bestimmt die oberste Landesfinanzbehörde.

³ Die Landesregierung kann die Prüfung anderen Behörden als den nach § 37 bestimmten Oberbehörden übertragen. Diese Behörden sind unter Angabe ihrer Amtsbezirke dem Reichskanzler (Reichsschatzamt) mitzuteilen.

Kosten.

§ 86.

¹ Das Veranlagungsverfahren in Umsatzsteuerangelegenheiten ist, soweit nicht hinsichtlich der Kosten im § 22 Abs. 3 des Gesetzes ein anderes bestimmt ist, kosten-, gebühren- und stempelfrei.

² Zu den Kosten des Verfahrens ist auch die Postgebühr zu rechnen, welcher die Sendungen der Umsatzsteuerämter an die Steuerpflichtigen unterliegen; sie fällt daher diesen nicht zur Last. Dagegen haben die Steuerpflichtigen die Postgebühr für die von ihnen an die bezeichneten Behörden zu richtenden Sendungen zu tragen.

Abrechnung der Landeskassen mit der Reichshauptkasse und Einnahmeübersichten.

§ 87.

¹ Über den Ertrag der Umsatzsteuer ist von den durch die Landesregierungen bestimmten Kassen mit der Reichshauptkasse nach Maßgabe der „Bestimmungen zur Regelung der Abrechnungen zwischen der Reichshauptkasse und den Landeskassen vom 23. Juni 1910“ [1]) abzurechnen. Entsprechend den Vorschriften im § 4 dieser Abrechnungsbestimmungen sind ferner besondere monatliche und vierteljährliche Übersichten der Einnahme an

---

[1]) Zentralbl. f. d. Deutsche Reich 1910 S. 352.

Umsatzsteuer aufzustellen, aus denen sich das Gesamtaufkommen (die eingezahlten Beträge) an Umsatzsteuer einschließlich der Nacherhebungen und abzüglich der Erstattungen (Zurückzahlungen), der Betrag der Vergütung an die Bundesstaaten für die Veranlagung und Erhebung der Umsatzsteuer und der den Gemeinden zu überweisende Anteil (§ 36 Abs. 1 und 2 des Gesetzes) sowie der an die Reichskasse abzuführende Betrag ergeben.

[2] Die Übersichten sind den in den Abrechnungsbestimmungen bezeichneten Behörden oder Dienststellen innerhalb der daselbst angegebenen Fristen einzurechnen. Statt dessen können die Angaben in die allgemeinen Reichssteuerübersichten aufgenommen werden.

[3] Die Oberbehörden für die Umsatzsteuerämter (§ 37) gelten im Sinne der Abrechnungsbestimmungen als Direktivbehörden. Die Landesregierung kann die den Direktivbehörden nach den Abrechnungsbestimmungen übertragenen Geschäfte anderen Behörden als den nach § 37 bestimmten Oberbehörden übertragen. Die Behörden sind unter Angabe ihrer Amtsbezirke dem Reichskanzler (Reichsschatzamt) mitzuteilen.

Verwaltungskostenvergütung.

§ 88.

[1] Die Verwaltungskostenvergütung (§ 36 Abs. 1 des Gesetzes) und die Anteile der Gemeinden und Gemeindeverbände (§ 36 Abs. 2 des Gesetzes) sind von der Roh-Solleinnahme nach den Einnahmebüchern einschließlich der Nacherhebungen und abzüglich der Erstattungen zu berechnen. Neben dieser Vergütung dürfen Rechtsmittelkosten dem Reiche nicht aufgerechnet werden.

[2] Bei der Verteilung der Anteile der Gemeinden und Gemeindeverbände sind in erster Linie die steuerlich belasteten Gemeinden und Gemeindeverbände zu berücksichtigen. Die Landesregierungen teilen die Grundsätze, die sie für die Verteilung aufstellen, dem Reichskanzler (Reichsschatzamt) mit und übermitteln diesem bis zum 1. Juni jeden Jahres eine Übersicht über die Verteilung.

[3] Die Verteilung des im § 36 Abs. 3 des Gesetzes bezeichneten Betrags erfolgt durch den Bundesrat durch Vermittlung der Landesregierungen.

Trennung der Verwaltungs- und Erhebungsbefugnisse.

§ 89.

[1] Wo die mit der Verwaltung der Umsatzsteuer betrauten Steuerstellen nicht zugleich Hebestellen sind, ordnet die Landes-

regierung im Einvernehmen mit dem Reichskanzler (Reichsschatzamt) die hiernach notwendigen Änderungen des Verfahrens an.

[2] Die Landesregierung bestimmt ferner, wieweit eine Beteiligung der Orts- und Gemeindebehörden an dem Veranlagungsverfahren stattfindet.

IV. Statistik.

§ 90.

[1] Die Umsatzsteuerämter haben die Veranlagungsergebnisse auf Grund der in den § 60, § 64 Abs. 4 vorgeschriebenen Aufrechnungen der Umsatzsteuerlisten nach jeder Aufrechnung, für jedes Kalenderjahr getrennt, der Oberbehörde unter Benutzung von Vordrucken der Umsatzsteuerlisten bis zum 1. November jedes Jahres mitzuteilen.

[2] Die Oberbehörde fertigt eine entsprechende Zusammenstellung für ihren Bezirk, die bis zum darauffolgenden 1. Dezember dem Kaiserlich Statistischen Amte einzusenden ist.

[3] Das Kaiserliche Statistische Amt stellt die Ergebnisse in nach den Bezirken der Oberbehörden und Bundesstaaten geordneten Gesamtübersichten zusammen, die bis zum 1. Februar dem Reichskanzler (Reichsschatzamt) mitzuteilen sind.

[4] Der Reichskanzler (Reichsschatzamt) ist ermächtigt, Anordnungen wegen Bekanntgabe und Veröffentlichung der statistischen Ermittlungen zu treffen.

V. Übergangsbestimmungen.

Militärische Verwaltungsstellen.

§ 91.

[1] Militärische Verwaltungsstellen, die die Steuerbefreiung nach § 40 Abs. 4 des Gesetzes in Anspruch nehmen, haben die Befreiung bei dem für sie zuständigen Umsatzsteueramte schriftlich zu beantragen. Über den Antrag entscheidet die oberste Landesfinanzbehörde im Einvernehmen mit dem Reichskanzler (Reichsschatzamt).

[2] § 4 Abs. 2 Satz 1 bis 3 finden entsprechende Anwendung.

Entrichtung des Warenumsatzstempels.

§ 92.

[1] Die bis zum Außerkrafttreten des Warenumsatzstempelgesetzes nach diesem abgabepflichtig gewordenen Zahlungen und Lieferungen sind nach Maßgabe des § 76 Abs. 1, § 81 dieses Gesetzes

und § 160 der Ausführungsbestimmungen hierzu bis zum Ablauf des Monats August 1918 zur Entrichtung der Abgabe anzumelden. Die Abgabepflicht für Zahlungen und Lieferungen von Gegenständen der in der Bekanntmachung des Reichskanzlers über die Sicherung einer Umsatzsteuer auf Luxusgegenstände vom 2. Mai 1918 bezeichneten Art auf Grund des Warenumsatzstempelgesetzes besteht nur bis zum 5. Mai 1918.

2 Die obersten Landesfinanzbehörden können gestatten, daß die Anmeldungen zur Entrichtung des Warenumsatzstempels erst nach Schluß des Kalenderjahrs 1918 gleichzeitig mit den Erklärungen über die umsatzsteuerpflichtigen Entgelte abgegeben werden. Bei Unternehmen, die Gegenstände der im § 8 des Umsatzsteuergesetzes bezeichneten Art im Kleinhandel vertreiben, ist einem solchen Antrag im allgemeinen nicht stattzugeben.

3 Die Befreiungsvorschriften im § 78 des Warenumsatzstempelgesetzes und im § 3 Nr. 3 des Umsatzsteuergesetzes setzen voraus, daß die steuerfreien Höchstgrenzen von je 3000 ℳ innerhalb des Kalenderjahrs nicht überschritten werden. Es sind daher zur Feststellung der Abgabe- oder Steuerfreiheit im Kalenderjahr 1918 in Zweifelsfällen die auf die Zeiträume vom 1. Januar bis 31. Juli und vom 1. August bis Ende des Jahres entfallenden Teilbeträge zusammenzurechnen. Hierbei ist zu berücksichtigen, daß vom 1. August ab auch die gegebenenfalls zu schätzenden Entgelte für die aus dem eigenen Betrieb entnommenen Gegenstände umsatzsteuerpflichtig sind.

§ 93.

1 Die für die Erhebung des Warenumsatzstempels geführten oder anzulegenden Bücher sind bei den Steuerstellen so lange offen zu halten, als noch Einnahmen an Warenumsatzstempel zu erwarten sind. Sie sind zur Feststellung der vereinnahmten und abzuliefernden Beträge vierteljährlich abzuschließen.

2 Die obersten Landesfinanzbehörden haben Anordnung zu treffen, daß Nachforderungen an Warenumsatzstempel, die sich durch die Buchprüfung ergeben (§ 233 der Ausführungsbestimmungen zum Reichsstempelgesetze), noch innerhalb der Verjährungsfrist erfolgen können.

3 Der Betrag, um den die auf den Warenumsatzstempel abschlägig geleisteten Zahlungen die nach §§ 76, 81 des Warenumsatzstempels geschuldete Abgabe übersteigen (§ 42 Abs. 5 des

Umsatzsteuergesetzes), ist im Einnahmebuche B über das Aufkommen an Warenumsatzstempel abzusetzen und im Umsatzsteuereinnahmebuche (§ 70) unter gleichzeitiger Eintragung in die Überwachungsliste zu vereinnahmen.

VI. Schlußbestimmungen.

Änderungsbefugnis des Reichskanzlers.

§ 94.

Der Reichskanzler (Reichsschatzamt) wird ermächtigt, die vorstehenden Bestimmungen, soweit sie die Form der Erhebung der Steuer, insbesondere auch die Anfertigung der Stempelmarken und die Buchführung der Steuerstellen betreffen, nach Bedürfnis abzuändern oder zu ergänzen.

Muster 3.
(Ausführungsbestimmungen § 88.)

Lagerbuch

d (Name, Vorname, Firma, Zweigniederlassung) in (Wohnort, Straße, Hausnummer, Sitz)

über

den Bestand und den Vertrieb

von

Luxusgegenständen

auf die Zeit vom 1. August 1918 bis

Anleitung.

1. Es sind nur festgebundene Bücher mit fortlaufenden Blatt- oder Seitenzahlen zu verwenden.
2. Verschiedenartige Gegenstände sind nach den Gruppen des § 8 des Umsatzsteuergesetzes und innerhalb dieser Gruppen nach den handelsüblichen Benennungen getrennt in besonderen Spalten neben oder in besonderen Abschnitten hintereinander aufzuführen.
3. Die Eintragungen haben täglich zu erfolgen.

Lfd. Nr.	A. Bestand und Zugang der im § 8 des Umsatzsteuergesetzes genannten Gegenstände der Gruppen					Lfd. Nr.	B. Abgang der im § 8 des Umsatzsteuergesetzes genannten Gegenstände der Gruppen				
	Tag des Zuganges	Nr. I Handelsübliche Benennung	Stückzahl, Menge usw.	Nr. Handelsübliche Benennung	Stückzahl, Menge usw.		Tag des Abganges	Nr. I Handelsübliche Benennung	Stückzahl, Menge usw.	Nr. Handelsübliche Benennung	Stückzahl, Menge usw.
1	2	3	4	5	6	1	2	3	4	5	6

Muster 4.
(Ausführungsbestimmungen § 35.)

Steuerbuch

d .... (Name, Vorname, Firma, Zweigniederlassung) ....

in .... (Wohnung, Straße, Hausnummer, Sitz) ....

über die
für Lieferung von Luxusgegenständen
vereinnahmten Entgelte
auf die Zeit

vom 1. August 1918 bis

Anleitung.

1. Es sind nur festgebundene Bücher mit fortlaufender Blatt- oder Seitenzahl zu verwenden.
2. Die Lieferungen der Luxusgegenstände sind nach den Gruppen Nr. 1 bis 11 des § 8 des Umsatzsteuergesetzes und ihren handelsüblichen Benennungen getrennt aufzuführen.
3. Das Steuerbuch ist nach Ablauf eines Steuerabschnitts (Kalendermonats) aufzurechnen; die Ergebnisse haben die Grundlage für die Ausfüllung der Umsatzsteuererklärung zu bilden.

Lfd. Nr.	Der Gegenstände handelsübliche Benennung	Der Gegenstände Stückzahl, Menge usw.	Tag der Lieferung	Bei der Lieferung vereinbartes Entgelt ℳ	₰	Tag der Zahlung	Betrag der Zahlung ℳ	₰	Steuersatz v. H.	Steuerbetrag ℳ	₰	Bemerkungen (Teilzahlungen, Tag der Rückgängigmachung, des Umtausches usw.)
1	2	3	4	5		6	7		8	9		10
			1918			*1918*						
	Gruppe Nr. 1											
1	*Ring*	*1 Stück*	*3. August*	*100*	*00*	*3. Aug.*	*100*	*00*	*10*	*10*	*00*	
	oder											
1	*Brosche*	*1 Stück*	*3. August*	*100*	*00*	*3. Aug.*	*20*	*00*	*10*	*2*	*00*	*1. Teilzahlung*
						13. „	*20*	*00*	*10*	*2*	*00*	*2. „*
						23. „	*20*	*00*	*10*	*2*	*00*	*3. „* *weitere Zahlungen lfd. Nr. 3 September*
			September									
1	. . . . . .	. . . .	. . . . . .	. . . .	. . .	. . . . . .	. . . .	. . .	. . . . .	. . . .	. . .	
2	. . . . . .	. . . .	. . . . . .	. . . .	. . .	. . . . . .	. . . .	. . .	. . . . .	. . . .	. . .	
3	*Brosche*	*1 Stück*	*3. August*	*100*	*00*	*3. Sept.*	*20*	*00*	*10*	*2*	*00*	*s. lfd. Nr. 1 vom August* *4. Teilzahlung*
						13. „	*20*	*00*	*10*	*2*	*00*	*5. „ (Rest)*

Anm. Die übrigen Muster sind nicht abgedruckt.

Verordnung zur Ausführung des Umsatzsteuergesetzes vom 26. Juli 1918.

(Reichs-Gesetzbl. S. 779).

Vom 1. August 1918.

Wir Wilhelm, von Gottes Gnaden König von Preußen usw., verordnen auf Grund des Artikel 63 der Verfassungsurkunde für den Preußischen Staat vom 31. Januar 1850 (Gesetzsamml. S. 17) und auf Antrag des Staatsministeriums, was folgt:

§ 1.

Die Umsatzsteuer wird

1. in den Stadtgemeinden durch den Gemeindevorstand,
2. in den Landgemeinden und in den Gutsbezirken durch den Kreisausschuß

veranlagt.

Für Stadtgemeinden mit weniger als 2000 Einwohnern hat die Veranlagung auf ihren Antrag durch den Kreisausschuß zu erfolgen.

Auf Antrag von Landgemeinden mit mehr als 5000 Einwohnern ist die Veranlagung durch den Kreisausschuß dem Gemeindevorstande zu überweisen.

Soweit die Verwaltung des Warenumsatzstempels (Tarif Nr. 10, §§ 76 bis 83 des Reichsstempelgesetzes in der Fassung des Gesetzes über einen Warenumsatzstempel vom 26. Juni 1916 — RGBl. S. 639 —) in Stadtgemeinden mit weniger als 2000 Einwohnern dem Kreisausschuß und in Landgemeinden mit mehr als 5000 Einwohnern dem Gemeindevorstande zugestanden hat, behält es hierbei auch für die Veranlagung der Umsatzsteuer sein Bewenden, wenn die Stadt- oder Landgemeinde nicht bis zum 15. August 1918 bei der Oberbehörde die Regelung der Zuständigkeit im Sinne der Vorschrift des Abs. 1 beantragt.

Für die Bevölkerungszahl ist das Ergebnis der jeweilig letzten Volkszählung maßgebend.

§ 2.

Oberbehörden sind die Regierungspräsidenten und für die Stadt Berlin die Direktion für die Verwaltung der direkten Steuern; sie entscheiden endgültig über die Verwaltungsbeschwerde nach § 23 Abs. 2 des Umsatzsteuergesetzes.

Im übrigen finden auf die Rechtsmittel gegen die Veranlagung der Umsatzsteuer in den Fällen, in denen die Steuer durch den Gemeindevorstand veranlagt worden ist, die Vorschriften der §§ 69, 70, 75 des Kommunalabgabengesetzes vom 14. Juli 1893 (Gesetzsamml. S. 152), in den Fällen, in denen die Steuer durch den Kreisausschuß veranlagt worden ist, die Vorschriften der §§ 14 Abs. 2, 11 Abs. 4 und 5 des Kreis- und Provinzialabgabengesetzes vom 23. April 1906 (Gesetzsamml. S. 159) mit der Maßgabe Anwendung, daß in erster Instanz stets der Bezirksausschuß zuständig ist. Mit der Einrichtung eines Reichs-Finanzhofs tritt dieser an die Stelle des Oberverwaltungsgerichts und beträgt die Frist zur Einlegung der Revision einen Monat.

§ 3.

Die Umsatzsteuer ist, wenn sie von dem Kreisausschusse veranlagt worden ist, an die Kreiskommunalkasse, in allen anderen Fällen an die Gemeindekasse zu zahlen.

Der dem Reiche und dem Staate zustehende Betrag ist nach Bestimmung des Finanzministers abzuführen.

§ 4.

Von der nach § 36 Abs. 1 des Umsatzsteuergesetzes dem Staate zustehenden Veranlagungs- und Erhebungsvergütung überweist der Staat sechs vom Hundert den Kreisen und Gemeinden nach näherer Bestimmung des § 5.

§ 5.

Die nach § 1 mit der Veranlagung der Steuer betrauten Kreise und Gemeinden erhalten die im § 4 bezeichneten sechs vom Hundert in voller Höhe, soweit es sich um die Steuer nach § 10 des Umsatzsteuergesetzes handelt, im übrigen in Höhe von drei vom Hundert.

Die nach Abs. 1 verbleibenden drei vom Hundert erhalten diejenigen Gemeinden, in denen eine gewerbliche Tätigkeit im

Sinne des § 1 Abs. 1 oder eine Versteigerung im Sinne des § 1 Abs. 3 des Umsatzsteuergesetzes stattfindet. Findet die gewerbliche Tätigkeit oder die Versteigerung in einem Gutsbezirke statt, so tritt an seine Stelle der Kreis, zu dem der Gutsbezirk gehört. Sind hiernach mehrere Gemeinden und Kreise (Gutsbezirke) berechtigt, so wird der Betrag nach folgenden Bestimmungen verteilt:

1. der Verteilung wird der Ertrag und, wenn ein solcher nicht erzielt wird, das Anlage- und Betriebskapital des steuerpflichtigen Unternehmens zugrunde gelegt.

   Der Ertrag wird in sinngemäßer Anwendung der Vorschriften des Gewerbesteuergesetzes vom 24. Juni 1891 (Gesetzsamml. S. 205) und der §§ 32 Abs. 2, 47, 48 und 48 a des Kommunalabgabengesetzes (Gesetzsamml. S. 152) ermittelt und auf die Gemeinden und Kreise verteilt. Auf die Feststellung des Anlage- und Betriebskapitals findet der § 23 des Gewerbesteuergesetzes sinngemäße Anwendung.
2. Steuerbeträge unter 500 ℳ und die bei der Verteilung nach Nr. 1 im einzelnen Falle sich ergebenden Teilbeträge unter 10 ℳ verbleiben den mit der Veranlagung betrauten Kreisen und Gemeinden.
3. Der Antrag auf Verteilung kann erst gestellt werden, wenn eine Steuerfestsetzung vorliegt. Bei Unternehmen, deren Besteuerung in monatlichen Steuerabschnitten erfolgt, ist der Antrag erst zulässig, wenn die Steuerfestsetzungen für sämtliche Steuerabschnitte eines Kalenderjahrs vorliegen. Der Antrag muß spätestens bis zum Schlusse desjenigen Kalenderjahrs gestellt werden, das auf das Kalenderjahr folgt, in dem die Steuerfestsetzung, im Falle der Bestimmung im Satz 2 die letzte der in Betracht kommenden Steuerfestsetzungen, erfolgt ist. Als Kalenderjahr im Sinne der vorstehenden Bestimmungen gilt auch die Zeit vom 5. Mai bis 31. Dezember 1918.
4. Über die Verteilung beschließt auf den Antrag einer beteiligten Gemeinde oder eines beteiligten Kreises der Kreisausschuß und, wenn ein Kreis, die Stadt Berlin oder eine andere Stadtgemeinde in Betracht kommt, der Bezirksausschuß nach Anhörung sämtlicher Beteiligter.

   Den beteiligten Kreisen und Gemeinden steht gegen den Beschluß des Kreisausschusses die Beschwerde an den Bezirksausschuß, gegen den in erster Instanz ergehenden Beschluß des Bezirksausschusses die Beschwerde an den Provinzialrat zu. Ist im Falle der Beteiligung der Stadt Berlin der dortige Bezirksausschuß für zuständig erklärt worden (vgl. den folgenden Absatz), so ist die Beschwerde bei dem Minister des Innern einzulegen, der einen Provinzialrat für die Beschlußfassung bestimmt.

Die örtliche Zuständigkeit der Beschlußbehörden erster Instanz bestimmt sich nach § 71 Abs. 4 des Kommunalabgabengesetzes.

§ 6.

Über die Verwendung desjenigen Teiles der Verwaltungs- und Erhebungsvergütung des § 36 Abs. 1 des Umsatzsteuergesetzes, über den in den §§ 4 und 5 dieser Verordnung eine Bestimmung nicht getroffen ist, sowie des im § 36 Abs. 2 des Umsatzsteuergesetzes vorgesehenen Anteils der Gemeinden und Gemeindeverbände erlassen die Minister des Innern und der Finanzen die näheren Vorschriften.

§ 7.

In den Hohenzollernschen Landen tritt an die Stelle des Kreises der Amtsverband, an die Stelle des Kreisausschusses der Amtsausschuß.

§ 8.

Diese Verordnung tritt mit dem 1. August 1918 in Kraft.

Urkundlich unter Unserer Höchsteigenhändigen Unterschrift und beigedrucktem Königlichen Insiegel.

Sachregister.

(Die Zahlen bedeuten die Seiten).

B.

J.

K.

L.

M.

N.

O.

P.

Q.

R.

S.

T.

U.

Z.

Kolibri 360 GmbH
Ferdinand-Jühlke-Straße 7
99095 Erfurt, Deutschland
produktsicherheit@kolibri360.de